O CHAMADO DA TRIBO

Mario Vargas Llosa

O chamado da tribo

Grandes pensadores para o nosso tempo

TRADUÇÃO
Paulina Wacht e Ari Roitman

4ª reimpressão

OBJETIVA

Grafia atualizada segundo o Acordo Ortográfico da Língua Portuguesa de 1990, que entrou em vigor no Brasil em 2009.

Título original
La llamada de la tribu

Capa
Thiago Lacaz

Preparação
Julia Passos

Revisão
Thaís Totino Richter
Clara Diament

Dados Internacionais de Catalogação na Publicação (CIP)
(Câmara Brasileira do Livro, SP, Brasil)

Llosa, Mario Vargas
O chamado da tribo / Mario Vargas Llosa ; tradução Paulina Wacht e Ari Roitman. – Rio de Janeiro : Objetiva, 2019.

Título original: La llamada de la tribu.
ISBN 978-85-470-0087-5

1. Individualismo 2. Liberalismo 3. Vargas Llosa, Mario, 1936- – Crítica e interpretação 4. Vargas Llosa, Mario, 1936- – Pensamento político e social I. Título.

19-26300 CDD-320.5

Índice para catálogo sistemático:
1. O chamado da tribo : Ciência política 320.5

Iolanda Rodrigues Biode – Bibliotecária – CRB-8/10014

EDITORA SCHWARCZ S.A.
Praça Floriano, 19, sala 3001 — Cinelândia
20031-050 — Rio de Janeiro — RJ
Telefone: (21) 3993-7510
www.companhiadasletras.com.br
www.blogdacompanhia.com.br
facebook.com/editoraobjetiva
instagram.com/editora_objetiva
twitter.com/edobjetiva

Para Gerardo Bongiovanni,
promotor das ideias liberais e amigo leal.

Sumário

O chamado da tribo

Eu nunca escreveria este livro se não tivesse lido, há mais de vinte anos, *Rumo à estação Finlândia*, de Edmund Wilson. Esse fascinante ensaio relata a evolução das ideias socialistas desde o instante em que o historiador francês Jules Michelet, intrigado por uma citação, começou a aprender italiano para ler Giambattista Vico, até a chegada de Lênin à estação Finlândia, em São Petersburgo, no dia 3 de abril de 1917, para comandar a Revolução Russa. Tive então a ideia de um livro que fizesse pelo liberalismo o mesmo que o crítico norte-americano tinha feito pelo socialismo: um ensaio que, começando no povoado escocês de Kirkcaldy com o nascimento de Adam Smith, em 1723, relatasse a evolução das ideias liberais através de seus principais expoentes e dos acontecimentos históricos e sociais que as espalharam pelo mundo. Embora distante desse modelo, esta é a remota origem de O *chamado da tribo*.

Não parece, mas trata-se de um livro autobiográfico. Descreve a minha própria história intelectual e política, o percurso que foi me levando, da minha juventude impregnada de marxismo e existencialismo sartriano, ao liberalismo da minha maturidade, passando pela revalorização da democracia com a ajuda de escritores como Albert Camus, George Orwell e Arthur Koestler. Depois foram me empurrando para o liberalismo certas experiências políticas e, sobretudo, as ideias dos sete autores a que estão dedicadas estas páginas: Adam Smith, José Ortega y Gasset, Friedrich von Hayek, Karl Popper, Isaiah Berlin, Raymond Aron e Jean-François Revel.

Descobri a política aos doze anos, em outubro de 1948, quando o golpe militar do general Manuel Apolinario Odría, no Peru, derrubou o presidente José Luis Bustamante y Rivero, parente da minha família materna. Acho que durante os oito anos do regime de Odría nasceu em mim o ódio aos ditadores de qualquer tipo, uma das poucas constantes invariáveis do meu comportamento político. Mas só tomei consciência do problema social, ou seja, de que o Peru era um país cheio de injustiças onde uma minoria privilegiada explorava abusivamente a imensa maioria, em 1952, quando li *Do fundo da noite*, de Jan Valtin, no meu último ano de colégio. Esse livro me levou a contrariar a vontade da minha família, que queria que eu entrasse na Universidade Católica — na época, a dos mauricinhos peruanos —, concorrendo a uma vaga na Universidade de San Marcos, pública, popular e insubmissa à ditadura militar, onde, eu sabia, poderia me afiliar ao Partido Comunista. A repressão odriísta quase a havia destruído quando entrei na San Marcos, em 1953, para estudar letras e direito, prendendo, matando ou mandando seus dirigentes para o exílio; e o partido tentava se reconstruir com o Grupo Cahuide, no qual militei durante um ano.

Foi lá que recebi minhas primeiras lições de marxismo, em grupos de estudo clandestinos nos quais líamos José Carlos Mariátegui, Georges Politzer, Marx, Engels, Lênin, e tínhamos intensas discussões sobre o realismo socialista e o esquerdismo, "doença infantil do comunismo". A grande admiração que eu sentia por Sartre, que lia com devoção, me defendia contra o dogma — os comunistas peruanos daquele tempo eram, para usar uma expressão de Salvador Garmendia, "poucos, mas bem sectários" — e me fazia defender, na minha célula, a tese sartriana de que acreditava no materialismo histórico e na luta de classes, mas não no materialismo dialético, o que motivou que, numa daquelas discussões, meu camarada Félix Árias Schreiber me qualificasse de "sub-homem".

Eu me afastei do Grupo Cahuide no final de 1954, mas continuei sendo, acho, socialista, pelo menos em minhas leituras, coisa que mais tarde, com a luta de Fidel Castro e seus barbudos na Sierra Maestra e a vitória da Revolução Cubana nos últimos dias de 1958, se reavivaria notavelmente. Para a minha geração, e não só na América Latina, o que ocorreu em Cuba foi decisivo, um antes e um depois ideológico. Muita gente, como eu, via na façanha fidelista não só uma aventura heroica e generosa, de lutadores idealistas que queriam acabar com uma ditadura corrupta como a de Batista, mas também um socialismo não sectário, que permitiria a crítica, a diversidade e até a dissidência. Era o que muitos de nós acreditávamos, e isso fez a Revolução Cubana conquistar tanto apoio no mundo inteiro em seus primeiros anos.

Em novembro de 1962 eu estava no México, enviado pela Radiotelevisão Francesa, onde trabalhava como jornalista, para cobrir uma exposição que a França havia organizado no Bosque de Chapultepec, quando eclodiu a Crise dos Mísseis em Cuba. Tive que ir cobrir a notícia e viajei para Havana no último avião da companhia aérea Cubana de Aviación que saiu do México antes do bloqueio. Cuba vivia uma mobilização generalizada, temendo um desembarque iminente dos marines. O espetáculo era impressionante. No Malecón, os pequenos canhões antiaéreos chamados *bocachicas* eram operados por jovens quase crianças que observavam sem atirar os voos rasantes dos *Sabres* norte-americanos, e o rádio e a televisão davam instruções à população sobre o que fazer quando começassem os bombardeios. Vivia-se algo que me lembrava a emoção e o entusiasmo de um povo livre e esperançoso que Orwell descreve em *Homenagem à Catalunha* ao chegar a Barcelona como voluntário no começo da Guerra Civil Espanhola. Extremamente comovido por aquilo que me parecia encarnar o socialismo com liberdade, fiz uma longa fila para doar sangue e, graças a Ambrosio Fornet, meu antigo colega da Universidade de Madri, e à peruana Hilda Gadea, que havia conhecido Che Guevara na Guatemala de Jacobo Árbenz e depois se casou e teve uma filha com ele no México, estive com muitos escritores cubanos ligados à Casa de las Américas e à sua presidente, Haydée Santamaría, com quem mantive um breve contato. Quando me despedi, semanas depois, os jovens cantavam nas ruas de Havana "Nikita, traíra,/ o que se dá/ não se tira", porque o líder soviético havia aceitado o ultimato de Kennedy e tirado os mísseis da ilha. Só depois soube-se que nesse acordo secreto John Kennedy aparentemente prometera a Khruschóv que, em troca da retirada, os Estados Unidos não iriam invadir Cuba e tirariam os mísseis Júpiter da Turquia.

Minha identificação com a Revolução Cubana durou boa parte dos anos 1960, durante os quais viajei cinco vezes a Cuba, como membro de um Conselho Internacional de Escritores da Casa de las Américas, e a defendi em manifestos, artigos e atos públicos, tanto na França, onde morava, como na América Latina, para onde viajava com certa frequência. Nesses anos retomei minhas leituras marxistas, não só nos livros dos clássicos, mas também nos de escritores identificados com o Partido Comunista ou próximos a ele, como Georg Lukács, Antonio Gramsci, Lucien Goldmann, Frantz Fanon, Régis Debray, Che Guevara e até o ultraortodoxo Louis Althusser, professor da École Normale que enlouqueceu e matou a mulher. Entretanto, lembro que nos meus anos de Paris, uma vez por semana, comprava às escondidas o jornal detestado pela esquerda, *Le Figaro*, para ler o artigo de Raymond Aron, cujas contundentes análises da atualidade me incomodavam e ao mesmo tempo me seduziam.

Várias experiências do final dos anos 1960 foram me afastando do marxismo: a criação das Umap em Cuba, eufemismo que, por trás da aparência de Unidades Militares de Apoio à Produção, escondia campos de concentração onde juntaram contrarrevolucionários, homossexuais e delinquentes comuns. Minha viagem à URSS em 1968, convidado para uma comemoração relacionada com Púchkin, me deixou um gosto amargo na boca. Lá descobri que, se eu fosse russo, teria virado um dissidente (quer dizer, um pária) ou ficaria apodrecendo no gulag. Isso me deixou quase traumatizado. Sartre, Simone de Beauvoir, Merleau-Ponty e *Les Temps Modernes* tinham me convencido de que, apesar de tudo o que não estivesse bem na URSS, ela representava o progresso e o futuro, a pátria onde, como dizia Paul Éluard num poema que eu sabia de cor, "Não existem putas, ladrões nem padres". Mas a pobreza, os bêbados jogados na rua e uma apatia generalizada existiam, sim; sentia-se em toda parte uma claustrofobia coletiva devido à falta de informações sobre o que estava acontecendo ali e no resto do mundo. Bastava olhar em volta para saber que, embora as diferenças de classe em função do dinheiro tivessem desaparecido, as desigualdades na URSS eram enormes e existiam exclusivamente em relação ao poder. Perguntei a um russo tagarela: "Quem são os mais privilegiados aqui?". Ele me respondeu: "Os escritores submissos. Têm datchas para passar as férias e podem viajar ao estrangeiro. Isso os coloca muito acima dos homens e mulheres comuns. Não se pode pedir mais!". Podia eu defender esse modelo de sociedade, como vinha fazendo, sabendo agora que seria inabitável para mim? E também foi importante a minha decepção com o próprio Sartre, no dia em que li no *Le Monde* uma entrevista dele a Madeleine Chapsal declarando que compreendia que os escritores africanos renunciassem à literatura para, primeiro, fazer a revolução e criar um país onde aquela fosse possível.

Dizia também que, diante de uma criança morrendo de fome, "A *Náusea* não serve para nada". Eu me senti praticamente apunhalado pelas costas. Como podia afirmar isso aquele que nos convencera de que escrever era uma forma de ação, que as palavras eram atos, que escrevendo se influía na história? E agora vinha dizer que a literatura era um luxo que só os países a que tinham alcançado o socialismo podiam se permitir. Nessa época voltei a ler Camus e a lhe dar razão, compreendendo que na sua famosa polêmica com Sartre sobre os campos de concentração na URSS era ele quem tinha acertado; sua ideia de que, quando a moral se afasta da política, começam os assassinatos e o terror era uma verdade nua e crua. Toda essa evolução apareceu depois num livrinho que reunia meus artigos dos anos 1960 sobre os dois pensadores: *Entre Sartre e Camus*.[1]

Minha ruptura com Cuba e, em certo sentido, com o socialismo veio em decorrência do então famosíssimo (agora quase ninguém se lembra) caso Padilla. O poeta Heberto Padilla, ativo participante na Revolução Cubana — chegou a ser vice-ministro de Comércio Exterior —, começou a fazer algumas críticas à política cultural do regime em 1970. Primeiro foi atacado violentamente pela imprensa oficial e depois preso, com a acusação disparatada de ser agente da CIA. Indignados, eu e quatro amigos que o conheciam — Juan e Luis Goytisolo, Hans Magnus Enzensberger e José María Castellet — redigimos no meu apartamento em Barcelona uma carta de protesto à qual aderiam muitos escritores no mundo todo, como Sartre, Simone de Beauvoir, Susan Sontag, Alberto Moravia, Carlos Fuentes, protestando contra aquele abuso. Fidel Castro respondeu pessoalmente, acusando-nos de estar a serviço do imperialismo e afirmando que não voltaríamos a pisar em Cuba por "tempo indefinido e infinito" (quer dizer, toda a eternidade).

Apesar da campanha de ignomínias de que fui alvo em decorrência desse manifesto, aquilo me tirou um grande peso das costas: eu não teria mais que ficar simulando uma adesão que não sentia com o que estava acontecendo em Cuba. No entanto, levei alguns anos para romper com o socialismo e revalorizar a democracia. Foi um período de incerteza e revisão em que, pouco a pouco, fui entendendo que as "liberdades formais" da suposta democracia burguesa não eram mera aparência atrás da qual se ocultava a exploração dos pobres pelos ricos, mas sim a fronteira entre os direitos humanos, a liberdade de expressão, a diversidade política e um sistema autoritário e repressivo no qual, em nome da verdade única representada pelo Partido Comunista e seus dirigentes, podia-se silenciar toda e qualquer forma de crítica, impor diretrizes dogmáticas, sepultar os dissidentes em campos de concentração e, inclusive, fazê-los desaparecer. Com todas as suas imperfeições, que eram muitas, a democracia pelo menos substituía a arbitrariedade pela lei e permitia eleições livres e partidos e sindicatos independentes do poder.

Optar pelo liberalismo foi um processo acima de tudo intelectual, de vários anos, muito ajudado pelo fato de eu ter residido na Inglaterra do final dos anos 1960, lecionando na Universidade de Londres, e vivido muito de perto os onze anos do governo de Margaret Thatcher. Ela pertencia ao Partido Conservador, mas como estadista era guiada por convicções e, sobretudo, um instinto profundamente liberal; nisso, parecia-se muito com Ronald Reagan. A Inglaterra que ela governou a partir de 1979 era um país em decadência, que as reformas trabalhistas (e também *tories*) tinham ido desvanecendo e mergulhando numa rotina estatizante e coletivista crescente, embora fossem respeitadas as liberdades públicas, as eleições e a liberdade de expressão. Mas o Estado havia crescido muito com as nacionalizações de indústrias e uma política, por exemplo na habitação, que tornava o cidadão cada vez mais dependente das benesses do Estado. O socialismo democrático havia deixado o país da Revolução Industrial letárgico, que agora definhava numa mediocridade monótona.

O governo de Margaret Thatcher (1979-90) significou uma revolução, feita dentro da mais estrita legalidade. As indústrias estatizadas foram privatizadas, e as empresas britânicas deixaram de receber subsídios e foram obrigadas a modernizar-se e competir num livre mercado, enquanto as moradias "sociais", que até então os governos alugavam às pessoas de baixa renda — e assim mantinham o clientelismo eleitoral —, foram vendidas aos inquilinos, de acordo com uma política que queria transformar a Grã-Bretanha num país de proprietários. Suas fronteiras se abriram à concorrência internacional, enquanto as indústrias obsoletas, por exemplo as do carvão, eram fechadas para permitir a renovação e a modernização do país.

Todas essas reformas econômicas provocaram, naturalmente, greves e mobilizações sociais, como a dos operários das minas de carvão, que durou cerca de dois anos, diante das quais a personalidade de Margaret Thatcher revelou uma coragem e uma convicção que a Grã-Bretanha não via desde os tempos de Winston Churchill. Essas reformas, que em poucos anos transformaram o país na sociedade mais dinâmica da Europa, foram acompanhadas de uma defesa da cultura democrática, uma afirmação da superioridade moral e material da democracia liberal diante do socialismo autoritário, corrupto e economicamente arruinado que repercutiu no mundo inteiro. Essa política coincidiu com aquela que o presidente Ronald Reagan desenvolvia ao mesmo tempo nos Estados Unidos. Finalmente apareciam à frente das democracias ocidentais líderes sem complexo de inferioridade em relação ao comunismo, que recordavam em todas as suas intervenções os avanços em direitos humanos, em igualdade de oportunidades, no respeito ao indivíduo e às suas ideias, diante do despotismo e do fracasso econômico dos países comunistas. Enquanto Ronald Reagan era um extraordinário divulgador das teorias liberais, que sem dúvida conhecia de maneira um tanto genérica, a sra. Thatcher era mais precisa e ideológica. Ela não tinha escrúpulo algum em dizer que consultava Friedrich von Hayek e que lia Karl Popper, que considerava o maior filósofo contemporâneo da liberdade. Li os dois naqueles anos, e desde então *A sociedade aberta e seus inimigos* e *O caminho da servidão* se transformaram para mim em livros de cabeceira.

Embora em questões econômicas e políticas Ronald Reagan e Margaret Thatcher tivessem uma inequívoca orientação liberal, em muitas questões sociais e morais eles defendiam posições conservadoras e até reacionárias — nenhum dos dois aceitaria o casamento homossexual, o aborto, a legalização das drogas ou a eutanásia, que me pareciam reformas legítimas e necessárias — e nisso, certamente, eu divergia deles. Mas, avaliando os prós e os contras, estou convencido de que ambos prestaram um grande serviço à cultura da liberdade. E, em todo caso, me ajudaram a me tornar um liberal.

Tive a sorte, graças ao historiador Hugh Thomas, velho amigo meu, de conhecer pessoalmente a sra. Thatcher. Ele, assessor do governo britânico para assuntos espanhóis e latino-americanos, organizou um jantar de intelectuais na sua casa em Ladbroke Grove para entregar a sra. Thatcher às feras. (A esquerda foi, certamente, a inimiga mais encarniçada da revolução thatcheriana.) Sentaram-na ao lado de Isaiah Berlin, a quem ela se dirigiu com o maior respeito a noite toda. Estavam presentes os romancistas V. S. Naipaul e Anthony Powell; os poetas Al Alvarez, Stephen Spender e Philip Larkin; o crítico e contista V. S. Pritchett; o dramaturgo Tom Stoppard; o historiador

J. H. Plumb, de Cambridge; Anthony Quinton, presidente do Trinity College (Oxford), e mais alguém que não recordo. Thatcher me perguntou onde eu morava e, quando lhe disse que em Montpelier Walk, lembrou-me que era vizinho de Arthur Koestler, autor que, claramente, ela havia lido. A conversa foi uma prova a que os intelectuais presentes submeteram a primeira-ministra. A delicadeza e os bons modos da cortesia britânica mal disfarçavam uma recôndita agressividade. Quem abriu fogo foi o dono de casa, Hugh Thomas, perguntando à sra. Thatcher se a opinião dos historiadores lhe interessava e lhe servia para alguma coisa em questões de governo. Ela respondia às perguntas com clareza, sem se intimidar nem fazer pose, na maior parte das vezes com segurança, mas, às vezes, confessando suas dúvidas. No final do jantar, quando ela já havia ido embora, Isaiah Berlin resumiu muito bem, creio, a opinião da maioria dos presentes: "Não há nada de que se envergonhar". E sim, pensei, muito para se sentir orgulho de ter uma governante com essa têmpera, cultura e convicções. Margaret Thatcher ia viajar nos próximos dias para Berlim, onde visitaria pela primeira vez o muro da vergonha construído pelos soviéticos para impedir as fugas crescentes de cidadãos da Alemanha Oriental para a Ocidental. Lá, faria um de seus mais importantes discursos antiautoritários e em defesa da democracia.

Também conheci Ronald Reagan pessoalmente, mas num jantar muito concorrido na Casa Branca, ao qual fui convidado por Selwa Roosevelt, que na época era sua chefe de protocolo. Ela me apresentou o presidente, a quem, numa conversa muito breve, só consegui perguntar por que, tendo os Estados Unidos escritores como Faulkner, Hemingway e Dos Passos, ele sempre citava Louis L'Amour como seu romancista favorito. "Bem", respondeu, "ele descreve com maestria algo muito nosso, a vida dos caubóis do Oeste." Nisso, claro, não me convenceu.

Ambos foram grandes estadistas, os mais importantes do seu tempo, e ambos contribuíram de forma decisiva para a queda e o desaparecimento da URSS, o maior inimigo que a cultura democrática já teve, mas neles não havia nada de líder carismático, aquele que, como Hitler, Mussolini, Perón ou Fidel Castro, apela sobretudo para o "espírito da tribo" em seus discursos. É assim que Karl Popper chama a irracionalidade do ser humano primitivo que descansa no fundo mais secreto de todos os civilizados, que nunca superaram totalmente a saudade daquele mundo tradicional — a tribo — em que o homem ainda era parte inseparável da coletividade, subordinado ao feiticeiro ou ao cacique todo-poderosos que tomavam todas as decisões por ele, e nela se sentia seguro, livre de responsabilidades, submetido, como o animal na manada, no rebanho, ou o ser humano em uma turma ou torcida, adormecido entre os que falavam a mesma língua, adoravam os mesmos deuses e praticavam os mesmos costumes, e odiando o outro, o diferente, que podia ser responsabilizado por todas as calamidades que assolavam a tribo. O "espírito tribal", fonte do nacionalismo, foi o causador, junto com o fanatismo religioso, das maiores matanças na história da humanidade. Nos países civilizados, como a Grã-Bretanha, o chamado da tribo se manifestava principalmente nos grandes espetáculos, jogos de futebol ou concertos ao ar livre dos Beatles e dos Rolling Stones nos anos 1960, nos quais o indivíduo desaparecia engolido pela massa, uma escapatória momentânea, saudável e catártica das servidões diárias do cidadão. Mas em certos países, e não só do terceiro mundo, esse "chamado da tribo" da qual a cultura democrática e liberal — em última instância, a racionalidade — nos havia liberado foi reaparecendo de tanto em tanto devido aos terríveis líderes carismáticos graças aos quais os cidadãos voltam a ser uma massa avassalada por um caudilho. Esse é o substrato do nacionalismo, que eu detestava desde muito jovem, intuindo que nele se abrigava a negação da cultura, da democracia e da racionalidade. Por isso eu tinha sido esquerdista e comunista na mocidade; mas, atualmente, nada representava tanto o retorno à "tribo" como o comunismo, com a negação do indivíduo como ser soberano e responsável, voltando à condição de parte de uma massa submetida aos ditames do líder, espécie de beato religioso cuja palavra é sagrada, irrefutável como um axioma, que ressuscitava as piores formas da demagogia e do chauvinismo.

Naqueles anos li e reli muito os pensadores a que estão dedicadas as páginas deste livro. E também muitos outros, claro, que poderiam figurar nelas, como Ludwig von Mises, Milton Friedman, o argentino Juan Bautista Alberdi e o venezuelano Carlos Rangel, estes dois últimos casos sendo verdadeiramente excepcionais de um genuíno liberalismo no continente latino-americano. Nessa época também fiz uma viagem a Edimburgo, para pôr flores no túmulo de Adam Smith, e a Kirkcaldy, para ver a casa onde ele escreveu *A riqueza das nações*, onde descobri que dessa casa só restavam um muro descascado e uma placa.

Foi naqueles anos que se forjaram as convicções políticas que a partir de então defendi em livros e artigos, e que me levaram no Peru, em 1987, a me opor à nacionalização de todo o sistema financeiro que o presidente Alan García tentou fazer em seu primeiro governo (1985-90), fundar o Movimento Liberdade e ser candidato em 1990 à presidência da República pela Frente Democrática com um programa que propunha reformar radicalmente a sociedade peruana para transformá-la numa democracia liberal. Quero dizer, de passagem, que embora meus amigos e eu tenhamos sido derrotados nas urnas, muitas das ideias que defendemos nessa longa campanha de quase três anos, e que são as ideias deste livro, ao contrário de desaparecerem, foram penetrando em setores cada vez mais amplos até constituírem atualmente parte da agenda política no Peru.

O conservadorismo e o liberalismo são coisas diferentes, como estabeleceu Hayek num ensaio célebre. O que não quer dizer que não haja entre liberais e conservadores coincidências e valores comuns, assim como também os há entre o socialismo democrático — a social-democracia — e o liberalismo. Basta lembrarmos que a grande transformação econômica e social da Nova Zelândia foi iniciada por um governo trabalhista, com seu ministro da Economia Roger Douglas, e atingiu seu auge com a ministra Ruth Richardson, de um governo conservador (1984-93). Por isso, não se deve entender o liberalismo como uma ideologia a mais, um desses atos de fé laicos tão propensos à irracionalidade, às verdades dogmáticas — tanto quanto as religiões, todas elas, das primitivas mágico-religiosas às modernas. Entre os liberais, como demonstram aqueles que figuram nestas páginas, com muita frequência há mais discrepâncias que coincidências. O liberalismo é uma doutrina que não tem respostas para tudo, como pretende o marxismo, e admite em seu seio a divergência e a crítica, a partir de um corpo pequeno, mas inequívoco, de convicções. Por exemplo, de que a liberdade é o valor supremo e de que ela não é divisível e fragmentária; é uma só, e numa sociedade genuinamente democrática deve se manifestar em todos os domínios — o econômico, o político, o social, o cultural. Por não pensarem assim fracassaram todos os regimes que, nas décadas de 1960 e 1970, pretendiam estimular a liberdade econômica sendo despóticos, em geral ditaduras militares. Esses ignorantes achavam que uma política de mercado podia ter sucesso com governos repressivos e ditatoriais. Mas também fracassaram muitas experiências democráticas na América Latina que respeitavam as liberdades políticas, mas não acreditavam na liberdade econômica — o livre mercado —, que é o que traz desenvolvimento material e progresso.

O liberalismo não é dogmático, sabe que a realidade é complexa e que muitas vezes as ideias e os programas políticos devem se adaptar a ela, se quiserem ter sucesso, em vez de tentarem prendê-la em esquemas rígidos, coisa que costuma dar errado e desencadear a violência política. O liberalismo também gerou em seu seio uma "doença infantil", o sectarismo, encarnado em certos economistas enfeitiçados pelo livre mercado como panaceia capaz de resolver todos os problemas sociais. Convém recordar, sobretudo a eles, o exemplo do próprio Adam Smith, pai do liberalismo, que em certas circunstâncias tolerava até mesmo que fossem mantidos temporariamente alguns privilégios, como subsídios e controles, quando suprimi-los podia causar de imediato mais males do que benefícios. Essa tolerância com o adversário que Smith demonstrava é talvez o traço mais admirável da doutrina liberal: aceitar que ela mesma pode estar errada e o adversário, ter razão. Um governo liberal deve enfrentar a realidade social e histórica de maneira flexível, sem pensar que é possível enquadrar todas as sociedades num único esquema teórico, atitude contraproducente que provoca fracassos e frustrações.

Nós, liberais, não somos anarquistas e não queremos suprimir o Estado. Pelo contrário, queremos um Estado forte e eficaz, o que não significa um Estado grande, empenhado em fazer coisas que a sociedade civil pode fazer melhor que ele num regime de livre concorrência. O Estado deve garantir a liberdade, a ordem pública, o respeito à lei e a igualdade de oportunidades.

A igualdade perante a lei e a igualdade de oportunidades não significam igualdade nos ingressos e na renda, coisa que liberal algum proporia. Porque isso só pode ser obtido numa sociedade por meio de um governo autoritário que "iguale" economicamente todos os cidadãos mediante um sistema opressivo, fazendo tábula rasa das diferentes capacidades individuais, imaginação, criatividade, concentração, diligência, ambição, espírito de trabalho, liderança. Isso equivale ao desaparecimento do indivíduo, sua imersão na tribo.

Nada mais justo que os indivíduos, partindo de um ponto mais ou menos similar, possam diferenciar seus ganhos segundo sua maior ou menor contribuição aos benefícios do conjunto da sociedade. Seria estúpido desconhecer que entre os indivíduos há inteligentes e tolos, diligentes ou ociosos, criativos ou rotineiros e lerdos, estudiosos e preguiçosos etc. E seria injusto que, em nome da "igualdade", todos recebessem o mesmo salário apesar de suas distintas aptidões e méritos. As sociedades que tentaram isso esmagaram a iniciativa individual, na prática fazendo os indivíduos desaparecerem numa massa anódina em que a falta de concorrência desmobiliza e sufoca a criatividade.

No entanto, em sociedades tão desiguais como as do terceiro mundo os filhos das famílias mais prósperas gozam, sem dúvida, de oportunidades imensamente maiores para ter sucesso na vida que os das famílias pobres. Por essa razão a "igualdade de oportunidades" é um princípio profundamente liberal, por mais que o neguem as turminhas de economistas dogmáticos, intolerantes e frequentemente racistas — no Peru há muitos, e são todos fujimoristas — que abusam deste título.

Por isso é tão importante, para o liberalismo, oferecer a todos os jovens um sistema educacional de alto nível que garanta um ponto de partida comum em cada geração que possibilite depois legítimas diferenças de ingressos segundo o talento, o esforço e os serviços que cada cidadão presta à comunidade. É no mundo da educação — escolar, técnica e universitária — que mais injusto é o privilégio, isto é, favorecer certos jovens com uma formação de alto nível, condenando os outros a uma educação superficial ou ineficiente que os leva a um futuro limitado, ao fracasso ou a limitar-se à mera sobrevivência. Isso não é uma utopia, é algo que a França, por exemplo, conseguiu no passado com uma educação pública e gratuita que costumava ter um nível mais alto que a particular e estava ao alcance de toda a sociedade. A crise da educação que o país viveu fez com que tenha atualmente retrocedido neste sentido, mas não as democracias escandinavas, ou a suíça, ou as de países asiáticos como o Japão ou Cingapura, que garantem a igualdade de oportunidades no campo da educação — escolar ou superior — sem que isso tenha prejudicado, muito pelo contrário, sua vida democrática e sua prosperidade econômica.

A igualdade de oportunidades no domínio da educação não significa que seja preciso suprimir o ensino privado em benefício do público. Nada disso; é indispensável que ambos existam e concorram, porque não há nada como a concorrência para chegar à superação e ao progresso. Todavia, a ideia da concorrência entre instituições educativas foi de um economista liberal, Milton Friedman. O "cupom escolar" projetado por ele deu excelentes resultados nos países que o aplicaram, como a Suécia, concedendo aos pais uma participação muito ativa no aprimoramento do sistema educacional. O "cupom escolar" que o Estado dá a todos os pais permite a estes escolherem os melhores colégios para seus filhos, encaminhando assim uma ajuda estatal maior às instituições que devido à sua qualidade atraem mais pedidos de matrícula.

Convém levar em conta que o ensino, numa época como a nossa, de grandes renovações tecnológicas e científicas, é cada vez mais caro — se queremos que seja de primeiro nível —, e isso significa que a sociedade civil tem tanta responsabilidade como o Estado de manter o melhor nível acadêmico dos colégios, instituições e universidades. Não é justo que os filhos de famílias abastadas sejam eximidos de pagar por sua educação, assim como não seria que um jovem, por motivos econômicos, se visse excluído do acesso às melhores instituições tendo o talento e o espírito de trabalho necessários para tal. Por isso, junto à "cota escolar", é indispensável um sistema de bolsas e apoios para estabelecer a "igualdade de oportunidades" no campo da educação.

O Estado pequeno geralmente é mais eficiente que o grande: essa é uma das convicções mais firmes da doutrina liberal. Quanto mais cresce o Estado, e mais atribuições assume na vida de uma nação, mais diminui a margem de liberdade de que gozam os cidadãos. A descentralização do poder é um princípio liberal, para que seja maior o controle que o conjunto da sociedade exerce sobre as diversas instituições sociais e políticas. Com exceção da defesa, da justiça e da ordem pública, em que o Estado tem primazia (não o monopólio), o ideal é que no resto das atividades econômicas e sociais se estimule ao máximo a participação cidadã num regime de livre concorrência.

O liberalismo foi o alvo político mais vilipendiado e caluniado ao longo da história, primeiro pelo conservadorismo — recordemos as encíclicas papais e os pronunciamentos da Igreja católica contra ele, que ainda perduram apesar de existirem tantos fiéis liberais — e, depois, pelo socialismo e pelo comunismo, que na modernidade apresentaram o "neoliberalismo" como ponta de lança do imperialismo e das formas mais desumanas do colonialismo e do capitalismo. A verdade histórica desmente essas difamações. A doutrina liberal representou desde a sua origem as formas mais avançadas de cultura democrática e é aquela que mais fez progredir, nas sociedades livres, os direitos humanos, a liberdade de expressão, os direitos das minorias sexuais, religiosas e políticas, a defesa do meio ambiente e a participação do cidadão comum na vida pública. Em outras palavras, a que mais tem nos defendido do inextinguível "chamado da tribo". Este livro quer contribuir com um grãozinho de areia para essa indispensável tarefa.

Madri, agosto de 2017

Adam Smith (1723-90)

Não sabemos quase nada da infância e da juventude de Adam Smith, exceto que nasceu em algum dia de 1723, em Kirkcaldy, aldeia mercantil escocesa situada umas dez milhas ao norte de Edimburgo, onde passou muitos períodos da sua vida e pelo menos seis dos dez anos que levou para escrever sua obra-prima: *A riqueza das nações* (1776). Não conheceu o pai, advogado e inspetor da alfândega falecido antes que ele nascesse, e sempre amou intensamente sua mãe, Elizabeth Douglas. Não está provada a lenda de que foi raptado por um grupo de ciganos aos três anos e que o sequestro durou apenas algumas horas. Foi uma criança doentia, sem graça, e, antes de ser conhecido por sua sabedoria, era famoso por sua enorme distração. Um dia, o cocheiro da diligência que vinha de Londres encontrou nos subúrbios de Kirkcaldy um andarilho solitário no meio do campo, já bem longe da cidade; freou os cavalos para perguntar ao sr. Smith aonde ia; este, desconcertado, reconheceu que tinha se afastado tanto sem perceber, mergulhado em suas reflexões. E num domingo foi visto caminhando, com seu estranho andar descompassado, que fazia lembrar o de um camelo, ainda com seu roupão, em Dunfermline, a quinze milhas de Kirkcaldy; estava olhando para o vazio e falando sozinho. Anos mais tarde, os moradores de Edimburgo se habituariam às idas e vindas pelo bairro antigo, em horários inesperados, com o olhar perdido e movendo os lábios em silêncio, daquele ancião solitário, um tanto hipocondríaco, a quem todo mundo chamava de sábio. Dezenas de casos assim marcaram a sua vida.

Estudou numa escola próxima à sua casa, em Hill Street, entre 1731 e 1737, e deve ter sido um bom estudante de latim e grego, porque quando entrou na Universidade de Glasgow, aos catorze anos, foi eximido de cursar o primeiro ano, dedicado às línguas clássicas. Os três anos que passou lá, confessou numa carta citada por seu biógrafo Nicholas Phillipson,[1] "foram os mais úteis, felizes e honoráveis de sua vida"; neles descobriu a física de Newton e a geometria de Euclides e teve um professor de filosofia moral, Francis Hutcheson, eminente figura do Iluminismo escocês, que influiria muito em sua formação intelectual. Depois desses três anos na Universidade de Glasgow, obteve uma bolsa para Oxford, onde permaneceu de 1740 a 1746, no Balliol College. Não sabemos quase nada sobre a vida que levou nesses seis anos — seus biógrafos supõem que deve ter sido bastante solitária, pois o clima político e cultural da universidade estava impregnado do "jacobinismo" mais conservador e reacionário, írrito à sua formação presbiteriana e *whig* (liberal) —, exceto que aprendeu francês por conta própria, leu com paixão a literatura francesa e que seus autores preferidos eram Racine e Marivaux. Mas o que lhe sucedeu de mais importante nos anos de Oxford foi conhecer a obra de David Hume, outra das grandes figuras do Iluminismo escocês, e, talvez, o próprio Hume. Doze anos mais velho que Smith, e com grande prestígio no meio intelectual, este era, contudo, repudiado na hierarquia universitária por seu ateísmo; uma das poucas coisas que sabemos de Adam Smith em Oxford é que foi repreendido no Balliol College ao ser descoberto lendo às escondidas o *Tratado da natureza humana* (1739) do influente filósofo escocês, que mais tarde seria seu melhor amigo. Fez elogios a ele e a Hutcheson em sua *Teoria dos sentimentos morais* (1759).

Circula ainda a ideia errônea de que Adam Smith foi antes de mais nada um economista — ele é chamado de "pai da economia" —, coisa que o deixaria estupefato. Sempre se considerou um moralista e um filósofo. Seu interesse pelas questões econômicas, assim como por outras disciplinas, como a astronomia — chegou a escrever uma *História da astronomia*, que só seria publicada postumamente —, surgiu como consequência do seu esforço para desenvolver uma "ciência do homem" e explicar o funcionamento da sociedade. Temos mais notícias dele depois de terminar Oxford, a partir de sua chegada a Edimburgo, onde, entre 1748 e 1751, graças a Lord Kames, outra figura do Iluminismo escocês, fez uma série de conferências públicas que tiveram muita repercussão e foram forjando seu prestígio. Os textos dessas palestras foram perdidos, mas as conhecemos pelas anotações de dois estudantes que assistiram a elas. A primeira versava sobre a retórica e a maneira como havia nascido a linguagem, a comunicação humana — atividade que Smith identifica não só como necessidade de sobrevivência, mas também como a propriedade e a simpatia —, o traquejo com as pessoas e o senso comum —, pilares da vida social e da sua argamassa: a sociabilidade. Para demonstrar isso, usava exemplos da literatura. A seu ver, a linguagem clara, direta e concisa exprime melhor as emoções, sentimentos e ideias e deve ser preferida ao estilo barroco e pomposo (como o do terceiro conde de Shaftesbury, dizia), característico de uma minoria seleta que excluía o homem comum.

Em outra das conferências, sobre a jurisprudência, Smith esboçou algumas das ideias que desenvolveria mais tarde, a partir da tese de David Hume de que "a propriedade é a mãe do processo civilizador". Esse tema encantou os melhores intelectuais escoceses da época. Lord Kames, por exemplo, sustentava que o instinto mais acentuado no ser humano era o de "possuir" e que daí havia nascido a propriedade privada e, de certa forma, a própria sociedade. Em seu livro *Historical Law-Tracts* [Tratados-lei históricos] (1758), Lord Kames sustentou que o desenvolvimento da história se compunha de quatro etapas: a) a idade dos caçadores; b) a idade dos pastores; c) a idade dos agricultores; e, finalmente, d) a idade dos comerciantes. O intercâmbio de produtos, dentro e fora do próprio grupo, teria sido o verdadeiro motor da civilização. Os governos apareceram quando os membros da comunidade tomaram consciência da importância da propriedade privada e entenderam que esta devia ser protegida por leis e autoridades que as fizessem cumprir. Essas ideias tiveram grande influência em Adam Smith, que as adotou e depois as ampliaria e matizaria. Talvez já nos seus anos em Edimburgo chegou a esboçar a convicção — que o acompanharia por toda a vida — de que a pior inimiga da propriedade e do governo era a nobreza latifundiária, aquela aristocracia rentista que com frequência conseguia derrubar os governos que limitavam seus poderes, e que, por isso mesmo, sempre foi uma ameaça à justiça, à paz social e ao progresso. Graças às suas conferências de Edimburgo, aquele jovem começou a ser visto como um integrante desse movimento — o Iluminismo escocês — que revolucionaria as ideias, valores e a cultura do seu tempo.

De Edimburgo, Adam Smith se mudou para Glasgow, onde permaneceu por treze anos — até 1764 — como professor de lógica e metafísica, por um breve período, e depois, de filosofia moral. Dispomos de mais informações sobre a sua vida a partir de então; lá morou com sua mãe e uma prima, Janet Douglas, que se encarregariam da casa durante todos os anos que residiu na Escócia. Sua vida foi de uma austeridade estoica, presbiteriana, sem álcool e provavelmente sem sexo — nunca se casou nem há notícias de qualquer namorada sua, e todos os rumores que correram sobre os seus supostos romances têm matizes irreais —, dedicada ao ensino e ao estudo. Seu prestígio como professor foi tão grande que, entre outros, James Boswell, o futuro biógrafo de Samuel Johnson, se inscreveu na Universidade de Glasgow para assistir aos seus cursos. Segundo o testemunho de seus discípulos, levava as aulas escritas, mas muitas vezes deixava suas anotações de lado para desenvolver ou definir alguns pontos, e detestava que os alunos tomassem notas enquanto falava — "Odeio escrevinhadores". Também se destacou como administrador; foi encarregado de organizar e dirigir a biblioteca e adquirir livros para ela, de construir espaços para novas disciplinas e participar da administração e da contabilidade dessa universidade, da qual chegou a ser decano e vice-reitor. Em todas essas atividades mereceu tanto respeito e elogios quanto por seu trabalho intelectual.

Glasgow vivia nessa época uma prosperidade extraordinária, graças à abertura de mercados que o Tratado de União com a Inglaterra havia gerado e, em especial, ao comércio do tabaco que seus barcos traziam da Virgínia, nos Estados Unidos, e distribuíam depois pelo Reino Unido e o resto da Europa. Segundo Arthur Herman, em seu ensaio sobre o Iluminismo escocês, foi nessa época, e em decorrência do notável desenvolvimento de Glasgow, que Adam Smith começou a se interessar pelas operações comerciais das grandes empresas. Graças a um amigo, um dos Reis do Tabaco da cidade, chegou a conhecê-las por dentro: "Smith era um grande amigo de John Glassford, que o mantinha informado do que acontecia na América e que por sua vez se interessaria muito pela elaboração de *A riqueza das nações*. O *Provost* de Glasgow, Andrew Cochrane, organizou o Political Economy Club, do qual foram membros Smith, Glassford e outro poderoso comerciante de tabaco, Richard Oswald. Cochrane também presidiu a sessão da Prefeitura de Glasgow em 3 de maio de 1762 quando o professor Smith foi adotado como 'burguês honorário da cidade'".[2]

TEORIA DOS SENTIMENTOS MORAIS (1759)

O primeiro livro publicado por Adam Smith, *Teoria dos sentimentos morais*,[3] foi sendo elaborado em suas aulas ao longo dos anos, e mostra até que ponto a preocupação pela moral era dominante em sua vocação. Na tese que desenvolve ali estão presentes as ideias do seu antigo professor, Francis Hutcheson, de David Hume, as de Rousseau sobre a desigualdade e as de Bernard Mandeville sobre a moral. Mas no livro já existe um sólido pensamento próprio, uma primeira aproximação à "ciência do homem" que desde jovem ele sonhava elaborar.

Certas palavras são cruciais para entender o livro de Smith — simpatia (no sentido de empatia), imaginação, propriedade, o espectador imparcial —, assim como uma pergunta a que esta volumosa pesquisa quer responder: a que se deve o fato de que a sociedade humana exista e se mantenha estável e progrida com o tempo, em vez de se desarticular devido às rivalidades, aos interesses contrapostos e aos instintos e paixões egoístas dos homens? O que torna possível a *sociabilidade*, adesivo que mantém unida a sociedade apesar da diversidade de gentes e personalidades que a conformam?

Os seres humanos se conhecem por meio da imaginação e de uma atitude natural de simpatia ao próximo que aproxima um indivíduo do outro, algo que nunca chegaria a acontecer se as ações humanas fossem guiadas exclusivamente pela razão. Esse sentimento de simpatia e a imaginação atraem pessoas estranhas e estabelecem entre elas um vínculo que quebra a desconfiança e cria solidariedades recíprocas. A visão do homem e da sociedade que esse livro transpira é positiva e otimista, pois Adam Smith acredita que, apesar de todos os horrores que se cometem, a bondade prevalece sobre a maldade: ou seja, os sentimentos morais. Um bom exemplo dessa decência inata que caracteriza a maioria dos seres humanos aparece nas últimas páginas do livro:

> Dizer a uma pessoa que é embusteira constitui a mais mortal das ofensas [...]. O homem que sofresse a desgraça de pensar que ninguém ia acreditar numa única palavra do que dissesse iria sentir-se um pária da sociedade humana, sentiria horror ante a mera ideia de integrar-se nela ou de apresentar-se ante ela, e penso que quase com certeza morreria de desespero (p. 587).

As coisas mudaram muito nos séculos que transcorreram desde que Adam Smith escreveu essas linhas, e, do ponto de vista moral, os seres humanos do nosso tempo foram piorando, pois é difícil imaginar hoje em dia muita gente capaz de se horrorizar com a ideia de ser considerada embusteira por seus próximos. No entanto, quem escreveu isso estava longe de pecar de ingenuidade: suas análises da conduta moral são de grande sutileza e complexidade, sempre baseadas na convicção de que, até nas piores circunstâncias, a decência prevalece sobre a indecência: "A natureza, quando formou o ser humano para a sociedade, dotou-o de um desejo original de agradar os seus semelhantes e uma aversão original a ofendê-los. Ensinou-lhe a sentir prazer ante sua consideração favorável e dor ante sua consideração desfavorável" (p. 236).

Outra palavra-chave nesse ensaio é "propriedade", não no sentido de pertencimento, mas no de atitude adequada, justa e cuidadosa — apropriada — nas relações do indivíduo com os outros.

Livro curioso, versátil, ambíguo e sutil, em certos momentos parece um tratado de boas maneiras, em outros, uma análise psicológica dos sentimentos e emoções que o ser humano sente em relação ao próximo, e, às vezes, um manual de sociologia. Na verdade, trata-se de um estudo sobre as relações humanas e a maneira como estas permitem que uma sociedade funcione e surja uma solidariedade básica em seu seio que a impede de se desagregar e desaparecer. Também sobre o senso moral que nos permite diferenciar o bom do mau, o postiço do autêntico, o verdadeiro do falso. Esse foi o primeiro volume de Adam Smith dedicado a forjar a "ciência do homem" que ocuparia o resto da sua vida e que ele nunca chegou a concluir.

As reações e atitudes que o livro descreve levam em conta a pobreza e a riqueza, os preconceitos sociais, a posição dos indivíduos na sociedade, mas, de modo geral, ele se concentra nos cidadãos comuns, nos que representam a normalidade. Em geral passa rapidamente por cima daqueles que se esquivam dela e a transgridem (os homens-monstros que tanto fascinavam Georges Bataille). Por isso, a sociedade descrita em *Teoria dos sentimentos morais* nos parece, às vezes, um tanto ou quanto idealizada por sua exemplaridade e correção. Porque a vida não é feita só de pessoas normais, mas também de anormais e excepcionais. Isso, porém, não se devia apenas à maneira de Adam Smith ver a sociedade, mas, sobretudo, à sua maneira de ser. Não são muitos os depoimentos sobre a sua pessoa, mas os que existem coincidem em afirmar que era, além de um intelectual de altíssimo valor, um homem bom, de hábitos sadios, modesto, simples, austero, corretíssimo, com explosões excepcionais de mau humor, cuja vida era dedicada ao estudo. Surpreendia a todos com o seu costume de mergulhar em suas reflexões e se desligar em qualquer circunstância. Um dos seus amigos da Select Society, com os quais tinha o hábito de se encontrar nos bares de Edimburgo, conta que, de repente, no meio de uma discussão sobre temas jurídicos ou filosóficos, todos percebiam que Adam Smith *tinha ido embora*: estava ali, de olhos fixos num ponto do vazio, murmurando suavemente algo que quase não se ouvia, imerso num mundo privado, ausente de tudo à sua volta.

Teoria dos sentimentos morais se foca sobretudo nos homens, mas há algumas especificidades que julga ver na mulher que a distinguem daqueles, como por exemplo esta, tão sutil: "A humanidade é própria da mulher, a liberalidade, do homem" (p. 342). Boa parte do livro analisa o indivíduo isolado, mas, nos capítulos finais, antes de passar em revista todos os sistemas sobre a moral — Platão, Aristóteles, Zenão e os estoicos, os epicuristas, Cícero —, para contrastá-los com o seu, a análise se estende ao indivíduo como parte da família, da nação e, finalmente, da humanidade. Esses capítulos preludiam alguns dos grandes achados de *A riqueza das nações*. Por exemplo, sua claríssima tomada de posição contra o nacionalismo, a ideia de que, em função do vínculo afetivo que une o indivíduo com sua pátria, sempre se deve dar razão a esta, mesmo quando não tiver: "O amor à nossa nação frequentemente nos predispõe a olhar com os ciúmes e a inveja mais malignos a prosperidade e a grandeza de qualquer nação próxima" (p. 411). Chama isso de "o princípio mesquinho do preconceito nacional" (p. 410). Pouco depois, referindo-se à França e à Inglaterra, afirma que "é certamente indigno de nações tão ilustres como estas sentirem inveja da felicidade e da prosperidade interna da outra" (p. 412). Essa recusa da perspectiva nacional como algo preponderante e egoísta, que justifica o arbitrário, o faz condenar o espírito dogmático daqueles "doutrinários" "tão fascinados pela beleza do seu projeto político ideal" que acham que é possível "organizar os diversos membros de uma grande sociedade com a mesma desenvoltura com que se dispõem as peças num tabuleiro de xadrez" (p. 418). A seguir lembra que o único "princípio motriz" dessas peças é a mão que as move e que "no vasto tabuleiro da sociedade humana cada peça possui um princípio motriz próprio", independente do que a legislação queira lhe impor de maneira arbitrária. É a primeira vez na história que alguém afirma que a sociedade poderia ter um movimento próprio, derivado de sua organização interna, que deve ser respeitado sob pena de provocar a anarquia ou ter que recorrer à mais brutal repressão, algo a que ele se opõe recordando "a divina máxima de Platão": não empregar mais violência contra o país do que aquela que se emprega contra os pais (p. 418).

Mas talvez o aspecto mais original de *Teoria dos sentimentos morais* seja o surgimento em suas páginas do *espectador imparcial*, um juiz ou árbitro que os seres humanos têm dentro de si e que, adotando sempre uma posição objetiva sobre o nosso comportamento, julga-o, aprovando ou condenando o que fazemos e dizemos. Tal personagem é qualificado de maneiras diversas ao longo do livro: "o grande recluso, o ilustre semideus dentro do peito", "a própria consciência", "o juiz interior", "o ilustre juiz e árbitro da nossa conduta", o "eminente recluso", "os vice-gerentes de Deus que temos dentro de nós" etc. A identificação desse espectador imparcial com a consciência não é totalmente justa, pois se supõe que um ser humano governa a sua consciência, enquanto o espectador imparcial mantém uma distância acima do sujeito de que faz parte, posição que lhe permite dar com independência sua aprovação ou sua desaprovação a tudo o que aquele faz, pensa ou diz. E tampouco é uma projeção exata da divindade no indivíduo, pois, como mostram algumas das análises mais sutis de Adam Smith no livro, o espectador imparcial nem sempre é tão neutro como seria o próprio Deus; tende a amolecer com o sujeito, revela arroubos de favoritismo ou, pelo contrário, de excessiva severidade com seus desejos, sentimentos e paixões, e, de forma igualmente subjetiva, pode exagerar em suas desqualificações e condenações. De certo modo, esse observador imparcial na vida dos seres humanos é, como observa o professor D. D. Raphael em seu livro sobre Adam Smith,[4] um anúncio daquilo que um século mais tarde Sigmund Freud, em sua descrição da vida inconsciente, chamaria de *superego*. Esse espectador imparcial, além do mais, tem uma razão de ser que mais tarde aparecerá como um dos pilares da doutrina liberal: o individualismo. Se a conduta moral depende em boa parte dessa personalidade própria de cada indivíduo, este constitui a célula básica da sociedade, o ponto de partida das diferentes coletividades a que pertence ao mesmo tempo, mas nenhuma das quais pode subsumi-lo ou aboli-lo: a família, o trabalho, a religião, a classe social, o partido político.

Adam Smith escrevia com elegância e precisão (diga-se de passagem, a tradução ao espanhol da *Teoria dos sentimentos morais* feita por Carlos Rodríguez Braun é excelente), e era um homem sensível à boa literatura (nesse ensaio há um elogio muito entusiasta a *Fedra*, de Racine) e à beleza, que não encontrava somente nas obras literárias e artísticas, mas também nas ações humanas e, claro, na natureza e nos objetos. Uma ação virtuosa, um gesto de desprendimento, um ato solidário despertam, diz, uma sensação de beleza comparável à que nos proporcionam uma bela paisagem, uma música harmoniosa ou uma vida que transcorre dentro da prudência, do respeito ao próximo, da amizade e da conduta irretocável. Em algum momento das conclusões, menciona "o gosto pela beleza que nos suscitam tanto os objetos inanimados como os animados" (p. 570).

Teoria dos sentimentos morais foi o livro preferido de Adam Smith, que nunca imaginou a revolução que *A riqueza das nações* provocaria no mundo das ideias, da política e da economia. Foi muito elogiado por David Hume e por Edmund Burke e, no resto da Europa, por intelectuais prestigiosos como Kant e Voltaire. Este último teria dito depois de lê-lo: "Não temos ninguém que se compare a ele, sinto muito pelos meus queridos compatriotas".

Mas, o que é mais importante: o prestígio que obteve lhe permitiu libertar-se das obrigações universitárias, adquirir uma ocupação que garantiria o seu futuro e lhe permitiria se dedicar a escrever sem contratempos e fazer a cobiçada viagem pela Europa mais culta. David Hume lhe informou em abril de 1759 que Charles Townshend, padrasto do jovem duque de Buccleuch, que ainda estava em Eton, pretendia enviar este último a Glasgow para seguir suas aulas. Não chegou a acontecer, mas, alguns anos depois, Adam Smith recebeu de Townshend uma proposta muito concreta: encarregar-se da tutoria do jovem duque — herdeiro de uma grande fortuna — e acompanhá-lo numa longa viagem de estudos pela Europa. As condições não podiam ser mais vantajosas: um salário de quinhentas libras, seguido depois por uma pensão anual vitalícia de trezentas libras (quantia maior que aquela que recebia como professor). Smith aceitou, abriu mão da Universidade de Glasgow e partiu para Londres, onde conheceu aquele que seria o seu discípulo — na época com dezoito anos — nos três anos seguintes. Imediatamente brotaram entre os dois uma compreensão e um afeto que durariam pelo resto da vida. O jovem aristocrata era atento e esforçado, respeitoso e gentil, e guardou para sempre uma enorme admiração e gratidão pelo preceptor que o acompanhou em sua excursão europeia entre 1764 e 1766.

Smith e seu discípulo estiveram primeiro em Toulouse, onde ficaram por dezoito meses. Há indícios de que foi nessa cidade que ele começou a escrever notas para *A riqueza das nações*. A segunda cidade da França estava ainda abalada pelo *affaire Calas*, que havia impressionado metade da Europa pelo fanatismo e a crueldade que o envolveram. Em 1761, foi encontrado enforcado na cidade o filho de um mercador protestante, Jean Calas. Ele foi acusado de ter matado o filho para impedir que se convertesse ao catolicismo. O pobre Calas, condenado pelo *Parlement*, foi desconjuntado na roda, estrangulado e depois queimado em março de 1762. Isso desencadeou a célebre campanha de Voltaire contra a injustiça que fora cometida, pedindo um desagravo póstumo à vítima. Seu famoso panfleto sobre o assunto, que apareceu no *Tratado sobre a tolerância*, foi um dos muitos livros e opúsculos que Adam Smith enviaria à Escócia durante os dois anos que passou na França e na Suíça.

Foi a única vez que Adam Smith percorreu esses países, onde, graças às recomendações do padrasto do duque de Buccleuch, de David Hume e de outros, frequentou os salões da moda em Paris, além de frequentar teatros e concertos e conhecer intelectuais de renome. Há indícios, inclusive, da existência de uma dama que, entusiasmada com Smith, o assediava, enquanto ele fazia tudo o que podia para se livrar dela. Esteve várias vezes em Ferney com Voltaire e, em Paris, com filósofos e escritores como D'Alembert, Turgot, Helvetius, o barão d'Holbach, Marmontel e, sobretudo, com François Quesnay e os fisiocratas, a cujas teses econômicas faria uma dura crítica em *A riqueza das nações*. Mas o próprio Quesnay, com quem teve vários encontros provavelmente muito polêmicos, lhe caiu muito bem; uma vez disse que se Quesnay estivesse vivo quando seu livro saiu, a obra teria sido dedicada a ele. A estada na Europa teve que ser interrompida; uma doença do duque de Buccleuch e a morte de um irmão mais novo deste os obrigaram a adiantar o regresso. Em meados de novembro de 1766 estavam de volta à Inglaterra. Adam Smith nunca mais voltaria a sair do seu país.

A REDAÇÃO DE *A RIQUEZA DAS NAÇÕES*

Após voltar da França, permaneceu em Londres por uns seis meses, até maio de 1767. Demorou a regressar para a Escócia devido à revisão das provas da terceira edição de *Teoria dos sentimentos morais* e trabalhou um pouco na National Library, a extraordinária biblioteca inaugurada nessa época. Viajou para Kirkcaldy com quatro grandes caixas de livros e lá permaneceu, morando com sua mãe e sua prima Janet Douglas, durante seis anos, nos quais fez grandes avanços no ambicioso livro com o qual queria prosseguir sua investigação sobre os sistemas que mantinham a ordem natural e social. Desde muito jovem estava convencido de que só a razão — e não a religião — podia entendê-los e explicá-los. Tinha se proposto, agora, a descrever a organização da vida econômica e o progresso de uma sociedade.

Sua vida era espartana e se concentrava no estudo e na escrita da sua obra. Saía pouco; costumava dar longos passeios à beira-mar e dizem que às vezes aparecia, quase sem fôlego, em aldeias situadas a várias milhas de sua casa, num estado de abstração extrema da qual só o dobrar dos sinos de uma igreja ou as sinetas de um rebanho de ovelhas o tiravam. Em seus momentos livres, gostava de se entreter com botânica, classificando plantas do seu jardim segundo as pautas do naturalista sueco Carl Linné, cujas pesquisas o tinham impressionado. Uma de suas poucas viagens foi para comparecer a um aniversário do seu ex-discípulo, o duque de Buccleuch, que havia se casado com Elizabeth, filha do duque de Montagu. Permaneceu dois ou três meses na residência do casal em Dalkeith Palace, nos arredores de Edimburgo.

Embora em sua esplêndida biblioteca de Kirkcaldy estivesse reunida boa parte do material econômico e político que precisava consultar, podemos ver por sua correspondência, pedindo a amigos do Reino Unido e da Europa que lhe enviassem livros, folhetos ou informações, como foi árdua, e os anos que lhe exigiu, a redação de *A riqueza das nações*.

Na primavera de 1773, decidiu deixar Kirkcaldy e se transferir para Londres, onde residiria nos três anos seguintes. Lá terminou o seu livro. Mas, antes de partir, resolveu fazer um testamento. Nomeou como executor testamentário David Hume, a quem deveria ser enviado o manuscrito de *A riqueza das nações* se ele morresse antes de terminar. Deixava também a diretriz de que todos os seus papéis fossem destruídos, exceto a inédita *História da astronomia*: o seu amigo deveria decidir se valia a pena que fosse publicada. Diz-se que motivos de saúde o levaram a fazer seu testamento, mas a verdade é que nos dezessete anos que ainda tinha a viver não apresentou males físicos que estorvassem muito a sua vida. E nunca se chegou a qualquer explicação convincente de por que decidiu queimar seus manuscritos.

Diferentemente de sua estadia em Kirkcaldy, de absoluto isolamento, em Londres teve uma vida social intensa. Lá se reunia e debatia com amigos nos dois clubes de que foi sócio – The Royal Society e The Club –, ambos de grande prestígio social e intelectual, e em casas particulares de gente de fortuna e alto nível, onde conheceu e conviveu com políticos e intelectuais influentes como Edmund Burke, Edward Gibbon e Samuel Johnson. Geralmente parecia simpático aos seus interlocutores, que costumavam encarar com humor suas inevitáveis distrações. Uma exceção foi Samuel Johnson, com quem aparentemente teve uma discussão em que Smith, rompendo sua bonomia habitual, se irritou tanto que mencionou a mãe do outro. Não é surpreendente, pois, que o célebre lexicógrafo e crítico literário tenha deixado dele uma imagem bastante cruel: que era "triste como um cão", babava e "se tornava um sujeito dos mais desagradáveis depois de tomar umas taças de vinho".[5] Adam Smith deixou uma imagem não menos desdenhosa e sarcástica do grande filólogo, viajante e crítico inglês.[6]

A RIQUEZA DAS NAÇÕES

O livro foi publicado em 9 de março de 1776 e esgotou a primeira edição de quinhentos exemplares em seis meses; Smith recebeu de seus editores trezentas libras. Quase na mesma época, saiu na Grã-Bretanha outra obra-prima da cultura ocidental: *Declínio e queda do Império Romano*, de Edward Gibbon. A segunda edição de *A riqueza das nações* saiu dois anos mais tarde, com algumas alterações; a terceira, de 1784, incluiu muitas correções e adendos. Durante a vida de Adam Smith ainda foram publicadas a quarta (1786) e a quinta (1789) com novas alterações, assim como traduções do livro ao francês (houve três), alemão, dinamarquês e italiano.[7] Na Espanha, Carlos Martínez de Irujo traduziu a obra ao espanhol, e o livro foi publicado em 1791, mas foi denunciado ao Santo Tribunal (a Inquisição) e proibido no ano seguinte. Três anos depois, em 1794, saiu em Valladolid um pequeno compêndio da obra, sem o nome de Adam Smith na capa.[8]

Notável pela variedade de assuntos de que trata, monumento à cultura do seu tempo, testemunho do que significava no último terço do século XVIII o conhecimento nos campos da política, da economia, da filosofia e da história, o aspecto mais notável e duradouro do livro é o descobrimento do livre mercado como motor do progresso. Um mecanismo que não foi inventado por ninguém, ao qual a humanidade foi chegando graças ao comércio. Esse intercâmbio contínuo provocou a divisão do trabalho e o surgimento do mercado, sistema distribuidor de recursos para o qual, sem pretender e nem sequer saber disso, todos os membros da sociedade — vendedores, compradores e produtores — contribuem, fazendo avançar a prosperidade geral. Foi insólita a revelação de que o homem comum, trabalhando para materializar seus próprios desejos e sonhos egoístas, contribuía para o bem-estar de todos. Essa "mão invisível" que empurra e guia os trabalhadores e os criadores de riqueza para cooperarem com a sociedade foi um achado revolucionário e, também, a melhor defesa da liberdade no âmbito econômico. O livre mercado pressupõe a existência de propriedade privada, igualdade dos cidadãos perante a lei, rejeição dos privilégios e divisão do trabalho. Ninguém antes de Adam Smith havia explicado com tanta precisão e lucidez esse sistema autossuficiente que faz as nações progredirem e para o qual a liberdade é essencial, nem explicado de forma tão eloquente que a liberdade econômica sustenta e impulsiona todas as outras.

Lendo esse livro oceânico, que se expande até o infinito em temas e subtemas, tem-se a impressão de que nem o próprio Adam Smith tinha consciência da importância dos seus achados. Para muitos leitores de *A riqueza das nações* foi desconcertante descobrir que o motor do progresso não é o altruísmo nem a caridade, mas antes o egoísmo: "Não obtemos os alimentos da benevolência do açougueiro, do cervejeiro ou do padeiro, mas da preocupação deles por seu próprio interesse. Não nos dirigimos aos seus sentimentos humanitários, mas ao seu egoísmo, e nunca falamos das nossas necessidades, mas sim de suas próprias vantagens".[9]

John Maynard Keynes, discípulo aplicado, embora um tanto rebelde, de Adam Smith, ironizou dizendo que este sustentava que o capitalismo se fundava "na assombrosa crença de que os piores motivos dos piores homens trabalham de uma ou de outra forma para obter os melhores resultados no melhor dos mundos possíveis". No entanto, como todos os grandes pensadores sociais e políticos que o sucederam, entre os quais Marx, Keynes terminaria aceitando, a contragosto, o descobrimento que Adam Smith resumiu assim: "Como regra geral, o cidadão não tenta promover o bem-estar público nem sabe o quanto está contribuindo para ele. Preferindo apoiar a atividade doméstica em vez da estrangeira, só busca a própria segurança, e, dirigindo essa atividade de maneira a obter o maior valor, só busca o próprio ganho e, neste como em outros casos, é conduzido por uma mão invisível que promove um objetivo que não entra em seus propósitos".[10]

O sistema que Adam Smith descreve não é *criado*, e sim espontâneo: resultou de necessidades práticas que começaram com a troca dos povos primitivos e prosseguiram com formas mais elaboradas de comércio, o surgimento da propriedade privada, das leis e tribunais, ou seja, do Estado, e, sobretudo, da divisão do trabalho que multiplicou a produtividade. Essa ordem espontânea, como mais tarde a chamaria Hayek, tem a liberdade — as liberdades — como alicerce: liberdade de comércio, de participar do mercado como produtor e consumidor em igualdade de condições frente à lei, de assinar contratos, de exportar e importar, de se associar e formar empresas etc. Os grandes inimigos do livre mercado são os privilégios, o monopólio, os subsídios, os controles, as proibições. O caráter espontâneo e natural do sistema se reduz à medida que a sociedade progride e são criadas estruturas legais que regulam o mercado. Pois bem, desde que preservem, pelo menos em grandes margens, a liberdade, o sistema será eficiente e dará resultados positivos.

É verdade que o mercado é frio, pois premia o sucesso e castiga o fracasso de forma implacável. Mas Adam Smith não era o ser cerebral e desumanizado com que seus inimigos atacam o liberalismo. Pelo contrário, era muito sensível ao horror da pobreza e acreditava na igualdade de oportunidades, embora nunca tenha usado essa expressão. Por isso afirmava que, para compensar o estado de ignorância e estupidez que o lado mecânico da sua tarefa podia provocar nos trabalhadores, a educação era indispensável e devia ser financiada, para os que não podiam pagar, pelo Estado ou pela sociedade civil. Na educação ele também favorecia a concorrência e defendia uma educação pública ao lado da particular.

Adam Smith se surpreenderia se soubesse que suas teorias no futuro seriam acusadas, pelos inimigos do liberalismo e da empresa privada, de serem desprovidas de sensibilidade e solidariedade; ele tinha certeza de que sua pesquisa favorecia os pobres e contribuiria para erradicar a pobreza. "Nenhuma sociedade pode ser próspera e feliz se a maioria dos seus membros é pobre e miserável",[11] afirmou. Sua ideia a respeito dos ricos do seu tempo costumava ser severa: "Em cada negócio, a opressão do pobre supõe o monopólio dos ricos que, ao monopolizarem a totalidade do comércio para si mesmos, serão capazes de obter grandes lucros".[12] O monopólio distorce a oferta e a demanda, ao dar a um fabricante ou comerciante o poder de alterar os preços para satisfazer seu apetite de lucro; ao eliminar a concorrência, a qualidade do produto cai e o comércio deixa de ser um serviço para se transformar em exploração do comprador. Os grandes beneficiários da teoria de Adam Smith são os consumidores, o conjunto da sociedade, acima dos produtores, uma minoria que certamente tem o direito de se beneficiar pelo serviço que presta, às vezes com grande talento e audácia, mas para isso é indispensável que haja uma concorrência equitativa, sem favoritismos, e, claro, que se respeite a propriedade privada.

Segundo Adam Smith, "a propriedade que cada homem tem do seu próprio trabalho é a mais sagrada e inviolável, porque é a base de todas as demais. O patrimônio de um homem pobre consiste na força e na habilidade das suas mãos, e impedir que empregue sua força e habilidade da forma que considerar apropriada sem prejudicar a ninguém é uma violação flagrante da mais sagrada das propriedades. É uma intromissão manifesta na liberdade dos trabalhadores e daqueles que querem empregá-los...".[13]

O livro começa explicando que "a divisão do trabalho" aumentou de maneira notável a produtividade na fabricação de bens. Dá o célebre exemplo do alfinete e das dezoito atividades que se complementam para produzi-lo; as máquinas, que a divisão do trabalho impulsionou, aliviaram muito a tarefa dos trabalhadores, que, afirma, foram seus inventores.

A civilização nasce a partir da necessidade do ser humano de recorrer aos outros para satisfazer suas necessidades. A divisão do trabalho é limitada pela extensão do mercado. Obviamente, numa aldeia pequena um agricultor também tem que fazer as vezes de carpinteiro, pedreiro, bombeiro hidráulico. As cidades foram um passo além, que permitiram alguns se dedicar a uma coisa e outros, a outras.

A riqueza das nações explica a origem e a função do dinheiro nessas sociedades primitivas que pouco a pouco se tornaram mercantis. Em determinado momento da evolução histórica, o escambo deu lugar a uma mercadoria que serviria de intermediário para as compras e vendas; cumpriram essa função o gado, as conchas marinhas, o bacalhau, os couros e as peles e, finalmente, os metais. O dinheiro se transformaria em instrumento universal do comércio. A princípio as moedas tinham a quantidade de metal que diziam ter. Depois, "a avareza e injustiça dos príncipes e Estados soberanos, [...] abusando da confiança dos seus súditos, foram diminuindo a quantidade de metal que suas moedas continham...";[14] assim ludibriavam melhor os seus credores.

O preço das mercadorias, segundo Adam Smith, se mede pelo trabalho investido em fabricá-las.[15] No preço é preciso distinguir o "preço real" do "preço nominal". Este último é fixado pelo mercado, segundo a fartura ou carência dos metais com que se fabricam os produtos. As teses de Smith, embora ele as declare "científicas", são cheias de sensibilidade. Afirma que os trabalhadores bem pagos rendem mais e que com sua prosperidade garantem a paz social. Ao mesmo tempo, descreve a magnitude da pobreza em países como a China e a Índia, onde as mulheres matam seus filhos por não terem como alimentá-los, e nas Highlands escocesas, onde só sobrevivem duas crianças dentre vinte nascidas.

Descrições minuciosas de assuntos econômicos são sucedidas por resenhas históricas e análises sociológicas às vezes tão prolixas que afligem o leitor. Mas, de tanto em tanto, surgem ideias inovadoras. Por exemplo, no décimo capítulo se enumeram as cinco circunstâncias que explicam os baixos ganhos que certos empregos proporcionam e a boa remuneração que se obtêm em outros: 1) o caráter grato ou ingrato do trabalho; 2) a facilidade ou dificuldade para realizá-lo e o menor ou maior custo de aprendizagem do trabalhador; 3) a continuidade ou eventualidade nos contratos; 4) a maior ou menor responsabilidade que se adquire ao exercê-lo; e 5) a probabilidade ou improbabilidade do sucesso.

As desigualdades provocadas pelo regime trabalhista na Europa dão origem a uma crítica muito dura a todas as restrições à liberdade de contratação, assim como aos "estatutos dos grêmios", que na época exigiam até sete anos de prática com um mestre antes de autorizar o aprendiz a trabalhar. Qualquer limitação à liberdade — por exemplo, as leis de residência que impedem um operário de procurar trabalho fora da sua paróquia — gera injustiças e prejudica a criação de empregos. Adam Smith insiste que devem ser suprimidos todos os privilégios de que os grêmios desfrutam: "As pessoas do mesmo ofício poucas vezes se reúnem, mesmo que seja para se divertir e se distrair, sem que a conversa acabe numa conspiração contra o público. Ou algum conluio para elevar os preços".[16]

As análises econômicas se alternam com exposições históricas, como a evolução do preço do trigo nos séculos XIII, XIV, XV e XVI na Escócia e na Inglaterra em comparação com a Holanda e com Gênova, ou sobre o efeito da descoberta das minas de ouro e prata no Peru no comércio de metais no mundo.

Sem a divisão do trabalho e a acumulação do capital, não teria havido desenvolvimento das forças produtivas. O capital tem uma parte fixa e outra circulante; a primeira consiste nas máquinas, terras e locais em que a empresa funciona, e a outra, no dinheiro que se gasta com salários, impostos e investimentos. O conjunto dos capitais representa a riqueza de um país. A estabilidade é condição essencial para o desenvolvimento, pois quando ela não existe as pessoas tiram seus capitais de circulação.

Continua explicando o processo produtivo, o surgimento dos bancos, como os créditos permitem que indivíduos isolados (empresários ou artesãos) abram seus negócios. Isso faz crescer e se configurar uma classe social. Os bancos ajudam o comerciante a transformar o capital circulante em fixo concedendo notas promissórias que lhe permitem gastar e movimentar o dinheiro, devolvendo depois com juros, que, na época, eram de oito por cento. Conta como as empresas burlam a proibição de ultrapassar certo limite de promissórias para ampliar o crédito recebido. E relata a história de um banco escocês que quebrou por aceitar notas promissórias de um grande número de comerciantes que careciam de responsabilidade e eram pura e simplesmente vigaristas.

Critica mais de uma vez o intervencionismo estatal, o desperdício e os gastos inúteis de "reis e ministros", empobrecendo com isso o conjunto da sociedade. Talvez o mais importante dessas páginas seja o enaltecimento de uma sociedade em que o Estado é pequeno e funcional, porque deixa os cidadãos trabalharem incrementando a riqueza, beneficiando o conjunto social. O cidadão ideal, para Smith, é laborioso, austero, prudente e jamais esbanja seu patrimônio com gastos suntuosos. O empresário sempre deve dar o exemplo aos que emprega: "Se o empresário for atento e parcimonioso, o trabalhador também tende a sê-lo, mas se o patrão é dissoluto e desordenado, o empregado, que estrutura seu trabalho segundo o modelo que seu patrão lhe descreve também moldará sua vida segundo o exemplo que aquele lhe oferece".[17] Todo o capítulo revela a desconfiança de Smith em relação ao Estado como inimigo potencial do cidadão trabalhador e cumpridor das leis.

O capítulo seguinte é dedicado aos empréstimos com juros. Smith descarta sua proibição, como pedem algumas Igrejas — entre as quais a católica —, pois, diz, esses empréstimos bem conduzidos cumprem uma função útil, já que permitem uma circulação maior do capital. Não é o caso do beneficiário que usa o crédito para desperdiçar em passatempos e atividades não lucrativas. Mas se os juros não são de usura e o dinheiro do empréstimo traz resultados, cumpre uma função valiosa no mercado. Menciona o caso dos países que, para combater a usura, proibiram os empréstimos bancários, e estes, então, em vez de desaparecerem, passaram a ser clandestinos e ilegais.

Adam Smith mostra como o capitalismo, sem se propor a isto, mina o nacionalismo, ultrapassando as fronteiras nacionais quando não encontra investimentos proveitosos no próprio país. O raciocínio é de uma lógica irretorquível. Quando o capital saturou os investimentos produtivos no próprio país, é impulsionado a sair para o exterior; e também a importar aquilo que é necessário no próprio país a fim de garantir o consumo ou ativar o comércio interno. Além disso, pode se sentir impulsionado a apoiar países que carecem de capitais. Isso, diz Smith, embora não pareça beneficiar diretamente o país do qual os capitais são oriundos, indiretamente o beneficia, situando-o num ambiente de desenvolvimento e progresso mais avançado. Em suma, o capitalismo internacional é o inimigo natural do nacionalismo.

A principal atividade comercial se dá entre a cidade e o campo e consiste no intercâmbio de produtos primários por manufaturados. A cidade obtém do campo toda a sua riqueza e subsistência. Se as instituições não houvessem frustrado as inclinações naturais dos seres humanos, as cidades não teriam crescido mais do que podia sustentar a produção agrícola do território onde estavam situadas. O destino original do homem era o cultivo da terra. Mas a relação entre proprietários e colonos ou arrendatários, que pagam aluguel pela terra para poder trabalhá-la, desnaturalizou essa realidade. Os colonos não têm incentivos para investir em melhoras, e por isso a agricultura não progride. Smith critica o "direito de primogenitura", que, por favorecer o filho mais velho, prejudica os outros e condena o trabalho de escravos por razões tanto morais como econômicas, pois é o trabalho mais improdutivo de todos porque não oferece incentivo algum para se esforçar.

A riqueza das nações explica o nascimento das cidades europeias como decorrência do comércio. Ou melhor, dos comerciantes. Estes eram "desprezados" pelos "senhores" da Inglaterra, que, tal como ocorria na Espanha e na França, consideravam o comércio uma tarefa vil. Os reis permitiram a formação de cidades por seu antagonismo com os "senhores" e também para receber tributos dos comerciantes. Graças às cidades se incrementou o comércio local e internacional, e nasceram as manufaturas, que fortaleceram as cidades. Entretanto, o campo continuou sendo o grande fornecedor de matérias-primas para as fábricas.

O comércio e as fábricas contribuíram para o desenvolvimento dos campos ao criarem mercados para os produtos agrícolas. Smith estabelece uma curiosa diferença entre o comerciante ousado, cuja profissão incita a correr riscos, e o fazendeiro tímido, que hesita muito antes de investir. Por isso o comerciante é o verdadeiro pioneiro do progresso.

O comércio e a fábrica introduziram gradualmente a ordem e o bom governo na sociedade. O livro faz críticas severas aos fazendeiros por sua maneira de tratar os colonos e gastar seu dinheiro em coisas opulentas e frívolas, ao contrário dos comerciantes e empresários, que, empurrados pela concorrência, investem em novos projetos. O fazendeiro, em contrapartida, tende a se transformar em um rentista.

O crescimento das cidades implica um crescimento das classes médias, em função do comércio e das fábricas, e com isso da civilização, ou seja, da liberdade e da legalidade. Esse processo transforma a sociedade: o comércio e as fábricas passam a ser a principal fonte da riqueza e influem na modernização da agricultura e no desaparecimento do fazendeiro feudal.

Num ensaio tão extenso, é natural que haja contradições. Adam Smith é partidário do livre-comércio, mas aceita a aplicação de taxas e proibições se houver uma certeza de que isso irá aumentar o emprego ou se a liberdade total de importação for arruinar os empresários e manufatureiros incapazes de concorrer com os produtos importados. Páginas depois essa tese é desmentida, ao ser demonstrado que a liberdade de comércio exterior é a mais eficiente e benéfica para os países, embora os preconceitos nacionalistas sustentem o contrário. É falso que seja conveniente para um país que seus vizinhos sejam pobres; isso só vale se houver guerra entre eles. Do ponto de vista comercial, ter vizinhos ricos significa ter mercados prósperos para as próprias exportações.

Uma inesperada e curiosa observação aparece depois, segundo a qual há mais bêbados nos países que não são grandes produtores de bebidas alcoólicas. Menciona o caso da Espanha, Itália e França, destacados produtores de vinhos, onde, garante, o alcoolismo é menos disseminado que no centro e no leste da Europa. E não menos surpreendente é a afirmação de que qualquer imposto que, por sua insignificância, não desperte o interesse dos contrabandistas, não tem maiores efeitos comerciais.

Os capítulos dedicados às colônias são relevantes. Começam com uma exposição histórica: as colônias eram uma expansão natural da população na Grécia, depois em Roma, até que, estimulados pelas aventuras de Marco Polo na Ásia, os portugueses e espanhóis se lançaram a procurar ouro nas Índias. Colombo chega a Santo Domingo e pensa que chegou à Cipango de Marco Polo. Segundo Adam Smith, a cobiça humana, a avidez pelo ouro, explica o resto dos descobrimentos e a conquista das duas Américas, a do Sul e a do Norte. Entretanto, diz ele, essa procura por minas de ouro e prata foi frustrante porque esses metais não chegaram a compensar o investimento que a extração exigia. Nem sequer as riquíssimas minas do Peru (refere-se às de Potosí) enriqueceram a Coroa espanhola.

Toda a simpatia de Adam Smith é dirigida às colônias inglesas na América do Norte, os futuros Estados Unidos. Explica que prosperaram muito mais que as da Espanha e de Portugal porque a Inglaterra deu a elas mais liberdade para produzir e comercializar, ao contrário do severo controle que Lisboa e Madri impunham às suas colônias. E, mais uma vez, sublinha que as limitações ao comércio constituem "um crime contra a humanidade". Prevê que os Estados Unidos serão um país enormemente próspero pela grande extensão de suas terras e pela notável liberdade de que gozam essas colônias do Norte. Também critica a própria ideia de colonialismo, que atribui a aventureiros ambiciosos, e aponta a brutalidade com que os escravos foram tratados desde tempos imemoriais. Sublinha que o intervencionismo estatal, ao frustrar a livre concorrência, é uma receita infalível para o fracasso econômico.

O colonialismo, além de imoral, é economicamente negativo, pois implica a prática do monopólio que só beneficia uma pequena minoria e prejudica tanto o país colonizador quanto o resto do mundo. Todo esse capítulo é um fundamentado apelo para se empregar a liberdade como o melhor instrumento político, moral e econômico para garantir o progresso de uma sociedade.

Como considera difícil que a Inglaterra possa se desprender de suas posses americanas, Smith propõe uma federação na qual as antigas colônias teriam os mesmos direitos que a metrópole.

A proibição talvez mais vergonhosa seja aquela que penaliza com multa e cadeia quem incitar um artesão de lã a se mudar para outro país, pois assim, diz Adam Smith, a Inglaterra violava de maneira flagrante aquela liberdade que se gabava tanto de praticar. Critica (com muito respeito) Quesnay e os fisiocratas franceses por sustentarem que somente a terra produz riqueza e por considerarem "improdutivos" os fabricantes e comerciantes. Mostra como os artesãos, industriais e comerciantes são tão progressistas como os agricultores. O que diminui seu papel na criação de riqueza são os empecilhos e interferências no sistema mercantil. Dá diversos exemplos provando que a liberdade de comércio é justa e traz prosperidade. Cita inúmeros casos históricos — como os da China, do Industão, da Grécia e de Roma — para ilustrar que quanto mais liberdade, mais os países avançavam, e quanto menos, mais terreno perdiam.

Da economia Adam Smith regressa à história, ao período da humanidade dividida entre sociedades de caçadores e agricultores, e depois de comerciantes e fabricantes, e as analisa segundo a força que as protegia ou servia para atacar seus vizinhos. Nos povos caçadores, todos os membros da comunidade eram guerreiros e se autossustentavam. Nas sociedades de agricultores surgem as milícias e, mais tarde, os exércitos. As despesas são sempre mais elevadas. E, por fim, o Estado financia a defesa da sociedade. O exército sempre será superior a uma milícia (embora a história das revoluções contradiga essa tese). E o gasto que significa sustentar um exército é cada vez maior, devido à evolução das armas, que a invenção da pólvora revolucionou de cima a baixo. Adam Smith examina os riscos para a liberdade que implica a existência de um exército.

A análise se volta para a Justiça. Ele explica como nasceu a necessidade de ter juízes e afirma que é consequência da propriedade privada. Os juízes nascem para defender os ricos da "voracidade dos pobres". Depois a sociedade paga as pessoas encarregadas de fazer justiça. Nas sociedades mais primitivas, os usuários remuneravam os juízes ou lhes davam presentes, e depois o Estado assumiu essa obrigação. Sentir-se seguro em relação aos seus direitos é fundamental para a existência de uma sociedade livre. Mas os juízes foram sensíveis à corrupção e o exercício da justiça se degradou quando estes, que recebiam salários regulados pelo número de palavras que usavam em suas falas, começaram a inflar os discursos para ganhar mais.

É interessante a análise de Smith sobre como o clero se sustenta. E sua ideia de que enquanto existirem na sociedade muitas Igrejas diferentes haverá menos fanatismo e mais espírito de tolerância. Adam Smith estava longe de ser um religioso fanático, pois fala de católicos e protestantes com uma distância muito objetiva e de forma igual. Alguns pensam que era ateu, como seu amigo David Hume. Apesar de sua simpatia natural pelo presbiterianismo e a Igreja escocesa na qual foi educado, ele não denota parcialidade e só se refere a fatos objetivos. Também nisso se percebe seu espírito sereno e aberto; sem chegar ao ateísmo, provavelmente havia nele um agnóstico que mantinha a aparência de fiel porque via na religião uma dessas instituições que facilita a convivência e de alguma forma inculca uma ordem moral na sociedade.

Fala das fontes de recursos que sustentam o soberano ou o governo, ou seja, os impostos, às vezes defendendo teses que hoje chamaríamos de social-democratas. Seguindo nisso Lord Kames e Montesquieu, considera que os impostos devem servir para "igualar" os ganhos, cobrando mais dos ricos e menos dos pobres e evitando aqueles impostos que, por serem excessivos ou arbitrários, convidam à evasão. Refere-se, de forma muito severa, aos cobradores que espoliam os contribuintes.

Chama o dízimo que se paga à Igreja de imposto "puramente negativo", porque não gera benefício algum ao proprietário, nem ao arrendatário, nem ao soberano, só à Igreja (o que confirma a pouca religiosidade de Adam Smith).

Uma discussão detalhada sobre a razão de ser dos impostos, seus tipos, sua arrecadação, tanto na Grã-Bretanha como em outros países, ilustra muito bem sua doutrina de que "não há arte que um governo aprenda tão rápido como a de tirar dinheiro do bolso dos contribuintes".[18] Já que não pode deixar de haver impostos, deve-se evitar na medida do possível que eles sejam injustos e prejudiquem mais os pobres que os ricos porque, caso contrário, estimulam o contrabando e a evasão. E dá exemplo do que ocorre com aqueles que cometem crimes esforçados pelos impostos confiscatórios que são obrigados a pagar. Estuda como os países contraem dívidas para cumprir seus orçamentos ou financiar guerras, a maneira como pagam essas dívidas e as consequências que estas têm na vida econômica. Conclui dizendo que, uma vez que uma nação se acostuma a se endividar, é quase impossível que consiga pagar as enormes obrigações que contrai. E condena com dureza os Estados que, para pagarem artificialmente o que devem, desvalorizam suas moedas e, assim, só pagam uma parte, geralmente pequena, das dívidas que contraíram.

Esta breve síntese dá apenas uma leve ideia da ambição e da enormidade de *A riqueza das nações*, da variedade de assuntos discorridos em suas páginas e de como, embora a preocupação econômica prevaleça, o livro também aborda a filosofia, a história e a sociologia. As ideias de Adam Smith ficaram conhecidas primeiro nas ilhas britânicas, depois na Europa, na América e, pouco a pouco, no resto do mundo. De certo modo, no século XIX elas chegaram a configurar quase todo o Ocidente de forma parecida. Muitas dessas ideias, porém, nascidas no século XVIII, se referem a uma realidade social que mudou enormemente em comparação com nossos dias. Mas não é arbitrário dizer que boa parte dessas mudanças se deve aos achados e ideias expostos pela primeira vez nesse livro fundamental.

OS ANOS FINAIS DE ADAM SMITH

Os ecos da publicação de *A riqueza das nações* foram enormes, mas lentos, e não parece que Adam Smith tenha acompanhado tais reverberações com ansiedade. Sua correspondência mostra que respondeu com presteza a amigos, pensadores e autoridades políticas que comentaram o livro, fizeram elogios ou críticas e pediram elucidações, mas jamais adivinhou de que maneira suas ideias se difundiriam pelo mundo inteiro e marcariam o rumo da vida econômica do Ocidente nas décadas seguintes. Sua cabeça já estava começando, sem dúvida, a planejar na sua casa em Kirkcaldy o que seria, a seu ver, o terceiro e decisivo estudo — o jurídico e legal — sobre o funcionamento da sociedade, um livro que nunca chegou a concluir. Mas não era esse livro o ensaio que estava escrevendo sobre *As artes imitativas* quando, segundo sua própria confissão, teve que interrompê-lo. Tampouco chegaria a terminá-lo.

A doença do seu melhor amigo, o filósofo David Hume, que começou a se manifestar a partir de 1775 com mal-estares intensos na bexiga e no estômago — era um tumor canceroso — e se tornariam um suplício que durou meses, afetou-o muito. No ano seguinte, em janeiro, Hume fez seu testamento nomeando Adam Smith como executor literário e deixando-lhe de herança duzentas libras esterlinas. Ali o encarregava da publicação do seu opúsculo autobiográfico *Minha própria vida* e da decisão de publicar ou não, e quando, o polêmico ensaio *Diálogos sobre a religião natural*, escrito anos antes e que havia acabado de revisar, no qual defendia seu ateísmo e criticava severamente as religiões estabelecidas, sobretudo o cristianismo. As opiniões dos amigos de Hume que conheciam o ensaio estavam divididas, mas a maioria deles, entre os quais Adam Smith, achava que era imprudente, tendo em vista o clima reinante, trazer à luz um livro que provavelmente seria censurado pela Coroa. Smith fez uma viagem a Edimburgo especialmente para visitar Hume, que faleceria em 25 de agosto de 1777, e, de fato, cuidou da edição de *Minha própria vida*, anexando à publicação algumas cartas de Hume e um texto que ele mesmo escreveu enaltecendo o amigo. Esse texto provocou um pequeno escândalo, porque nele, ao abordar o tema da educação, permitiu-se fazer algumas críticas às instituições religiosas e, em especial, à Universidade de Oxford, da qual tinha lembranças muito ruins.

Em 1778, graças à influência do seu antigo discípulo, o duque do Buccleuch, e de outros amigos importantes, Adam Smith foi nomeado comissário ou chefe da alfândega de Edimburgo, um cargo que, em escala menor, o pai que nunca conheceu tivera em Kirkcaldy. Recebeu ao longo dos três anos que exerceu o trabalho umas oito mil libras esterlinas, uma pequena fortuna que lhe permitiu passar seus últimos anos com muita tranquilidade. Mas seus biógrafos detalham que sempre foi um homem generoso, que ajudou os amigos e gastou boa parte dos seus ganhos em ações de caridade. Por isso, o patrimônio que deixou ao morrer foi modesto. Levou sua mãe e sua prima Janet Douglas para uma casa elegante, a Panmure House, num bairro aristocrático de Edimburgo, Canongate. Durante esse período final teve uma vida social intensa. Não foi um funcionário negligente nem nada parecido. Todos os testemunhos afirmam que foi um chefe de alfândega pontual e responsável, que ia ao escritório todos os dias da semana, com exceção da sexta-feira, dia livre, que participava das reuniões dos comissários, escrevia constantemente relatórios e dava sugestões para o melhoramento do serviço. Não deixa de ser paradoxal que o melhor defensor do livre-comércio que já houve no mundo tenha terminado seus dias exercendo um cargo cuja mera existência representava a negação de suas ideias mais caras.

Não é de estranhar que, com obrigações tão estritas, não tivesse tempo para escrever aquele volume dedicado à jurisprudência com que pretendia completar suas pesquisas sobre o desenvolvimento social. Só uma vez, naqueles anos, pediu uma licença de vários meses, em 1787, de janeiro a julho, boa parte dos quais passou corrigindo a quinta edição de *A riqueza das nações*, que sairia com muitas emendas e acréscimos. Costumava reunir toda semana, na sua casa em Canongate – para onde levou um sobrinho de nove anos, David Douglas, seu futuro herdeiro –, seus amigos intelectuais, entre os quais o jovem Walter Scott, que deixou testemunho disso. Também se reunia com filósofos, escritores e homens de cultura na Royal Society of Edinburgh, que havia ajudado a organizar, e no Oyster Club, do qual também foi fundador.

Sua mãe morreu em maio de 1784, aos noventa anos. Adam Smith, que a adorava e tinha passado quase toda a vida ao seu lado, deixou um testemunho da solidão e do desamparo em que transcorreria o resto de sua vida sem a pessoa "que certamente me amou e amará mais que qualquer outra".[19]

Em 1787 recebeu uma homenagem de sua *alma mater*: a Universidade de Glasgow o escolheu seu lorde reitor. No ano seguinte morreu Janet Douglas, que havia dedicado a vida a servi-lo. Essa notícia também o afetou profundamente.

Como Hume, Adam Smith começou a ter problemas no baixo-ventre a partir do começo de 1790. Sempre havia sofrido de constipação, e nos quatro meses de licença que passou em Londres submeteu-se a uma pequena intervenção cirúrgica, que não atenuou esse problema, antes o agravou, amargurando seus últimos meses de vida. Diz a lenda, segundo seu amigo Henry Mackenzie, que na noite de 16 de julho de 1790, numa reunião na sua casa em Canongate, ele se despediu dos amigos que o visitavam com estas palavras: "Adoro a sua companhia, cavalheiros, mas acho que devo deixá-los, para ir a outro mundo". Dito e feito, morreu na manhã seguinte. Está enterrado em Edimburgo, no bairro onde morou, à entrada da igreja de Canongate; uma sóbria lápide recorda que foi ele o autor de *A teoria dos sentimentos morais* e de *A riqueza das nações*.

José Ortega y Gasset (1883-1955)

José Ortega y Gasset foi um dos mais inteligentes e elegantes filósofos liberais do século XX, a quem diversas circunstâncias — a Guerra Civil Espanhola, os quarenta anos da ditadura franquista e o auge das doutrinas marxistas e revolucionárias na segunda metade do século XX, na Europa e na América Latina — levaram à injustiça do esquecimento, ou, pior, ter sido descaracterizado e transformado em referência do pensamento conservador.

Embora nunca tenha chegado a sintetizar sua filosofia num corpo orgânico de ideias, Ortega y Gasset, nos inúmeros ensaios, artigos, conferências e notas de sua vasta obra, desenvolveu um discurso inequivocamente liberal, num meio como o espanhol onde isso era insólito — ele diria "radical", uma de suas palavras favoritas —, tão crítico do extremismo dogmático da esquerda como do conservadorismo autoritário, nacionalista e católico da direita. Boa parte desse pensamento mantém a sua vigência, e em nossos dias, depois da falência do marxismo e suas doutrinas parasitárias, e do excessivo economicismo em que se confinou certo liberalismo, adquire notável atualidade.

Isso se demonstra, melhor que em qualquer outro lugar, em *A rebelião das massas*, livro publicado em 1930, que já havia sido antecipado em artigos e ensaios dois ou três anos antes. Isso acontecia muito com Ortega; sua obra, mais que de volumes orgânicos, foi se formando a partir de conferências e textos breves, escritos para jornais e revistas, que depois reunia em livros.

Antes desse ensaio capital, Ortega y Gasset havia refletido sobre temas que nos anos seguintes teriam grande atualidade política na vida espanhola e europeia, como os ressurgimentos do nacionalismo e, no campo da arte e da literatura, o que ele chamaria com pertinência de sua "desumanização".

INDEPENDENTISMO E DECADÊNCIA

Nasceu em Madri, no dia 9 de maio de 1883, filho do jornalista e escritor José Ortega Munilla e de Dolores Gasset Chinchilla, cujo pai era o proprietário do jornal liberal *El Imparcial*. Foi educado pelos jesuítas no colégio e na Universidade de Deusto, mas obteve sua graduação e o doutorado na Universidade Central de Madri. Em 1905 foi para a Alemanha, primeiro para Leipzig, e depois esteve em Nuremberg, Munique, Colônia e Berlim, mas iria residir e estudar sobretudo em Marburgo, onde permaneceu até 1907. Em Madri, conquistou a cátedra de Metafísica em 1911; uma bolsa o fez retornar à Alemanha, de novo a Marburgo. Depois voltou à Espanha para ocupar sua cátedra e desenvolver uma intensa atividade como articulista e conferencista. Seu intuito confesso era "europeizar a Espanha" e tirá-la do isolamento em que tinha vivido — tanto no domínio cultural como no político —, o que o levou a polemizar com outro pensador de destaque, mais velho que ele, Miguel de Unamuno, que, entre outros disparates, coisa a que era propenso, sustentava que na verdade o objetivo deveria ser "espanholizar a Europa".

Em 1922, Ortega publicou o seu primeiro livro: *España invertebrada: Bosquejo de algunos pensamientos históricos* [Espanha invertebrada: Esboço de alguns pensamentos históricos], que reunia duas séries de artigos publicados anteriormente no jornal *El Sol* de Madri, sobre o problema do separatismo catalão e basco (chamava este último de "*bizcaitarrismo*").

Ortega sempre teve uma intuição certeira para perceber os grandes acontecimentos políticos e culturais do seu tempo antes que o grande público, como "a desumanização da arte" e "a rebelião das massas", dois fenômenos que caracterizariam a cultura do Ocidente nos anos do apogeu intelectual do filósofo. Não menos acertado foi perceber que o movimento independentista da Catalunha e do País Basco, duas importantes regiões da Espanha, seria no futuro um dos problemas mais graves que seu país teria que enfrentar. Um problema que um século depois continua sem solução e volta e meia ameaça a estabilidade democrática e o progresso econômico da Espanha moderna.

O livro *España invertebrada* teve um sucesso imediato — foi a primeira das suas obras a atingir um público amplo — e dele seriam publicadas várias edições nos meses e anos posteriores à primeira. Para Ortega, o separatismo catalão e basco é "o maior mal presente na nossa Espanha".[1] Mas ele não vê nessas tendências centrífugas um movimento profundo e popular, com raízes históricas, e sim duas manifestações da prolongada e lenta desintegração da Espanha desde séculos atrás, mais precisamente desde que deixou de ser "uma realidade ativa e dinâmica" e se transformou numa sociedade sem ambições nem ilusões, "uma existência passiva e estática como um monte de pedras à beira de um caminho" (p. 69).

Nesse livro, Ortega fez sua famosa definição da nação "como um projeto sugestivo de vida em comum", complementar daquela de Renan, que cita com entusiasmo, segundo a qual "uma nação é um plebiscito cotidiano" (p. 65).

Ortega não acredita nas doutrinas nacionalistas, está convencido de que são meros pretextos para expressar a desilusão que grassa em todas as regiões da Espanha (que, agora, "antes que uma nação" é "uma série de compartimentos estanques", p. 91), devido à decadência que foi desarticulando a integração que aglutinou em torno de Castela todas as regiões em virtude de um grande projeto compartilhado que no passado deu à Espanha seu papel protagonista no mundo, sua força imperial e sua grandeza. Esse projeto não foi a conquista, mas "a colonização": "Para mim, é evidente que se trata da única coisa verdadeiramente grandiosa que a Espanha fez" (p. 138). E a colonização, segundo ele, não foi obra da monarquia nem da nobreza, mas "do povo", da Espanha anônima e popular, dos seus homens obscuros e heroicos que, em condições difíceis e frequentemente terríveis, se lançaram ao mundo desconhecido para ganhar terras, homens e riquezas para Deus, o Império e uma ideia da Espanha que então florescia e se irradiava sobre toda a nação espanhola mantendo-a unida e viva. Isso ficou muito para trás; a partir de então, ao mesmo tempo que decai, a Espanha se "desvertebra", gerando "um particularismo" que afeta o país inteiro: o catalanismo e o *bizcaitarrismo* são os sintomas mais visíveis dessa doença generalizada. E acrescenta, em tom dramático: "Pior que ter uma doença é ser uma doença" (p. 100).

Esse mal intoxicante que a Espanha arrasta desde um passado longínquo se traduz no presente na pobreza intelectual e política de sua nobreza e na mediocridade e incultura dos seus políticos, assim como na orfandade dos seus homens de ciência. Sua crítica ao estado de coisas do país é duríssima, e é nesse contexto que Ortega julga os movimentos separatistas da Catalunha e do País Basco: "As teorias nacionalistas, os programas políticos do regionalismo e as frases dos seus homens carecem de interesse e em grande parte são artifícios. Mas nesses movimentos históricos, que são mecânica de massas, o que se diz é sempre um mero pretexto, elaboração superficial, transitória e fictícia, que só tem um valor simbólico, como expressão convencional e quase sempre incongruente de profundas emoções inefáveis e obscuras que operam no subsolo da alma coletiva" (p. 60).

Há muito de verdadeiro no que Ortega diz. Nos anos da ditadura franquista, sob a dura repressão de qualquer forma de "particularismo" nas regiões da Espanha, os movimentos independentistas catalão e basco pareciam extintos, com exceção de atos esporádicos de terrorismo do ETA (a organização extremista basca). Eu morei em Barcelona durante cinco anos, até meados dos anos 1970, e nessa época a mobilização do setor intelectual e das vanguardas políticas — apesar da repressão — concentrava-se na recuperação democrática. O independentismo definhava, confinado em minúsculos setores tradicionalistas e marginais. No entanto, a partir da instalação da democracia e da criação do regime autonômico, tanto na Catalunha como no País Basco, graças à transferência de importantes responsabilidades administrativas, políticas e sobretudo educacionais às autonomias regionais, os setores nacionalistas no poder iniciaram uma ativa campanha de divulgação ideológica, acompanhada de falsificações históricas e uma diligente política para expandir os idiomas catalão e *euskera* e erradicar o espanhol, que, com o passar dos anos, daria frutos, ressuscitando o tema independentista até transformá-lo na maior ameaça à democracia espanhola. Ortega y Gasset foi profético.

A DESUMANIZAÇÃO DA ARTE

Três anos depois da publicação de *España invertebrada*, sai, em 1925, outro dos mais importantes livros de Ortega, também uma compilação de ensaios anteriormente publicados na imprensa: *A desumanização da arte e outros ensaios de estética*.[2]

Começa com uma afirmação ousada: as massas odeiam a arte nova porque não a entendem. A razão disso é evidente: a arte romântica, que deslumbrou o século XIX, assim como o naturalismo, estava ao alcance de todos com sua representação exaltada da vida amorosa e suas efusões sentimentaloides ou o seu tratamento clínico dos problemas sociais; mas as novas tendências da música, da pintura, do teatro e da literatura, que não aspiram a mostrar a vida tal como é, mas a criar "outra" vida, exigem um esforço intelectual penoso — uma mudança da perspectiva e da própria ideia do que é a arte — que "o grande rebanho filisteu" não está disposto a fazer. Assim, houve um divórcio irremediável — um abismo — entre a arte nova, seus cultores e defensores, e o resto da sociedade.

Segundo Ortega, o que o homem comum apreciava na arte romântica e naturalista do passado era o menos artístico que havia nela, a projeção da vida verdadeira que se manifestava nas óperas, quadros, dramas, romances, na descrição das atividades da família, nas paixões amorosas, nos fatos históricos, nos problemas sociais, tudo o que conformava a existência cotidiana em que os espectadores, ouvintes e leitores julgavam reconhecer suas próprias experiências. Pois bem, o artista do nosso tempo não quer que sua arte apareça como uma ilustração da "vida verdadeira"; pelo contrário, aspira a criar uma vida diferente da real, uma vida dissociada da vivida, forjada do começo ao fim pela arte mediante técnicas exclusivamente artísticas, por exemplo, a metáfora. Isso, afirma Ortega, foi o que fez na música um Debussy ("Debussy desumanizou a música e por isso parte dele a nova era da arte sonora", p. 77), Mallarmé na poesia ("o verso de Mallarmé anula qualquer ressonância vital e nos apresenta figuras tão extraterrestres que o simples ato de contemplá-las já é um prazer supremo", p. 79), Pirandello no teatro com seus *Seis personagens em busca de um autor* ("O teatro tradicional nos propõe que vejamos pessoas em seus personagens e nos estardalhaços daqueles, a expressão de um drama 'humano'. Aqui, pelo contrário, ele consegue nos interessar por personagens como tais; ou seja, como ideias ou puros esquemas", pp. 85-6). Na literatura cita Joyce, Proust e Gómez de la Serna. E na pintura, os movimentos expressionista e cubista como equivalentes ("De pintar as coisas passou-se a pintar as ideias: o artista se cegou para o mundo externo e dirigiu as pupilas para as passagens internas e subjetivas", p. 85), pois evitam representar a realidade que conhecemos através da nossa experiência para criar uma realidade pura e exclusivamente inventada.

Ortega afirma que, apesar das variações e movimentos diversos que se dão nela, há denominadores nessa arte nova de que todos participam: a desumanização, evitar as formas vivas, considerar a arte um jogo, impregná-la de uma ironia essencial, evitar qualquer falsidade e reconhecer que os novos objetos artísticos carecem de transcendência. Trata-se de uma arte despretensiosa que, ao contrário daquela que a precedia, não tem objetivos políticos nem sociais, pois sabe que a arte não atua nesses campos nem, de modo geral, em questões práticas, que perdeu sua gravidade e quer antes divertir e fazer rir os espectadores devolvendo-os à inocência da infância.

Ortega mostra nesse ensaio, com notável perspicácia, uma orientação da cultura moderna que, com desvios momentâneos, iria se fortalecer nas décadas posteriores em todo o mundo ocidental, sobretudo em alguns gêneros como as artes plásticas, e revolucionar e negar a tradição a um extremo quase inverossímil. O terceiro mundo se contagiaria muito em breve, de modo que em poucos anos todo o planeta contrairia essa concepção da arte como um espetáculo. As pautas que Ortega apontou seriam superadas nas décadas seguintes à publicação do seu livro. Chegou a reinar uma confusão e banalização tão grandes nesse âmbito que nos tempos atuais passaram a figurar com a etiqueta de "arte" os experimentos mais pueris e os maiores embustes que a cultura conheceu ao longo da sua história. Na "Conclusão" do seu ensaio Ortega detalha que, como o que o levou a escrevê-lo foi "exclusivamente a delícia de tentar compreender", fez isso com "um espírito cheio de prévia benevolência": "Das obras recentes procurei extrair sua intenção, que é o mais suculento, e não me preocupei com sua realização. Quem pode saber o que nos dará esse estilo nascente!" (p. 99). Ortega nunca poderia imaginar que a "arte nova" a que deu entusiastas boas-vindas chegaria a produzir artefatos tão celebrados — e avaliados em milhões de dólares — como as fotografias coloridas de Andy Wharhol, os tubarões seccionados e conservados em formol e as caveiras com diamantes de Damien Hirst ou as bolas circenses multicoloridas de Jeff Koons.

A REBELIÃO DAS MASSAS

A rebelião das massas[3] se estrutura em torno de uma intuição genial: a primazia das elites terminou; as massas, libertas da sujeição àquelas, irromperam de maneira determinante na vida, provocando um transtorno profundo dos valores cívicos e culturais e das formas de comportamento social. Escrito em plena ascensão do comunismo e do fascismo, do sindicalismo e do nacionalismo, e da primeira irrupção de uma cultura popular de consumo de massa, a intuição de Ortega foi correta e estabeleceu, antes de todos, um dos traços característicos da vida moderna.

Sua crítica a esse fenômeno também se baseia na defesa do indivíduo, cuja soberania vê ameaçada — em muitos sentidos já arrasada — por essa irrupção incontida da multidão — do coletivo — na vida contemporânea. O conceito de "massa" para Ortega não coincide em absoluto com o de classe social e se contrapõe à sua definição pelo marxismo. A "massa" a que Ortega se refere abraça transversalmente homens e mulheres de diferentes classes sociais, igualando-os num ser coletivo em que se fundiram, abdicando da sua individualidade soberana para adquirir a da coletividade e ser nada mais que uma "parte da tribo". A massa, no livro de Ortega, é um conjunto de indivíduos que perderam a individualidade, deixando de ser unidades humanas livres e pensantes, dissolvidas num amálgama que pensa e age por eles, mais por reflexos condicionados — emoções, instintos, paixões — que por razões. Essas massas são aquelas que na mesma época Benito Mussolini, na Itália, já coagulava em torno de si, e se agitariam cada vez mais nos anos seguintes na Alemanha em torno de Hitler ou na Rússia para venerar Stálin, "o pai dos povos". O comunismo e o fascismo, diz Ortega, "dois claros exemplos de regressão substancial", são exemplos típicos da conversão do indivíduo em homem-massa. Mas Ortega y Gasset não inclui no fenômeno de massificação apenas essas multidões arregimentadas e cristalizadas em torno das figuras dos caudilhos e chefes máximos, nos regimes totalitários. Segundo ele, a massa também é uma realidade nova nas democracias, em que o indivíduo tende cada vez mais a ser absorvido por conjuntos gregários aos quais corresponde agora o papel protagonista da vida pública, um fenômeno em que vê um retorno do primitivismo (o "chamado da tribo") e de certas formas de barbárie disfarçadas sob a roupagem da modernidade.

Essa visão temerosa da hegemonia crescente do coletivismo na vida das nações é a visão de um pensador liberal que vê no desaparecimento do indivíduo dentro do gregarismo um retrocesso histórico e uma ameaça muito grave para a civilização democrática.

O livro também é uma defesa precoce e surpreendente — na véspera da Segunda Guerra Mundial — de uma Europa unida onde as nações do velho continente, sem perder totalmente suas tradições e suas culturas, se fundiriam numa comunidade. "A Europa será a ultranação", proclama. Só nessa união Ortega vê possibilidade de salvação para um continente que perdeu a liderança histórica que tinha no passado — que entrou em decadência — enquanto, em seus flancos, a Rússia e os Estados Unidos parecem decididos a tomar a dianteira. Essa proposta audaz de Ortega a favor de uma União Europeia que só meio século depois começaria a tomar forma é um dos grandes acertos do livro e uma prova da lucidez visionária que seu autor às vezes demonstrava.

O ensaio também postula outro princípio liberal de raiz. Parte do declínio da Europa se deve ao crescimento desmedido do Estado, que em suas asfixiantes malhas burocráticas e intervencionistas sufocou as iniciativas e a criatividade dos cidadãos.

Ortega observa que um dos efeitos, no campo da cultura, dessa irrupção das massas na vida política e social será o barateamento e a vulgarização, a substituição do produto artístico genuíno por sua caricatura ou versão estereotipada e mecânica, e por uma maré de mau gosto, grosseria e estupidez. Ortega era elitista quanto à cultura, mas seu elitismo não entrava em conflito com suas convicções democráticas, pois se referia à criação de produtos culturais e ao seu posicionamento numa tabela exigente de valores; no que se refere à difusão e ao consumo dos produtos culturais, sua posição era universalista e democrática: a cultura devia estar ao alcance de todo o mundo. Simplesmente, Ortega entendia que os padrões estéticos e intelectuais da vida cultural deviam ser fixados pelos grandes artistas e os melhores pensadores, aqueles que tinham renovado a tradição e estabelecido os novos modelos e formas, introduzindo uma maneira diferente de entender a vida e sua representação artística. E que, caso contrário, se as referências estéticas e intelectuais para o conjunto da sociedade fossem estabelecidas pelo gosto médio da massa — o homem vulgar —, o resultado seria um empobrecimento brutal da vida da cultura e praticamente a asfixia da criatividade. O elitismo cultural de Ortega é inseparável do seu cosmopolitismo, da sua convicção de que a verdadeira cultura não tem fronteiras regionais e muito menos nacionais, é um patrimônio universal. Por isso, seu pensamento é profundamente antinacionalista.

Na sua defesa do liberalismo, Ortega insiste no caráter laico que o Estado deve ter numa sociedade democrática ("A história é a realidade do homem. Não tem outra", p. 54) e na incompatibilidade profunda que existe entre o pensamento liberal e o de um católico dogmático, que ele qualifica de antimoderno (p. 153). A história não está escrita, não foi traçada de antemão por uma divindade todo-poderosa. É obra exclusivamente humana e por isso "Tudo, tudo é possível na história — tanto o progresso triunfal e indefinido quanto a periódica regressão" (pp. 131-2). O mínimo que se pode dizer frente a teses e afirmações dessa índole é que nesse ensaio Ortega y Gasset deu provas de uma grande independência de espírito e de sólidas convicções, capazes de resistir às pressões intelectuais e políticas dominantes em sua época. Eram tempos, não podemos esquecer, em que a classe intelectual questionava cada vez mais a democracia, era insultada igualmente pelos dois extremos, a direita fascista e a esquerda comunista, e cedia frequentemente à tentação de se filiar a um desses dois grupos, com uma preferência marcada pelo comunismo.

Entretanto, o liberalismo de Ortega y Gasset, embora genuíno, é parcial. A defesa do indivíduo e de seus direitos soberanos, de um Estado pequeno e laico que estimule em vez de sufocar a liberdade individual, da pluralidade de opiniões e críticas, não é acompanhada pela defesa da liberdade econômica, do livre mercado, um aspecto da vida social pelo qual Ortega sente uma desconfiança próxima ao desdém e do qual às vezes revela um desconhecimento surpreendente em um intelectual tão curioso e aberto a todas as disciplinas. Trata-se, sem dúvida, de uma limitação geracional. Sem exceção, tal como os liberais latino-americanos do seu tempo, os liberais espanhóis mais ou menos contemporâneos de Ortega, como Ramón Pérez de Ayala e Gregorio Marañón, com os quais fundaria o Agrupamento a Serviço da República em fevereiro de 1931, foram liberais no sentido político, ético, cívico e cultural, mas não no econômico. Sua defesa da sociedade civil, da democracia e da liberdade política ignorou uma peça-chave da doutrina liberal, aquela que Adam Smith havia revelado: que sem liberdade econômica e sem uma garantia legal firme da propriedade privada e dos contratos a democracia política e as liberdades públicas serão sempre impossibilitadas. Apesar de ser um livre-pensador, que se afastou da formação católica que recebeu em um colégio e uma universidade de jesuítas, sempre houve em Ortega reminiscências do desprezo ou pelo menos da inveterada desconfiança da moral católica em relação ao dinheiro, aos negócios, ao sucesso econômico e ao capitalismo, como se nessa dimensão da vida social se refletisse o aspecto mais baixamente materialista do animal humano, em conflito com sua vertente espiritual e intelectual. Daí, sem dúvida, as depreciativas alusões desdenhosas espalhadas em *A rebelião das massas* aos Estados Unidos, "o paraíso das massas" (p. 164), que Ortega julga com superioridade cultural, como um país que, crescendo tão rápido em termos quantitativos como fez, tivesse sacrificado suas "qualidades", criando uma cultura superficial. Resulta daí um dos poucos despropósitos do livro: a afirmação de que os Estados Unidos são incapazes de desenvolver a ciência por si sós como fez a Europa. Uma ciência que agora, pela ascensão do homem-massa, Ortega vê em perigo de declínio.

Esse é um dos aspectos mais fracos de *A rebelião das massas*. Uma das consequências da primazia do homem-massa na vida das nações é, diz ele, o desinteresse que a sociedade afetada pelo primitivismo e a vulgaridade mostra ter pelos princípios gerais da cultura, ou seja, pelas próprias bases da civilização. Na era do apogeu do gregarismo, a ciência passa a segundo plano e a atenção das massas se concentra na técnica, nas maravilhas e prodígios que esse subproduto da ciência realiza, pois, sem esta última, não seriam possíveis o luxuoso automóvel de linhas aerodinâmicas nem os analgésicos que combatem a dor de cabeça. Ortega compara a deificação do produto de consumo fabricado pela técnica ao deslumbramento do primitivo de uma aldeia africana com os objetos da indústria mais moderna, nos quais vê, tal como nas frutas ou nos animais, simples engendros da natureza. Para que haja ciência, diz Ortega, tem que haver civilização, um longo desenvolvimento histórico que a possibilite. E por isso imagina que, por mais poderosos que sejam, os Estados Unidos nunca poderão superar esse estado de mera tecnologia que alcançaram. "Está redondamente enganado quem pensa que se a Europa desaparecesse os norte-americanos poderiam *continuar* a ciência!" Trata-se de uma das predições falhas de um livro repleto de profecias realizadas.

Em *A rebelião das massas* Ortega critica o nacionalismo como fenômeno típico dessa hegemonia crescente do coletivo ou gregário sobre o individual. Recusa como mito a ideia de que uma nação se constitui pela comunidade de raça, religião ou língua, e se inclina mais pela tese de Renan: uma nação é "um plebiscito cotidiano" no qual seus membros reafirmam diariamente, com a sua conduta e o seu apego às leis e às instituições, sua vontade de constituir uma "unidade de destino" (a fórmula é de Ortega). Tal ideia de nação é flexível, moderna e compatível com a sua convicção de que em breve a Europa acabará formando uma unidade supranacional em que as nações europeias se unirão numa pluralidade solidária, coisa que parecia uma fantasia utópica naquele contexto de nacionalismos beligerantes que poucos anos depois iria precipitar a Europa na carnificina da Segunda Guerra Mundial.

O "Epílogo para ingleses", crítica ao pacifismo, foi escrito sete anos depois da primeira edição de *A rebelião das massas*, em 1937, em plena Guerra Civil Espanhola. Contém uma crítica às versões estereotipadas que se costuma divulgar nos países estrangeiros do que ocorre no seio de uma sociedade. Ortega dá como exemplo o caso dos intelectuais ingleses que, "confortavelmente sentados em seus escritórios ou em seus clubes", assinam textos chamando de "defensores da liberdade" os comunistas que, na Espanha, obrigam escritores a assinar manifestos ou a falar pelo rádio de uma maneira que convenha aos seus interesses. De tudo isso ele deduz que em certos casos a opinião pública estrangeira constitui "uma intervenção bélica" nos assuntos internos de um país, coisa que pode ter efeitos "químicos" (letais) em seu futuro. Essa tese não se sustenta, naturalmente: aceitá-la equivaleria a justificar a supressão da liberdade de expressão e de opinião sob o argumento da segurança nacional. Ela desconhece que o mais habitual, em qualquer ditadura, é que no estrangeiro se conheça melhor o que acontece dentro do país, porque a censura impede aqueles que a padecem de ter uma consciência completa da situação que vivem. (Lembro que em 1958, na pensão da rua Doctor Castelo onde eu morava, em Madri, ouvíamos todas as noites os boletins de notícias da *Rádio Paris* para saber de tudo o que a imprensa censurada da Espanha escondia ou deformava.)

Na verdade, essa afirmação incomum reflete o mal-estar e a aflição com que Ortega viveu uma guerra civil na qual, a seu ver, a intelectualidade europeia embelezou a República por razões ideológicas, sem levar em conta os atropelos e excessos antidemocráticos que também se cometeram em seu seio. Por isso, Ortega não podia e nem queria tomar partido por um dos lados hostis, sobretudo desde que chegou à conclusão de que o conflito não era tanto entre a República democrática e o fascismo mas entre este e os comunistas, alternativa que Ortega rejeitava com a mesma intensidade. Mas é verdade que, sem divulgação pública, parece evidente por sua correspondência e por depoimentos de gente próxima a ele que chegou a acreditar em determinado momento que Franco e os "nacionais" representavam o mal menor. Isso não significava simpatia alguma pelo fascismo, certamente, era uma escolha desesperada. Foi um erro que lhe seria cobrado de maneira impiedosa pela posteridade e que contribuiria para afastar da sua obra os setores intelectuais chamados de progressistas. O fato é que não existe mal menor quando se trata de escolher entre dois totalitarismos – é como escolher entre a aids e o câncer terminal –, coisa que o próprio Ortega teve oportunidade de verificar quando voltou à Espanha, em 1945, ao fim da Segunda Guerra Mundial, pensando que após o triunfo dos Aliados contra o fascismo seria possível fazer algo pela democratização do seu país a partir de dentro. Não pôde fazer grande coisa, exceto viver numa situação de exilado interno, praticamente num limbo, sem recuperar sua cátedra universitária, vigiado de perto e ao mesmo tempo com o risco de ver sua obra descaracterizada por falangistas que queriam se apropriar dela, com uma sensação permanente de frustração e de fracasso. Por isso passou seus últimos dez anos de vida pulando de galho em galho, com recorrentes viagens a Portugal.

ORTEGA Y GASSET E A REPÚBLICA

Ortega y Gasset saudou o advento da República como o início de uma era de progresso cívico e cultural para a Espanha. Nas primeiras eleições republicanas ele se candidatou às Cortes e foi eleito deputado pela província de León. Em dezembro de 1931 saiu em Madri, pela Revista de Occidente, seu livro *Rectificación de la República: Artículos y discursos* [Retificação da República: Artigos e discursos], que mostra seu entusiasmo pelo novo regime. Este já tinha um ano de vida, e Ortega fez algumas críticas e observações, mas com base na solidariedade e no apoio. Suas intervenções nas Cortes Constituintes, assim como seus artigos na imprensa nesse primeiro ano republicano, são formuladas não apenas em seu nome, mas também no de seu "pequeno grupo", o Agrupamento a Serviço da República. Diga-se de passagem, não se tratava de um grupo tão pequeno. Segundo Shlomo Ben-Ami, duas semanas depois de ter sido fundado o Agrupamento a Serviço da República tinha uns 15 mil membros, principalmente estudantes, professores e intelectuais.[4] Ortega dissolveu o Agrupamento em outubro de 1932, argumentando que a República já estava "suficientemente consolidada".[5]

O livro também traz o discurso que Ortega fez em 6 de dezembro de 1931 no Cinema de la Ópera, de Madri, no qual, de maneira muito bem fundamentada, propõe a criação de um grande partido nacional republicano para defender o novo regime e sugere algumas retificações no que fora feito até então. O projeto de liderar uma grande força política não vingou devido ao rumo mais extremo e às violentas confrontações que a República sofreu nos anos seguintes, o que foi enfraquecendo o entusiasmo de democratas como Ortega pelo novo sistema, até o seu desencanto manifestado no seu emblemático artigo de 9 de setembro de 1931, em que diz: "Não é isto, não é isto!".

Sua ideia da jovem República era um tanto ingênua e idealista — "fazer uma República robusta, fecunda e garbosa" (p. 63) —, mas inequívoca a sua rejeição da monarquia: acusa esta última de ter se tornado "uma desordem substancial" e de servir às "classes conservadoras" cujo "absenteísmo" ataca com energia, e que também fustiga por mandar seu dinheiro para fora do país e se desinteressar por completo pela sorte da Espanha nesse momento em que está se forjando uma nova nação. Proclama não ser católico e explica que sua condição de liberal e democrata fez dele um republicano:

> Eu vim à República, como muitos outros, movido pela esperança entusiasta de que, finalmente, depois de centúrias, ia-se permitir ao nosso povo, à espontaneidade nacional, corrigir sua própria fortuna, regular-se a si mesmo, como faz qualquer organismo saudável; rearticular seus impulsos em plena liberdade, sem violência de ninguém, de modo que na nossa sociedade cada indivíduo e cada grupo fossem autenticamente o que são, sem que sua sincera realidade fosse deformada pela pressão ou pelo favor (p. 156).

Suas ideias sobre a nova República eram muito gerais e retóricas — manifesta-se a favor do autonomismo e contra o federalismo — e, em todo caso, não previam de modo algum a violência que o desenfreado extremismo da direita e da esquerda instauraria no país, uma violência que iria encolher cada vez mais o setor da sociedade que, como ele mesmo, esperava do novo regime uma era de progresso econômico, paz e estabilidade, de liberdade e convivência civilizada entre as forças políticas. Ortega confessa sua ignorância no terreno econômico; entretanto, um instinto o faz ver que o assunto é absolutamente central e determinante para o sucesso ou fracasso do novo regime. Por isso recomenda a formação de um corpo de economistas que assessore o governo em sua política econômica, nem que seja contratando especialistas estrangeiros se não houver na própria Espanha técnicos e profissionais de alta qualidade na área financeira.

A CORTESIA DO FILÓSOFO

Ler Ortega é sempre um prazer, um prazer estético, pela beleza e desenvoltura do seu estilo, claro, plástico, inteligente, culto, de um vocabulário inesgotável, salpicado de ironias e ao alcance de qualquer leitor. Por esta última característica de sua prosa, alguns lhe negam a condição de filósofo e dizem que era só literato ou jornalista. Eu adoraria que tivessem razão, porque, sendo verdadeira a premissa na qual se inspira esse juízo excludente, a filosofia não faria falta, a literatura e o jornalismo substituiriam com vantagem a sua função.

É verdade que às vezes sua pena ficava empolada, como quando escrevia "*rigoroso*" em vez de "*riguroso*", e que, nos dois mandamentos que determinou para o intelectual – contrapor-se e seduzir –, seu coquetismo e sua vaidade o levaram algumas vezes a descuidar da primeira obrigação em favor da segunda. Mas essas fraquezas ocasionais são mais do que compensadas pelo vigor e a graça que seu talento era capaz de injetar nas ideias, as quais, em seus ensaios, frequentemente parecem aqueles personagens vivos e imprevisíveis da balzaquiana *Comédia humana* que tanto o encantou em sua adolescência. Contribuiu para humanizar seu pensamento a vocação realista, que, como na grande tradição pictórica e literária espanhola, era inseparável de sua vocação intelectual. Nem a filosofia em particular, nem a cultura em geral deviam ser um simples exercício de acrobacia retórica, uma ginástica narcisista de espíritos seletos. Para esse "elitista", a missão da cultura não podia ser mais democrática: imiscuir-se na vida de todos os dias e nutrir-se dela. Muito antes que os existencialistas franceses desenvolvessem sua tese sobre "o compromisso" do intelectual com seu tempo e sua sociedade, Ortega já adotava essa convicção e a pôs em prática em tudo o que escreveu. O que não significa que escrevesse sobre tudo; por exemplo, um silêncio de que o acusam é não ter se pronunciado com firmeza sobre o resultado da Guerra Civil e a ditadura de Franco. Mas já expliquei as razões recônditas desse silêncio.

Uma de suas célebres frases é: "A clareza é a cortesia do filósofo", máxima a que sempre se ateve ao escrever. Eu não penso que esse esforço para ser acessível, inspirado no desejo de Goethe de ir sempre "do escuro para o claro", que ele chamou "vontade luciferina", empobreça o seu pensamento e o reduza ao papel de mero divulgador. Pelo contrário, um dos seus grandes méritos foi ter sido capaz de levar a um público não especializado, a leitores profanos, os grandes temas da filosofia, da história e da cultura em geral, de modo que pudessem entendê-los e sentir-se tocados por eles sem banalizar nem trair os assuntos que abordava. Foi induzido a isso pelo jornalismo, certamente, e pelas conferências em que se dirigia a vastos públicos heterogêneos, aos quais se empenhava em chegar, convencido de que o pensamento confinado na sala de aula ou no conclave profissional, longe da ágora, murchava. Acreditava firmemente que a filosofia ajuda os seres humanos a viver, a resolver seus problemas, a encarar com lucidez o mundo que os rodeia, e que, portanto, não devia ser patrimônio exclusivo dos filósofos, mas chegar também às pessoas comuns.

Essa preocupação obcecada de ser entendido por todos os leitores é uma das lições mais valiosas que nos legou, uma amostra de sua vocação democrática e liberal, de luminosa importância nestes tempos em que, cada vez mais, nos diferentes ramos da cultura se sobrepõem, à linguagem comum, os jargões ou dialetos especializados e herméticos a cuja sombra, muitas vezes, se escondem não a complexidade e a profundidade científica, mas a prestidigitação verbosa e a tramoia. Concordemos ou divirjamos de suas teses e afirmações, com Ortega uma coisa é sempre evidente: ele não trapaceia, a transparência do seu discurso não lhe permite.

A vontade luciferina não o impediu de ser ousado e propor, antes de todos, uma interpretação das tendências dominantes da sua época na vida social e na arte que pareciam fantasiosas e que, depois, a história referendou. Em *A rebelião das massas* advertiu, com visão certeira, que no século XX, ao contrário do que vinha ocorrendo antes, o fator decisivo da evolução social e política não seriam mais as elites, mas os setores populares anônimos, trabalhadores, camponeses, desempregados, soldados, estudantes, coletivos de toda índole, cuja irrupção — pacífica ou violenta — na história iria revolucionar a sociedade futura e desenharia uma nítida fronteira com a de antes. E em *A desumanização da arte* descreveu com todos os detalhes e notável acerto o progressivo divórcio que, impulsionado pela formidável renovação das formas que as vanguardas introduziram na música, na pintura e na literatura, iria ocorrendo entre a obra de arte moderna e o público em geral, um fenômeno sem precedentes na história da civilização. Esses são dois exemplos importantes, mas não únicos, da lucidez com que Ortega esquadrinhou a sua circunstância e percebeu nela, antecipando-se, a tendência e a linha de força dominantes no futuro imediato. Sua obra é salpicada de singulares antecipações e intuições felizes.

O que era ele, politicamente falando? Livre-pensador, ateu (ou, pelo menos, agnóstico), civilista, cosmopolita, europeu, adversário do nacionalismo e de todos os dogmatismos ideológicos, democrata, sua palavra favorita sempre foi radical. A análise, a reflexão, deviam ir sempre à raiz dos problemas, jamais ficar na periferia ou na superfície. No entanto, em política, de certo modo, às vezes ficou longe do radicalismo que pregava. Ele era, por seu espírito aberto e sua tolerância para com as ideias e posturas alheias, um liberal. Mas um liberal limitado pelo seu desconhecimento da economia, um vazio que às vezes o levou, ao propor soluções para problemas como o centralismo, o caciquismo ou a pobreza, a defender o intervencionismo estatal e um dirigismo voluntarista totalmente alheios àquela liberdade individual e cidadã que defendia com tanta convicção e boas razões.

Por outro lado, foi um dos poucos intelectuais espanhóis do seu tempo a se interessar pela América Latina. Foi à Argentina pela primeira vez em 1916, e lá permaneceu cerca de seis meses. Depois voltou em duas ocasiões, em 1928, quando também visitou o Chile, onde morou entre 1939 e 1942, num exílio voluntário. Suas conferências e cursos universitários em Buenos Aires, assim como suas colaborações em *La Nación*, lhe deram muito prestígio, e fez amizade com muitos escritores argentinos, como Victoria Ocampo; diz-se que foi ele quem sugeriu o nome *Sur* para a célebre revista que ela dirigiria com a ajuda de Jorge Luis Borges. Seus ensaios de interpretação da história e da cultura argentinas provocaram, como não podia deixar de ser, apaixonadas polêmicas e, em certos setores nacionalistas, uma hostilidade declarada contra ele, o que, sem dúvida, contribuiu para sua volta à Europa em 1942.

ORTEGA E A GUERRA CIVIL

O fracasso da República e o banho de sangue da Guerra Civil Espanhola traumatizaram os ideais políticos de Ortega y Gasset. Ele havia apoiado o advento da República e alimentado muitas ilusões, mas as desordens e crimes que sucederam o assustaram muito. Depois, a sublevação franquista e a polarização extrema que acelerou a guerra o acuaram numa espécie de catacumba ideológica. A seu ver, a democracia liberal "é a forma que representou em política a mais alta vontade de convivência" e mostrou um espírito de tolerância sem precedentes na história, já que o liberalismo "é o direito que a maioria outorga à minoria", "a decisão de conviver com o inimigo" (p. 130). Era possível uma posição dessa índole no meio de uma guerra civil? O que ele defendia — uma sociedade ilustrada, livre, de coexistência e legalidade, europeia e civil — era irreal numa Europa abalada pelo avanço simétrico dos totalitarismos, que demoliam na sua passagem os alicerces da civilização com que ele sonhava para a Espanha. Ortega nunca superou a derrubada dessas ilusões.

Quando se frequenta, por tanto tempo quanto eu fiz com Ortega, mesmo que seja aos bocadinhos diários, a obra de um escritor, acaba-se tão familiarizado com ele — quero dizer, com sua pessoa — que, depois de tanto lê-lo e relê-lo, tenho a sensação de ter convivido com ele na intimidade, de ter frequentado aquelas reuniões de amigos que, como descreveram Julián Marías e outros discípulos, costumavam ser deslumbrantes. Deve ter sido um extraordinário conversador, expositor, professor. Lendo seus melhores ensaios, pode-se ouvir Ortega: seus silêncios de efeito, a chicotada sibilante do adjetivo insólito, a frase labiríntica que, de repente, se fecha, arredondando um argumento, com um desplante retórico de *matador*. Um verdadeiro espetáculo.

Ortega foi muito desqualificado, nos últimos anos, pela esquerda, que o acusa, como constata Gregorio Morán em *El maestro en el erial: Ortega y Gasset y la cultura del franquismo* [O mestre na terra devastada: Ortega y Gasset e a cultura do franquismo],[6] de ter sido um cúmplice discreto dos "nacionais" durante a Guerra Civil, afirmação baseada em argumentos desprezíveis, como o fato de que dois filhos do filósofo lutaram no lado rebelde, sua amizade e correspondência com alguns diplomatas franquistas, ou seu empenho para publicar no *Times*, de Londres, valendo-se da ajuda de um delegado dos rebeldes na Grã-Bretanha, um texto criticando os intelectuais europeus por tomarem partido pela República sem conhecerem a fundo a problemática espanhola. Tampouco parece séria, e sim mero boato, a história segundo a qual Ortega, em algum momento, valendo-se de um terceiro, teria se oferecido a Franco para escrever seus discursos. Que estupidez! Jamais se apresentou uma prova irrefutável de tal coisa, e não existe em sua correspondência qualquer indício de que seja verdade. De fato, como o livro de Morán demonstra à exaustão, se Ortega quisesse fazer parte do regime franquista, este, que, ao mesmo tempo que o atacava ou silenciava, fez múltiplos intentos para suborná-lo, o receberia de portas abertas. Bastaria aderir a ele publicamente. Nunca o fez. Tampouco é um argumento para desqualificá-lo o fato de continuar recebendo o salário que lhe correspondia como professor universitário quando chegou à idade da aposentadoria — homem de recursos modestos, ele ganhou esse salário por seu trabalho de muitos anos —, mas, sem dúvida, seria preferível que não tivesse retornado à Espanha e morresse no exílio, ou que assumisse uma posição frontal e sem equívocos contra a ditadura. Porque, nesse caso, quantas confusões sobre o que ele foi, pensou e defendeu teriam sido evitadas e como seria fácil fazer dele, hoje, uma figura politicamente correta. A verdadeira circunstância de Ortega não era a de tomar partido, quando estourou a Guerra Civil, por um dos lados; a opção que adotou foi pulverizada na luta — antes da luta, na verdade, nos tumultos, assassinatos e na polarização política durante a República — e deixou-o numa terra de ninguém. Apesar disso, e de saber como a sua posição era vulnerável e isolada, foi leal a ela até a morte. Essa postura era impraticável naquela situação de ruptura violenta da sociedade e de um maniqueísmo beligerante, quando desapareciam os matizes e a moderação, mas não era desonesta. O regime civil, republicano, democrático e plural que ele havia defendido em 1930 e 1931, no Agrupamento a Serviço da República, nas Cortes e na imprensa, não coincidia de modo algum com o que se instalou na Espanha após a queda da monarquia. Tampouco era afim a uma sublevação fascista, e por isso durante a guerra ele se absteve de tomar partido publicamente por qualquer dos dois lados em conflito, e, depois, de aderir ao regime que o lado vencedor instalou.

Quando Ortega voltou para a Espanha, em 1945, estava convencido de que o fim da Guerra Mundial provocaria uma transformação na ditadura de Franco. Errou e pagou muito caro por esse engano, morando na Espanha, com longas fugas para Portugal, entre parênteses, por um lado desprezado pelos setores mais ultramontanos do regime, que não perdoavam seu laicismo, e, por outro lado, se esquivando como um gato das tentativas de cooptação daqueles que queriam instrumentalizá-lo e transformá-lo num protoideólogo da Falange. Essas tentativas chegaram a extremos de um enorme ridículo com a semana de exercícios espirituais que a Faculdade de Humanidades da Universidade Complutense de Madrid realizou pela "conversão de Ortega y Gasset" e as campanhas sistemáticas organizadas nos púlpitos para que o filósofo seguisse o exemplo de seu colega Manuel García Morente, que foi tocado pelo espírito santo e devolvido ao rebanho católico. Ortega, apesar do temperamento medroso que certos críticos lhe atribuem, resistiu à imensa pressão de que era alvo — não só oficial, mas também de gente que o respeitava e que ele respeitava — e não escreveu uma só linha desdizendo aquelas ideias que levaram o regime franquista, na véspera da morte de Ortega, por intermédio do ministro da Informação de Franco, Arias Salgado, a dar esta grotesca ordem à imprensa espanhola: "Diante da possível contingência do falecimento do sr. José Ortega y Gasset, este jornal deve dar a notícia com uma titulação máxima de duas colunas e a inclusão, opcional, de um único artigo elogioso, sem esquecer nele os erros políticos e religiosos do mesmo e, em qualquer caso, eliminando sempre a denominação de 'mestre'".

Os erros de Ortega não foram erros de um covarde nem de um oportunista; no máximo, foram erros de um ingênuo que tentou encarnar uma alternativa moderada, civil e reformista em momentos em que isso não tinha a menor possibilidade de se concretizar na realidade espanhola. Suas vacilações e dúvidas não devem ser jogadas em sua cara, como uma acusação. Manifestam o destino dramático de um intelectual visceral e racionalmente alérgico aos extremos, às intolerâncias, às verdades absolutas, aos nacionalismos e a todo e qualquer dogma, religioso ou político. De um pensador que, por isso mesmo, parecia defasado, uma velharia, quando a coexistência democrática se evaporou pelo choque feroz da Guerra Civil e, depois, durante a noite totalitária. Não foi só Ortega, mas a posição democrática e liberal que ficou aturdida e anulada na hecatombe da Guerra Civil. Mas, e agora? Será que as ideias de Ortega y Gasset, que os fascistas e marxistas desdenhavam da mesma forma, não são em muitos sentidos uma realidade viva, atualíssima, na Espanha plural, livre e altissonante de hoje? Em vez de dissolvê-lo e apagá-lo, a história contemporânea confirmou Ortega y Gasset como o pensador de maior irradiação e coerência que a Espanha deu em toda a sua história à cultura laica e democrática. E, também, o que escrevia melhor.

O pensamento liberal contemporâneo tem muito que aproveitar das ideias de Ortega y Gasset. Primeiramente, redescobrir que, ao contrário do que parecem supor aqueles que procuram reduzir o liberalismo a uma receita econômica de livres mercados, regras de jogo equitativas, tarifas baixas, gastos públicos controlados e privatização de empresas, ele é, antes de mais nada, uma atitude ante a vida e ante a sociedade, baseada na tolerância e no respeito, no amor à cultura, numa vontade de coexistência com o outro, com os outros, e numa defesa firme da liberdade como valor supremo. Uma liberdade que é, ao mesmo tempo, motor do progresso material, da ciência, das artes e das letras, e dessa civilização que tornou possível o indivíduo soberano, com sua independência, seus direitos e seus deveres em permanente equilíbrio com os dos outros, defendidos por um sistema legal que garante a convivência na diversidade. A liberdade econômica é uma peça mestra, mas não a única, da doutrina liberal. Devemos lamentar, certamente, que muitos liberais da geração de Ortega tenham ignorado isso. Mas não é menos grave reduzir o liberalismo a uma política econômica de funcionamento do mercado com uma intervenção estatal mínima. O fracasso, nas últimas décadas, de tantas tentativas de liberalização da economia na América Latina, África e na própria Europa não é uma prova flagrante de que as receitas econômicas por si sós podem fracassar estrepitosamente se não forem sustentadas por todo um corpo de ideias que as justifiquem e as tornem aceitáveis para a opinião pública? A doutrina liberal é uma cultura na mais vasta acepção do termo, e os ensaios de Ortega y Gasset a refletem, de maneira estimulante e lúcida, em cada uma de suas páginas.

Se tivesse sido francês, Ortega seria hoje tão conhecido e lido como foi Sartre, cuja filosofia existencialista do "homem em situação" ele antecipou e expôs em prosa melhor na sua tese sobre o homem e sua circunstância. Se tivesse sido inglês, seria outro Bertrand Russell, como ele um grande pensador e ao mesmo tempo um grande divulgador. Mas era apenas um espanhol, quando a cultura de Cervantes, Quevedo e Góngora estava no porão (a analogia é dele) das consideradas grandes culturas modernas. Hoje as coisas mudaram, e as portas desse clube exclusivo se abrem para a possante língua que ele enriqueceu e atualizou tanto como um Jorge Luis Borges ou um Octavio Paz. Já é hora de que a cultura do nosso tempo conheça e reconheça, por fim, como ele bem merece, José Ortega y Gasset.

Friedrich August von Hayek (1899-1992)

Se tivesse que mencionar os três pensadores modernos a quem mais devo, politicamente falando, não vacilaria um segundo: Karl Popper, Friedrich August von Hayek e Isaiah Berlin. Comecei a ler os três entre os anos 1970 e 1980, quando estava saindo das ilusões e sofismas do socialismo e procurando, entre as filosofias da liberdade, a que havia esmiuçado com mais acuidade as falácias construtivistas (fórmula de Hayek) e a que propunha ideias mais radicais para conseguir, na democracia, aquilo que o coletivismo e o estatismo tinham prometido sem nunca atingir: um sistema capaz de combinar esses valores contraditórios que são a igualdade e a liberdade, a justiça social e a prosperidade.

Talvez nenhum dentre esses pensadores tenha ido tão longe nem tão a fundo como Friedrich von Hayek, o velho professor nascido quase junto com o século (1899) numa família abastada, em Viena, capital do então Império Austro-Húngaro. Estudante apático, mas leitor voraz, praticante de caminhadas e alpinista desde a adolescência até a velhice, sua primeira vocação ainda na infância foi, por influência do pai, a botânica, a elaboração de um herbário, a tentativa de escrever uma pequena monografia sobre uma orquídea (*Orchis condigera*) que ele nunca chegou a ver. Plural e curioso, em sua adolescência se interessou por paleontologia, pela teoria da evolução, por teatro. Somente anos depois, quando servia o Exército como jovem oficial de artilharia na frente italiana, durante a Primeira Guerra Mundial, iria descobrir, graças a um livro de

Carl Menger, *Princípios de economia política* (1871), sua paixão por economia, e também por psicologia. Essa leitura dissiparia as veleidades socialistas dos seus anos juvenis e o transformaria num defensor do individualismo, da empresa privada e do mercado. Embora tenha escolhido estudar a primeira dessas duas ciências, nunca perdeu o interesse pela segunda, sobre a qual escreveria, anos mais tarde, um curioso ensaio: *The Sensory Order* [A ordem sensorial].[1] Dos seus estudos na Universidade de Viena, onde completou o doutorado em leis, em 1921, nunca esqueceu Carl Menger, que, diz, foi o primeiro a conceber uma ideia, a geração espontânea das instituições, que mais tarde seria um dos pilares da sua teoria econômica e política. Em seu país natal, recém-formado, trabalhou cerca de cinco anos sob as ordens de outro grande pensador liberal, Ludwig von Mises, de cujo famoso *Privatseminar* participava. Dele chegou a dizer "que era a pessoa com quem mais havia aprendido".[2] Esteve em Nova York entre março de 1923 e maio de 1924. Foi por conta própria, com pouquíssimo dinheiro, e sobreviveu com sessenta dólares por mês naqueles quinze meses em que deixou crescer a barba, trabalhou como assistente de Jeremiah Jenks, professor da Universidade de Nova York, e leu sem descanso na New York Public Library. Sua pobreza era tão extrema que, como contaria mais tarde, só tinha dois pares de meias furadas que usava ao mesmo tempo por causa do frio. Ao voltar para Viena se casou pela primeira vez, em 1926, com Hella Berta Maria von Fritsch, com quem teria dois filhos: Christine Maria Felicitas (nascida em 1929) e Laurence Joseph Heinrich (nascido em 1934). Antes de partir para Nova York namorava uma prima distante, Helene Bitterlich, mas ela o deixou e se comprometeu com outro enquanto ele estava nos Estados Unidos. Essa antiga relação sentimental ressuscitaria anos mais tarde.

Em 1931 foi convidado para dar umas conferências na London School of Economics e no ano seguinte, 1932, esta lhe ofereceu a cátedra de Ciência e Estudos Econômicos, na qual ficaria até o final de 1949. Seus alunos, a princípio, tinham dificuldade para acompanhar seu confuso inglês tingido de música germana, mas, depois de algum esforço, costumavam ficar fascinados com suas aulas. Em Londres, no ano de 1935 conheceria Karl Popper, com quem estabeleceu a partir de então uma sólida amizade, além de uma grande concordância quanto a suas ideias filosóficas e cívicas; Hayek dedicaria a Popper seu livro *Studies in Philosophy, Politics and Economics* [Estudos em filosofia, política e economia] (1967). Popper, que sempre agradeceu a ajuda que Hayek lhe prestou quando estava à procura de um editor para *A sociedade aberta e seus inimigos* (1945) e para obter um cargo de professor na London School of Economics, havia dedicado *Conjeturas e refutações* (1963) a Hayek alguns anos antes. Obteve a nacionalidade britânica em 1938. Mais tarde lecionaria nas universidades de Chicago (1950-62), Freiburg (1961-9) e Salzburgo (1969-77). Foi um verdadeiro cidadão do mundo. Morreu em seus luminosos 93 anos, em 1992, em Breisgau, na Alemanha.

O destino proporcionou a Hayek a maior recompensa a que pode aspirar um intelectual: ver como a história contemporânea — ou, pelo menos, os governos de Ronald Reagan nos Estados Unidos e Margaret Thatcher no Reino Unido — confirmava boa parte de suas ideias e desautorizava as de seus adversários, entre eles o famoso John Maynard Keynes (1883-1946). Das suas teses, a mais conhecida, e hoje tão comprovada que virou quase um lugar-comum, é aquela que expôs no seu pequeno panfleto (depois transformado em livro) de 1944, *O caminho da servidão*: a de que o planejamento centralizado da economia mina inevitavelmente os alicerces da democracia e faz do fascismo e do comunismo duas expressões do mesmo fenômeno, o totalitarismo, cujos vírus contaminam qualquer regime, até o aparentemente mais livre, que pretenda "controlar" o funcionamento do mercado.

HAYEK E KEYNES

A famosa polêmica de Hayek com Keynes de que tanto se fala nunca foi algo equitativo, embora tenham mantido um breve mas intenso intercâmbio intelectual em 1931, depois de uma crítica muito severa de Hayek ao ensaio de Keynes *Tratado sobre a moeda*, em *Economica*, a revista da London School of Economics. Mas, como diz Robert Skidelsky, que resenhou essa polêmica num convincente ensaio, "Hayek Versus Keynes",[3] apesar das suas diferenças havia entre ambos um importante denominador comum que se vê agora melhor que naquela época, quando quase todo o ambiente econômico e político relevante compartilhava as ideias de Keynes. O discurso radical de Hayek era minoritário na época, transitoriamente inútil, luta quixotesca de um homem com convicções firmes contra a cultura dominante do seu tempo. Mas ambos eram liberais, embora Keynes pensasse que certa intervenção estatal na economia podia proteger melhor o capitalismo; Hayek rejeitava essa ideia. Segundo Skidelsky, na célebre divisão que Isaiah Berlin estabeleceu entre raposas e ouriços em seu ensaio sobre Tolstói, Hayek era o ouriço (que só sabe uma grande coisa) e Keynes a raposa (que sabe muitas coisas). Ambos tinham chegado à economia através da filosofia e os dois acreditavam na importância do elemento subjetivo no trabalho intelectual, o qual se negavam a subordinar ao puramente científico. Nenhum dos dois foi um democrata ardoroso e ambos se declaravam admiradores de Hume, Burke e Mandeville. E os dois achavam que a civilização ocidental era "precária", mas divergiam na maneira de salvá-la. Embora se conhecessem e se tratassem com respeito, não foram amigos e mantiveram uma correspondência reduzida. Keynes leu *O caminho da servidão* quando ia à Conferência de Bretton Woods, em 1944; no dia 28 de junho desse ano escreveu a Hayek cumprimentando-o por ter escrito "um grande livro". "Todos devemos estar agradecidos ao senhor por dizer aquilo que era necessário ser dito", acrescentava. "Moral e filosoficamente estou de acordo com praticamente tudo o que o senhor diz, e não só de acordo, mas com uma concordância muito acentuada." A seguir, porém, formula suas críticas: "O senhor admite que o problema [do planejamento] reside em onde se marca o limite [...]. Mas não nos dá uma guia para saber onde fixá-lo. É verdade que nós dois, sem dúvida, o fixaríamos em lugares diferentes. Segundo as minhas ideias, o senhor subestima a média [...]". Quanto a isso não há dúvida de que Keynes tinha razão: Hayek detestava médias e água morna, era um homem de extremos, o que motivava que, entre seus grandes acertos, às vezes cometesse erros gritantes. Mas, não há dúvida, apesar das suas diferenças, sempre teve um grande respeito por Keynes. E o disse à sua viúva, Lydia Lopokova, quando ele faleceu em 1946: "[Seu marido é] o único grande homem que conheci e por quem sempre senti uma ilimitada admiração".[4]

As teorias intervencionistas do brilhante John Maynard Keynes, segundo as quais o Estado podia e devia regular o crescimento econômico e garantir o pleno emprego suprindo as carências e corrigindo os excessos do laissez-faire, iriam se transformar com o passar dos anos (provavelmente indo mais longe do que queria o próprio Keynes) num axioma inquestionável de socialistas, social-democratas, conservadores e até de supostos liberais do velho e do novo mundo. Já o eram quando Hayek lançou seu formidável chamado de atenção ao grande público, que resumia o que vinha sustentando em seus trabalhos acadêmicos e técnicos desde que, nos anos 1930, junto com Ludwig von Mises, começou na Áustria a reivindicar e atualizar o liberalismo clássico de Adam Smith.

Embora *O caminho da servidão* tenha obtido uma ampla divulgação na Grã-Bretanha e nos Estados Unidos, onde a popular *Reader's Digest* publicou uma versão condensada do livro, foi proibido na Alemanha do pós-guerra pelas potências ocupantes, que não queriam problemas com a URSS. Suas ideias só repercutiram naquele momento em grupos marginais do mundo acadêmico e político, e, por exemplo, o país onde o livro foi escrito, a Grã-Bretanha, iniciou nessa época sua marcha rumo ao populismo trabalhista e o Estado benfeitor, ou seja, rumo à inflação e à decadência, que só seria interrompida décadas depois pelo formidável (mas, infelizmente, truncado) sobressalto libertário de Margaret Thatcher. Em vez de angariar o respeito de seus colegas economistas, *O caminho da servidão* serviu antes para desprestigiar seu autor, desprestígio que iria diminuindo nos anos seguintes, principalmente após ter ganhado o Nobel de economia em 1974.

Como Von Mises, como Popper, como Berlin, Hayek não pode ser enquadrado dentro de uma especialidade, a economia, porque suas ideias são tão renovadoras no campo econômico como na filosofia, no direito, na sociologia, na política, na psicologia, na ciência, na história e na ética. Em todos eles manifestou uma originalidade e um radicalismo que não têm comparação entre os pensadores modernos. E, sempre, mantendo um escrupuloso respeito à tradição clássica liberal e às formas rigorosas da pesquisa acadêmica. Mas seus trabalhos estão impregnados de febre polêmica, irreverência contra o estabelecido, uma criatividade intelectual que coincide com certa fria rigidez analítica e, frequentemente, de propostas explosivas como a que formulou em 1950 de que a Alemanha Ocidental se integrasse aos Estados Unidos e depois outros países europeus a imitassem (pensava sobretudo nos países escandinavos). Ou sua proposta, não menos polêmica, de privatizar e entregar ao mercado a fabricação do dinheiro das nações, uma ideia que o governo de Margaret Thatcher esteve a ponto de propor à União Europeia por intermédio do seu ministro da Economia, Nigel Lawson, como ela conta em suas memórias.[5] Podia defender, em nome da liberdade individual, coisas que o desagradavam, como o direito de ser homossexual sem ser perseguido ou discriminado por isso, e, ao mesmo tempo, nunca abriu mão de um certo pragmatismo, como quando defendeu, no que se refere à venda livre de armas de fogo, a ideia de que só pessoas experientes, de certo nível intelectual e moral, pudessem exercer esse comércio.

Mas algumas de suas convicções são dificilmente aceitáveis por um autêntico democrata, como a ideia de que uma ditadura que pratica uma economia liberal é preferível a uma democracia que não o faz. Assim, chegou ao extremo de afirmar em duas oportunidades que sob a ditadura militar de Pinochet havia muito mais liberdade no Chile que no governo democrático populista e socializante de Allende, o que lhe valeu uma merecida tempestade de críticas, inclusive entre seus admiradores.[6]

A partir dos anos 1960, depois da publicação de *Os fundamentos da liberdade*, começou a sofrer períodos de depressão que paralisavam seu trabalho intelectual por um tempo. Essas quedas de ânimo se aprofundaram na velhice, sobretudo quando os achaques da idade o impediam de trabalhar.

Em abril de 1947, convocados por Hayek, 39 eminentes pensadores, entre os quais se encontravam Karl Popper, Milton Friedman, George Stigler, Ludwig von Mises, Lionel Robbins e Maurice Allais, além de outros prestigiosos economistas e pesquisadores dos Estados Unidos e da Europa, se reuniram em Vevey (Suíça), em frente ao lago de Genebra, e lá tiveram dez dias de debates e exposições. Assim nasceu a Sociedade Mont Pèlerin, cujo objetivo era atualizar e defender o liberalismo clássico, e cujo primeiro presidente foi o próprio Hayek. Sua influência no horizonte intelectual e político seria de longo alcance.

No final de 1949 passou por um drama pessoal, que afetaria a relação que Hayek tinha com alguns amigos, entre eles o mais íntimo, Lionel Robbins, seu colega da London School of Economics. Foi quando Hayek se separou da sua primeira mulher, Hella, e conseguiu um divórcio em Arkansas, para onde se transferiu devido às leis de divórcio lá vigentes. Depois voltaria a se casar com aquela prima, Helene Bitterlich, seu amor de adolescência. Essa ruptura deixou vários dos seus amigos indignados, entre os quais Robbins, que cortou por muitos anos sua amizade e qualquer outra relação com Hayek; só se reconciliariam onze anos depois, segundo Alan Ebenstein, por ocasião do casamento do filho de Hayek, Larry.

Sua obra magna é *Os fundamentos da liberdade* (1960), que seria enriquecida pelos três densos volumes de *Direito, legislação e liberdade* (1973-9), na década de 1970. Nesses livros é explicado, com uma lucidez conceitual que se baseia num conhecimento enciclopédico da práxis, o que é o mercado, sistema quase infinito de relação entre os seres que compõem uma sociedade, e das sociedades entre si, para intercomunicarem as suas necessidades e aspirações, satisfazê-las e organizar a produção e os recursos em função dessas necessidades. Ninguém, nem sequer Von Mises, resenhou melhor que Hayek os benefícios de toda ordem para o ser humano proporcionados por esse sistema de intercâmbios que ninguém inventou, que foi nascendo e se aperfeiçoando em decorrência do acaso e, sobretudo, da irrupção desse acidente na história humana que se chama liberdade.

Quando nasce a ideia socialista de organizar a sociedade segundo um plano premeditado para acabar com a exploração dos pobres pelos ricos e substituir a luta de classes por uma suposta fraternidade universal? Nasce junto com a ideia de abordar as questões sociais com o mesmo método científico com que se estuda a natureza, coisa que Hayek sempre considerou uma forma astuta de justificar "o construtivismo", isto é, o planejamento, inimigo da liberdade. Tal ideia é anterior ao "socialismo científico" de Marx e Engels, um produto do século XIX, o século das grandes construções ideológicas, criações intelectuais empenhadas em fundar a sociedade perfeita ou, no vocabulário da época, "trazer o paraíso à terra". Num livro publicado pela primeira vez em 1952, que reúne estudos de diversas épocas questionando que os métodos científicos sejam válidos para enfrentar as questões sociais, Hayek demonstra que na verdade a ideia do "planejamento socialista" tem sua origem no sansimonismo e que essa doutrina é o antecessor mais evidente e inequívoco do socialismo marxista-leninista e sua obsessiva vocação planejadora.[7]

Os ensaios que Hayek dedica ao conde Henri de Saint-Simon, a Auguste Comte, a Barthélemy-Prosper Enfantin e, de passagem, a Charles Fourier, Victor Considerant e Pierre-Joseph Proudhon, ou seja, a sansimonianos, fourieristas e outros movimentos e seitas de ideólogos contrapostos uns aos outros, mas todos eles decididos a reconstruir a sociedade da cabeça aos pés segundo modelos intelectuais prefixados, constituem um animado mural de vidas trepidantes, atrevidas fantasias ideológicas e aventuras novelescas, no qual prevalece a convicção de que a realidade humana pode ser edificada como uma obra de engenharia (recordemos que Stálin queria que os escritores fossem "engenheiros de almas"). O sansimonismo elimina tudo o que pode ser causa de divisão e desigualdade entre os seres humanos: a propriedade privada, o mercado, a concorrência e, em última instância, a liberdade que é fonte de desigualdades, abusos e exploração no mundo capitalista. A ciência e a ordem substituiriam desse modo a anarquia e a cobiça no campo econômico. A vida produtiva estaria sob a vigilância de um banco central, por meio do qual o Estado exerceria sua benevolente autoridade baseada na competência de seus engenheiros, empresários e técnicos, os heróis intelectuais do momento, principalmente se fossem formados na École Polytechnique, que os sansimonianos viam como uma verdadeira fábrica de gênios. Um pouco depois, Marx e Engels descartariam de forma um tanto depreciativa o que chamaram de "socialismo utópico". Hayek mostra que aquele delírio presunçoso de refazer a sociedade para transformá-la de perfectível em perfeita segundo um modelo que funcione como uma máquina, que o socialismo marxista adotaria como seu, é derivado inequivocamente do sonho sansimoniano graças ao qual o intrépido conde julgou que os seres humanos atingiriam por fim a verdadeira liberdade.

Só para os ignorantes, e para seus inimigos, empenhados em caricaturar a verdade a fim de melhor refutá-la, o mercado é apenas um sistema de livres intercâmbios. A obra inteira de Hayek é um prodigioso esforço científico e intelectual para demonstrar que a liberdade de produzir e comercializar não serve para nada — como comprovaram a ex-União Soviética, as repúblicas ex-socialistas da Europa Central e as democracias mercantilistas da América Latina — sem uma ordem legal estrita e eficiente que garanta a propriedade privada, o respeito aos contratos e um poder judicial honesto, capaz e independente do poder político. Sem esses requisitos básicos, a economia de mercado é uma retórica atrás da qual continuam as exigências e corrupções de uma minoria privilegiada em detrimento da maioria da sociedade: o que nós, liberais, chamamos de "mercantilismo".

Aqueles que, por ingenuidade ou má-fé, utilizam hoje como prova do fracasso do liberalismo as dificuldades enfrentadas pela Rússia e alguns dos seus antigos países satélites que, de um regime totalitário, passaram a tentar uma democracia com políticas de mercado, ou não conhecem Hayek ou o leram mal. Porque ninguém insistiu tanto como ele em afirmar que o liberalismo não consiste em liberar os preços e abrir as fronteiras à concorrência internacional, mas na reforma integral de um país, na sua privatização e descentralização em todos os níveis, e em transferir para a sociedade civil — para a iniciativa dos indivíduos soberanos — as decisões econômicas essenciais. E na existência de um consenso para adotar regras de jogo que privilegiem sempre o consumidor antes que o produtor, o produtor antes que o burocrata, o indivíduo diante do Estado e o homem vivo e concreto do aqui e agora frente à abstração com que os totalitários justificam todos os seus abusos: a humanidade futura.

O individualismo é um fator central da filosofia liberal e, naturalmente, do pensamento de Hayek. Individualismo não significa, certamente, aquela visão romântica segundo a qual todos os grandes fatos históricos, assim como os progressos definitivos nos âmbitos científicos, culturais e sociais, são produto de façanhas de indivíduos excepcionais — os heróis —, e sim, mais simplesmente, que as pessoas individuais não são meros epifenômenos das coletividades a que pertencem, que as modelariam tal como fazem as máquinas com os produtos industriais. O indivíduo tem soberania, e, embora parte do que ele é se explique pelo meio em que nasce e se forma, há nele uma consciência e um poder de iniciativa que o emancipam dessa placenta gregária e lhe permitem agir livremente, de acordo com sua vocação e talento, e, muitas vezes, imprimir uma marca no entorno em que vive. A ambição no indivíduo é a força que dinamiza a economia de mercado, o que torna possível o progresso. Por isso, as fórmulas keynesianas de confiar ao Estado a condução e orientação da vida econômica, mediante o planejamento, lhe parece que embotam essa "ambição" e causam profundas distorções no funcionamento do mercado.

Essa concepção é derivada da ideia de liberdade que está no coração da doutrina liberal. Os destinos humanos não estão escritos, não foram traçados de maneira inexorável. Indivíduos e sociedades podem superar os condicionamentos geográficos, sociais e culturais e alterar a ordem das coisas mediante atos, optando por certas decisões e descartando outras. Por isso, por terem sempre essa margem de liberdade, são responsáveis por seu próprio destino. Hayek descreve admiravelmente tudo isso num ensaio dedicado a mostrar as semelhanças entre dois pensadores que podem parecer muito afastados um do outro: "Compte e Hegel".[8]

O respeito à lei em Hayek é inseparável da sua fé no livre mercado; mas ele sempre distinguiu — e explicou isso com muita clareza nos três volumes de *Direito, legislação e liberdade* — entre lei e legislação: *cosmos*, a ordem legal espontânea, e *taxis*, a legalidade imposta pelo poder. A primeira é aquela forma de legalidade natural, criada e aperfeiçoada pelo costume e a tradição como resposta à necessidade de criar uma ordem para resolver os litígios e evitar o caos e a violência no seio de uma sociedade; e a segunda, aquela justiça planejada e sancionada racionalmente por parlamentos e tribunais que, às vezes, fratura e distorce a primeira e pode chegar a ser tão prejudicial, no campo jurídico, como o planejamento econômico, algo que, no ideário hayekiano, constitui sempre uma ameaça à liberdade.

O grande inimigo desta é o construtivismo, a fatídica pretensão — assim se intitula o último livro de Hayek: *Arrogância fatal* (1988) — de querer organizar, a partir de um centro qualquer de poder, a vida da comunidade, substituindo as instituições surgidas sem premeditação nem controle (a lei comum, o *cosmos*) por estruturas artificiais e dirigidas a objetivos como "racionalizar" a produção, "redistribuir" a riqueza, impor o igualitarismo e uniformizar o todo social numa ideologia, cultura ou religião.

A crítica feroz de Hayek ao construtivismo não se detém no coletivismo dos marxistas nem no Estado-benfeitor de socialistas e social-democratas, nem no que o social-cristianismo chama de "princípio de supletoriedade", nem na forma degenerada do capitalismo que é o mercantilismo — as alianças mafiosas entre poder político e empresários influentes para, prostituindo o mercado, repartir entre si dádivas, monopólios e prebendas. Não se detém diante de nada, na verdade. Nem sequer do sistema do qual foi um dos mais combativos protetores em nosso tempo: a democracia, que o indomável Hayek, principalmente em seus últimos anos de vida, se dedicou a autopsiar de forma muito crítica, descrevendo suas deficiências e deformações, uma das quais é o mercantilismo e outra, a ditadura das maiorias sobre as minorias. Esse tema o levou a proclamar que temia pelo futuro da liberdade no mundo exatamente no momento em que era celebrado, com a queda dos regimes comunistas, o que parecia o apogeu do sistema democrático no planeta.

Para rebater o monopólio do poder que as maiorias exercem nas sociedades abertas e garantir a participação das minorias no governo e na tomada de decisões, Hayek imaginou um complicado sistema — que não vacilou em batizar de "utopia" — chamado *demarquia*. Nele, uma assembleia legislativa, eleita por quinze anos entre cidadãos de mais de 45 anos, zelaria pelos direitos fundamentais. Ao mesmo tempo, um Parlamento, semelhante aos que existem nos países democráticos, cuidaria dos assuntos comuns e dos temas de atualidade.

Na única vez em que conversei com Hayek, em Lima, em novembro de 1979, durante uma conferência sobre "Democracia e economia de mercado", que foi uma onda de modernidade e liberação num país que já padecia onze anos de ditadura militar, consegui dizer a ele que, lendo-o, vez por outra tinha a impressão de que algumas de suas teorias pareciam materializar um ambicioso fogo-fátuo: o resgate, pelo liberalismo, do ideal anarquista de um mundo sem coerção, de pura espontaneidade, com um mínimo de autoridade e um máximo de liberdade, inteiramente construído em torno do indivíduo. Ele me olhou com benevolência e citou zombeteiramente uma frase de Bakúnin, por quem, naturalmente, não podia ter a menor simpatia.

E, no entanto, se parecem em algo o despenteado príncipe do século XIX de vida aventureira que queria cortar todas as correntes que cerceiam os impulsos criativos do ser humano e o metódico e erudito professor de vida sossegada que, pouco antes de morrer, afirmou numa entrevista: "Todo liberal deve ser um agitador". Eles têm em comum a desconfiança em relação à razão humana que tem a pretensão de se achar capaz de remodelar a sociedade sem levar em conta as instituições criadas espontaneamente e a fé desmedida que os dois professam nessa filha do acaso e da necessidade que é a liberdade, a criatura mais preciosa que o Ocidente deu à civilização para solucionar seus problemas e catapultar a aventura humana em direção a novas e arriscadas façanhas.

ARROGÂNCIA FATAL

Arrogância fatal, o último ensaio que Hayek escreveu quando já tinha oitenta anos, é um dos livros mais importantes do século XX e, também, um dos mais originais e revolucionários. Não se trata de um ensaio econômico, mas de um tratado filosófico e moral, escrito por um pensador com sólida formação econômica que, como Adam Smith e John Stuart Mill, seus antecessores e mestres, nunca pensou que a economia fosse capaz de resolver por si só todos os problemas humanos.

O tema central do livro é a civilização e o progresso, aquilo que distingue o homem do resto dos seres vivos, sempre iguais a si mesmos, prisioneiros dos seus instintos ou de uma conformação biológica imutável, e por isso incapazes de se transformar.

No outono de sua vida, uma longa existência dedicada a estudar, pesquisar e ensinar, Hayek explica nesse livro sem notas, de maneira simples e ao alcance de qualquer leitor medianamente culto, sua concepção de como e por que os seres humanos, ao longo da sua história milenar, foram alterando o ambiente em que viviam e ao mesmo tempo se transformando eles mesmos até alcançar, em nossos dias, a civilização, palavra que na boca de Hayek quer dizer liberdade, legalidade, individualismo, propriedade privada, livre mercado, direitos humanos, convivência e paz. Que ninguém inventou a civilização, que ela foi nascendo aos poucos e de maneira inesperada, é uma antiga ideia de Hayek: "Mas na realidade a nossa civilização é em grande medida um resultado imprevisto e não pretendido da nossa submissão às regras morais e legais que nunca foram inventadas com um resultado prefixado, mas cresceram porque as sociedades que pouco a pouco as foram desenvolvendo se impuseram em cada caso sobre outros grupos que seguiam regras diferentes, menos favoráveis ao desenvolvimento da civilização".[9]

O processo que permitiu ao ser humano sair da vida animal dos seus ancestrais — a vida da caverna e da tribo — e chegar às estrelas e à democracia foi possibilitado, segundo Hayek, por aquilo que chama de "ordens espontâneas", surgidas, como seu nome indica, de forma imprevista, não planejada nem dirigida, como um movimento de grandes conjuntos sociais determinados a superar suas condições de vida que assim descobrem certos instrumentos ou tipos de relação capazes de facilitar essa mudança para melhorar a vida que levam.

Típicos exemplos dessas "ordens espontâneas" são a linguagem, a propriedade privada, a moeda, o comércio e o mercado. Nenhuma dessas instituições foi inventada por uma pessoa, comunidade ou cultura singular. Foram surgindo de maneira natural, em lugares diferentes, como consequência de determinadas condições às quais a comunidade respondeu criativamente, seguindo mais uma intuição ou um instinto que um raciocínio intelectual, e, depois, a experiência vivida foi legitimando, modificando ou eliminando e substituindo por outra diferente.

Essas ordens espontâneas são, para Hayek, instituições pragmáticas, mas também morais porque, graças a elas, não foram evoluindo só a realidade material, as condições de vida, mas também os costumes, a maneira de lidar com o próximo, o civismo, a ética. Em outras palavras, graças à aparição do comércio, dos contratos, da legalidade, da comunicação e do diálogo o homem foi se desbarbarizando, fazendo desaparecer a fera que o habitava e substituindo-a pelo cidadão respeitoso e solidário com os outros, iguais a ele ou diferentes. Segundo Hayek, o fator-chave da civilização não é a razão, nem o conhecimento — sempre fragmentário, incompleto e disperso —, mas certa submissão de ambos a uma tradição depurada pela experiência vivida.

Nem todas as ordens espontâneas são boas, evidentemente. No longo processo da civilização, os seres humanos foram escolhendo as instituições que contribuíam para seu progresso real e abandonando aquelas que o prejudicavam. A experiência vivida foi a grande mestra e conselheira na hora de fazer tal seleção. E também as religiões, ajudando os conjuntos sociais a entenderem com mais clareza o caráter positivo ou negativo das instituições criadas pela "ordem espontânea". Tudo isso, é claro, sem levar em conta a pretensão de todas as religiões de expressarem uma verdade última e definitiva, o que fez e continua fazendo correr muito sangue na história. Hayek, que se declarava agnóstico e incapaz de aceitar o antropomorfismo de Deus que o cristianismo postula, julgava o papel positivo das religiões em termos estritamente históricos e sociais.

O grande adversário da civilização é, segundo Hayek, o construtivismo ou a engenharia social, a pretensão de elaborar intelectualmente um modelo econômico e político e depois querer implantá-lo na realidade, o que só é possível mediante a força — uma violência que degenera em ditadura —, e que fracassou em todos os casos em que foi tentado. Os intelectuais têm sido, para Hayek, construtivistas natos e, por isso, grandes inimigos da civilização. (Há algumas exceções, naturalmente, a essa crença extremista, a começar por ele mesmo.) Eles não costumam acreditar no mercado, um sistema impessoal que aglutina as iniciativas individuais dentro de uma ordem e produz emprego, riqueza, oportunidades e, em última instância, o progresso humano. Como o mercado é produto da liberdade, muitas vezes os intelectuais são os grandes inimigos da liberdade. O intelectual está convencido de que, elaborando racionalmente um modelo justo e equitativo de sociedade, este pode ser *imposto* à realidade. Daí o sucesso do marxismo no meio intelectual. Hayek julga essa crença "a expressão de uma arrogância intelectual que é o contrário da humildade intelectual que constitui a essência do verdadeiro liberalismo, que considera com respeito as forças espontâneas mediante as quais os indivíduos criam coisas mais importantes que aquelas que poderiam criar intencionalmente".[10] O efeito prático dessa crença é o socialismo (que Hayek identifica com o planejamento econômico e o dirigismo estatista), um sistema que, para se impor, necessita da abolição da liberdade, da propriedade privada, do respeito aos contratos, da independência da justiça e da limitação da livre iniciativa individual. Os resultados são a ineficácia produtiva, a corrupção e o despotismo.

A ideia de civilização de Hayek sofreu uma profunda erosão depois de sua morte. As ideias que, para ele, desempenhavam uma função tão importante na vida das nações livres se deterioraram muito, e no mundo moderno as imagens ganharam o papel protagonista que antes tinham aquelas. De certo modo, as telas substituíram os livros como primeira fonte do conhecimento e da informação para a assim chamada opinião pública.

Contudo, Hayek jamais poderia imaginar que o fenômeno da corrupção se estenderia como ocorreu ao penetrar no seio de instituições, que, por essa razão, perderam muito da autoridade que antes tinham. É o caso da justiça, propensa em muitos lugares a casos clamorosos de corrupção por obra do dinheiro ou de influência do poder.

Isso também repercutiu na empresa — pública e privada — e no funcionamento do mercado, que foi afetado não só pelo intervencionismo estatal como também, muitas vezes, por tráficos e influências que favorecem determinadas empresas ou indivíduos graças ao poderio político ou econômico de que dispõem.

A moral pública, à qual Hayek dá tanta importância, também se fraturou em toda parte devido ao apetite de lucro, que prevalece sobre todos os valores e leva muitas empresas e indivíduos a jogarem sujo, violando as regras que regulam a livre concorrência.

A grande crise financeira moderna foi uma expressão dramática desse colapso das ideias e valores hayekianos.

O CAMINHO DA SERVIDÃO

A julgar pelo relatório que escreveu em 1933 sobre a ascensão ao poder do nazismo na Alemanha, Hayek já tinha então as ideias básicas de *O caminho da servidão*, outro dos grandes argumentos a favor da liberdade no século XX, que foi publicado em 1944. Essas ideias consistem em sustentar que, apesar do seu ódio recíproco, há um denominador comum entre o comunismo e o nazismo: o coletivismo. Quer dizer, seu ódio ao individualismo e ao pensamento liberal baseado no respeito à propriedade privada, à coexistência de ideias e crenças diversas no seio de uma sociedade democrática, à livre empresa, à economia de mercado e à liberdade política.

Para Hayek, só o individualismo, a propriedade privada e o capitalismo de mercado garantem a liberdade política. O contrário leva, a curto ou a longo prazo, ao fracasso econômico, à ditadura e ao totalitarismo. A ideia de que há uma identidade básica entre comunismo, socialismo e nazismo era revolucionária quando Hayek a esboça pela primeira vez, em 1933. Ele errou ao não dar a importância necessária, no caso do nazismo, ao seu nacionalismo e ao seu racismo, à delirante crença de que a raça ariana era superior às outras e, portanto, podia exercer um domínio brutal sobre todas as demais. Nisso havia uma diferença substancial com o coletivismo comunista, que defendia o "internacionalismo proletário" e não encorajava preconceitos teóricos sobre uma suposta superioridade racial ariana, não discriminava os judeus como raça inferior nem se propunha a exterminá-los.

As críticas de Hayek ao planejamento por ser, em primeiro lugar, uma tentativa de controle econômico da sociedade condenada ao fracasso e, em segundo lugar, um processo que leva indevidamente ao desaparecimento das liberdades e à instalação de uma ditadura são de uma incisiva lucidez. Inovadoras por serem radicais, essas críticas eram uma consequência lógica da sua desconfiança das grandes construções racionais para transformar a sociedade e da sua defesa das "ordens espontâneas" como o livre mercado e o regime de concorrência que, segundo ele, puseram em movimento o processo de modernização no Ocidente.

Hayek é muito perspicaz ao mostrar como foi se espalhando nas democracias ocidentais a ideia do planejamento econômico, sem que aqueles que a defendem entendessem que suas consequências políticas seriam, mais cedo ou mais tarde, o corte das liberdades em todos os âmbitos, não só o econômico, mas também o político, o cultural, o individual. É por isso que o livro foi dedicado "aos socialistas de todos os partidos", quer dizer, àqueles que, considerando-se adversários dos socialistas, aceitam uma política econômica intervencionista que a curto ou a longo prazo poderia destruir a democracia. Hayek dá como exemplo o caso de H. G. Wells, que se declarava franco defensor do planejamento econômico e ao mesmo tempo escrevia um livro a favor dos direitos do homem: "Os direitos individuais que sr. Wells espera salvar" interpela Hayek "serão inevitavelmente obstruídos pelo planejamento que deseja". Seu caso é o oposto do de Max Eastman, antigo defensor do comunismo e da URSS que, depois de visitar esse país e descobrir a distância que havia entre a utopia coletivista e a realidade, entendeu que "a propriedade privada" deu ao homem "a liberdade e a igualdade que Marx esperava tornar infinitas abolindo essa instituição".

Podem ser considerados alguns matizes nas teses de Hayek. O Estado de direito, que ele defende com sólidos argumentos, é uma forma tênue de planejamento, pois orienta as atividades sociais e econômicas em determinada direção e impõe certos limites. Esse tipo de planejamento — a legalidade — é indispensável, desde que sejam respeitadas, naturalmente, a propriedade privada, a livre concorrência e que se reduza o intervencionismo estatal ao mínimo indispensável para garantir a segurança dos cidadãos e sua coexistência pacífica. Esse "mínimo indispensável" varia de país para país e, também, de época para época.

Um assunto que Hayek não aborda nesse nem em qualquer outro dos seus ensaios, pelo menos com a importância que a questão assumiu nos nossos dias, é a corrupção. Trata-se de um dos fenômenos que mais enfraquece o Estado de direito e, de modo geral, o funcionamento de uma democracia; e também, evidentemente, o livre mercado. O crescimento imoderado do Estado facilita a corrupção, sem dúvida, mas, nos nossos dias, talvez a razão primeva pela qual esta atingiu a magnitude que tem — compartilhada por países desenvolvidos e subdesenvolvidos, democráticos ou autoritários — é a queda dos valores morais, baseados na religião ou laicos, que no passado davam força à legalidade e hoje em dia são tão fracos e minoritários que, em vez de impedir, estimulam a transgressão das leis em função da cobiça. A última crise financeira que abalou os Estados Unidos e a Europa a partir de 2008 resultou em boa parte dessa vontade de lucro que levou bancos e empresas a cometerem grosseiras violações da lei. Estas precipitaram o colapso das economias, aqueles se arruinaram e tiveram que ser resgatados com dinheiro público, quer dizer, com o dinheiro das suas vítimas. Isso fez um mal enorme ao capitalismo e à economia de mercado e devolveu um pouco de vitalidade ao que já parecia um coletivismo moribundo. Por isso é conveniente recordar a velha ideia dos fundadores do pensamento liberal, como Adam Smith, de que sem sólidas convicções morais (ele as considerava inseparáveis da religião) o liberalismo não funciona.

Tanto em *O caminho da servidão* como em outros livros, Hayek emprega a palavra *socialismo* numa acepção que se confunde com *comunismo*: um conceito que significa coletivismo, dirigismo econômico ou planejamento, supressão das liberdades e do pluralismo político, totalitarismo. Por que nunca estabeleceu uma diferença entre esse socialismo marxista-leninista e o socialismo democrático que, entre outros, os trabalhistas ingleses praticavam? E que ele pôde ver de perto, já que viveu muitos anos na Inglaterra, onde, justamente, escreveu esse livro durante a Segunda Guerra Mundial.

A resposta é muito simples e está explicada em *O caminho da servidão*. Ele achava — foi um dos seus grandes erros — que a distinção entre socialismo totalitário e democrático é uma ilusão, algo provisório e aparente que, na prática, iria se apagando em favor do primeiro. Segundo Hayek, todo socialismo, ao ativar o planejamento econômico, ao acabar com a concorrência e a propriedade privada, estabelece automaticamente um mecanismo que a curto ou a longo prazo liquida o pluralismo político e as liberdades, queiram ou não queiram os planejadores.

Estava errado em tal raciocínio? Se um governo eliminar a concorrência no domínio econômico e não admitir uma alternativa nesse campo, será obrigado, mais cedo ou mais tarde, a exercer a coerção, a impor sua política passando por cima das críticas que ela possa merecer, como ocorreu na União Soviética. Quanto a isso não há dúvida possível. Mas Hayek não percebeu que um setor importante dos socialistas — justamente aqueles que queriam preservar as liberdades e por isso tinham tomado distância dos comunistas — renunciou ao planejamento econômico e decidiu respeitar o mercado, a concorrência e a empresa privada, optando por buscar a igualdade por meio da redistribuição, de medidas fiscais e de instituições de vocação social, como os seguros médicos e os subsídios. Assim fizeram os socialistas suecos e, de modo geral, os partidos social-democratas europeus. É verdade que, em muitos países ocidentais, esse socialismo é democrático porque não é mais socialismo no sentido tradicional da palavra e está muito mais perto do liberalismo que do marxismo. Mas o fato de Hayek não mencioná-lo e agrupar indistintamente todos os socialismos em sua dura crítica ao planejamento e aos planejadores se presta a uma confusão que pode fazê-lo parecer intolerante, coisa que, na verdade, nunca foi.

O livro *Hayek on Hayek: An Autobiographic Dialogue* [Hayek sobre Hayek: Um diálogo autobiográfico] (1994), editado por Stephen Kresge e Leif Wenar, é uma boa prova da diversidade de opiniões que existem sobre temas econômicos entre os próprios liberais. E de que essa doutrina é incompatível com qualquer forma de dogmatismo e sectarismo.

Reina a ideia de que Hayek, Mises e Friedman são três economistas liberais, e sem dúvida o são. Isso só quer dizer que entre eles há mais coisas que os unem que aquelas que os separam. Mas suas divergências são importantes, e Hayek foi quem mais as manifestou, com sua característica e às vezes fatídica franqueza.

Ele tinha muita admiração por Ludwig von Mises (1881-1973), com quem trabalhou na juventude em Viena, pouco tempo depois de se graduar. Como já mencionei, a respeito de Mises ele diz que "provavelmente é a pessoa de quem mais aprendi", embora nunca tenha sido seu professor. Em 1921, Mises o recomendou para um cargo no governo austríaco, e nos oito anos seguintes estiveram muito perto um do outro. Hayek reconhece que Mises lhe deu cargos e responsabilidades que deveria ter confiado a gente com mais experiência que ele. Hayek, além disso, frequentava o célebre seminário (*Privatseminar*) que Mises dava em seu próprio escritório de Viena duas vezes por mês, desde 1920. Reuniam-se às sete da noite num recinto espaçoso onde cabiam entre vinte e 22 pessoas. Falavam sobre economia, filosofia, sociologia, lógica e "epistemologia da ciência da ação humana", enquanto Von Mises distribuía chocolates aos presentes. Todos iam de forma voluntária, como discípulos, e terminavam ficando amigos dele. Às dez da noite iam jantar num restaurante italiano e alguns, depois, ficavam debatendo no café Kustler até o amanhecer.[11] Mises ajudou decisivamente Hayek a fundar o Austrian Institute for Business Cycle Research, concebido por ele, no qual a esposa de Hayek também passou a trabalhar.

Hayek declara que as diferenças entre ambos se tornaram explícitas em 1937, quando ele publicou um artigo sobre "The Economics of Knowledge", tentando persuadir Mises de que estava enganado quando sustentava que a *markett theorie* era uma prioridade. O prioritário, diz Hayek, é "a lógica da ação individual". Acrescenta que Mises, embora tivesse muita resistência a aceitar críticas dos seus discípulos, nunca quis tomar conhecimento da crítica que ele lhe fez nesse artigo.

Diz também que, embora fosse tão agnóstico quanto Mises, ele acreditava, porém, que o pensamento liberal não teria sido possível apenas em função de um esforço intelectual, sem uma "tradição moral" (quer dizer, religiosa e, sem dúvida, cristã).

No entanto, acusa Mises de ser "um utilitarista", um racionalista estrito que acha que tudo pode se "resolver como nós quisermos". Depois insiste em dizer que um "racionalista estrito" está tão errado quanto um socialista.

Quanto a Milton Friedman (alguns anos mais jovem que Hayek, pois havia nascido em 1912), diz que "concordavam em tudo exceto em política monetária". E o acusa de ser "um positivista lógico" do ponto de vista da metodologia. Reconhece nele, sim, um magnífico poder expositivo. E lamenta não ter feito uma crítica em profundidade da compilação de Friedman *Essays in Positive Economics* [Ensaios sobre economia positiva], que lhe parece "um livro perigoso" (*Hayek on Hayek*, pp. 144-5). Friedman lhe devolveu essas alfinetadas. Em diálogo com o biógrafo de Hayek, Alan Ebenstein, disse que era um grande admirador de Hayek "exceto em economia" e que, embora achasse que *O caminho da servidão* era "um dos grandes livros do nosso tempo", a teoria do capital de Hayek exposta em *Prices and Production* [Preços e produção] lhe parecia "ilegível".[12]

Não será isso uma prova persuasiva de que o liberalismo é uma ampla doutrina de correntes diversas e, também, de que os liberais, não importa quão sábios sejam, também são humanos, isto é, suscetíveis a invejas, mágoas e vaidades, como o resto dos mortais?

Em *O caminho da servidão* Hayek insiste muito num dos temas que volta e meia retornarão, com novos matizes e precisões, em muitos dos seus ensaios futuros: como, com as melhores intenções do mundo, a ignorância leva muitos governos democratas e partidos políticos que julgam ter uma clara vocação antiautoritária a socavarem as bases econômicas em que se assenta a sociedade aberta. Esse intervencionismo na economia pretende ser moderado e obter resultados moralmente justos, limitar os excessos do mercado, criar uma igualdade de oportunidades que dê aos pobres as mesmas vantagens que têm os ricos, impedir que surjam desigualdades econômicas tão excessivas que provoquem explosões de violência social e, sobretudo, garantir segurança no emprego ou nas remunerações aos próprios trabalhadores. Em nome dessa segurança, justificou-se em muitos países um intervencionismo na vida econômica que foi diminuindo a liberdade, às vezes até aboli-la. Segundo Hayek, o intervencionismo estatal tem uma dinâmica própria que, quando posta em funcionamento, não pode parar nem retroceder e obriga o planejador a aumentar sua intrusão nos livres intercâmbios até acabar com eles e substituí-los por um sistema no qual o Estado termina fixando os preços dos produtos, produzindo-os, comercializando-os e até determinando o número de trabalhadores com que deve contar cada indústria. Desse modo a liberdade vai pouco a pouco se eclipsando até desaparecer no campo econômico. Seu desaparecimento, conclui Hayek, é o princípio do fim de todas as outras liberdades, o caminho fatídico para o autoritarismo. Foi o que aconteceu em 1933, afirma, quando Hitler subiu ao poder na Alemanha: a democracia já estava em boa parte corroída pelo intervencionismo estatal na vida econômica e só faltava dar-lhe o tiro de misericórdia político.

Outro fator que Hayek não podia levar em conta na sua obstinada luta contra o intervencionismo do Estado na marcha da sociedade e na vida dos cidadãos é o terrorismo. Embora exista desde os tempos mais remotos, este cresceu de tal modo na nossa época e provocou nos últimos anos tais cataclismos, como os de Nova York, Paris, Madri, Londres, Bruxelas e Barcelona, que se agravaram nas sociedades modernas o sentimento de insegurança e o medo de um novo apocalipse desencadeado pelo islamismo fanático. Isso leva a opinião pública a dirigir os olhos para o Estado, a que enxerga como a única instituição que pode proteger o conjunto social desse perigo, ficando, assim, mais propensa a aceitar um Estado "grande" e até mesmo vendo com simpatia, como indício da sua vontade de proteger os cidadãos, o intervencionismo do Estado na vida em geral, inclusive na economia.

Um dos capítulos mais brilhantes de *O caminho da servidão* é o décimo primeiro: "O fim da verdade". Não é econômico, e sim político e filosófico. Trata da função primordial das mentiras e da maneira como elas se tornam verdades nos regimes totalitários. Parte de uma diferença essencial entre os governos ditatoriais e os totalitários; os primeiros se interessam pelo exercício do poder autoritário e só querem exercitá-lo (e frequentemente roubar); já os segundos, embora também tenham o costume de roubar, se importam com ideias que eles consideram verdades absolutas e por isso fazem esforços inauditos para inculcá-las no público. De que maneira? Convencendo-o, por meio da propaganda, de que tais ideias são as suas próprias, aquelas que o povo sempre desejou mesmo sem saber disso com clareza, coisa que, agora, o regime, com seu esforço pedagógico, vai lhe permitir entender de forma diáfana. E isso fica ainda mais irrefutável quando são abolidas todas as ideias contrárias àquelas que usa para justificar sua política, sem vias de expressão possível, censuradas nos meios de comunicação, erradicadas dos planos pedagógicos, condenadas nas salas de aula universitárias, em livros, revistas, jornais, rádios, canais de televisão. Desse modo, a "verdade" oficial – a do marxismo-leninismo, do nacional-socialismo, do fascismo, do maoismo, do jihadismo – será entronizada, transformada em algo mais importante que uma simples ideia: uma atmosfera cultural, o ar que se respira em todas as disciplinas e conhecimentos, que surge nas ciências, nas técnicas, nas artes e nas letras. A ideologia e a religião adquirem desse modo a condição de duas faces da mesma moeda; o conhecimento passa a ser, como a teologia, um ato de fé. Isso é uma consequência inevitável, segundo Hayek, do planejamento. Este jamais pode se limitar a prefixar uma política econômica; é obrigado, por sua dinâmica interna, a se projetar, a controlar e a orientar todas as atividades sociais, incluindo o campo intelectual, as ideias. Daí resulta não só uma catástrofe econômica, mas, também, uma perversão e uma desnaturalização profunda da verdade; esta deixa de ser algo independente, um produto que resulta da investigação científica ou intelectual, e passa a ser uma verdade fabricada – na maioria dos casos, uma mentira apresentada como verdade por razões políticas de controle do poder – divulgada pelos organismos oficiais, o que chega a impregnar todas as disciplinas, incluindo as mais abstratas como a matemática ou a metafísica. Sobre esse tema, Hayek faz uma reflexão inapelável:

> Em qualquer sociedade, a liberdade de pensamento só terá, provavelmente, significação direta para uma pequena minoria. Mas isso não supõe que alguém esteja qualificado ou deva ter o poder de escolher a quem se reserva essa liberdade. Isso não justifica, aliás, qualquer grupo de pessoas a pretender o direito de determinar o que se deve pensar ou em que acreditar.

OS FUNDAMENTOS DA LIBERDADE

O livro mais importante de Hayek, *Os fundamentos da liberdade* (1960), ao qual se deve juntar, pois funciona como seu complemento, *Direito, legislação e liberdade* (1973-9), não é fácil de ler. Hayek era rigoroso e persuasivo como ensaísta, mas seu gênio intelectual carecia de graça e elegância expositiva, era denso e um tanto rígido, e, às vezes, como nesse excepcional tratado, se embaralhava em suas exposições, o que dificulta a compreensão das ideias. (Uma das razões disso, sem dúvida, é que sua língua materna era o alemão e muitos dos seus livros, como *Os fundamentos da liberdade*, foram escritos em inglês.) Seus argumentos muitas vezes se interrompem com notas de rodapé asfixiantes que fazem perder o fio do discurso principal. Sua cultura econômica, amplíssima, muitas vezes o faz cair numa erudição tão extrema que as ideias gerais se perdem em minúcias, como costuma acontecer com os grandes eruditos. Apesar de tudo isso, o livro é uma obra-prima, um dos pilares intelectuais do século XX, indispensável para entender a cultura da liberdade.

O esforço que lhe exigiu escrever esse livro deve ter sido enorme; tanto que, ao terminá-lo, a fadiga acumulada e também, sem dúvida, a tensão nervosa em decorrência de parar de fumar o imergiram numa depressão que iria durar cerca de um ano (1960-1); mais tarde, gracejando, diria que tentou sair desse estado de ânimo ao começar a fumar cachimbo. Mas só conseguiu depois, quando aprendeu a substituir o cigarro pelo rapé.

Os fundamentos da liberdade deve ter sido, na intenção inicial do seu autor, um estudo sobre o surgimento da liberdade — o começo da civilização — na vida do Ocidente e a maneira como essa liberdade foi se consolidando por meio de tradições, costumes e leis, até impregnar todas as manifestações da vida social, da economia, da política, da cultura, da religião, da família, do trabalho, do indivíduo soberano, do privado e do público. O livro também é isso, certamente. Mas acabou sendo, sobretudo, o que desenvolve na terceira parte, intitulada "A liberdade no Estado de bem-estar social": como essa liberdade diminuiu e o intervencionismo cresceu no nosso tempo, com o nascimento do Estado benfeitor. Hayek quase sempre usa exemplos da Grã-Bretanha, embora faça referências frequentes também à Alemanha e aos Estados Unidos. O livro esquadrinha, com farta documentação e sólidos argumentos, como as responsabilidades do indivíduo foram sendo expropriadas pelo estatismo e pelo coletivismo crescentes, reduzindo sua margem de liberdade e aumentando a capacidade do Estado de tomar decisões em assuntos que concernem essencialmente à vida privada. Nos países livres tal "estatização" é realizada de forma discreta, às vezes invisível e, frequentemente, com o consentimento dos indivíduos expropriados daquelas margens de liberdade individual, que veem essas medidas "liberticidas" como úteis ou justificadas do ponto de vista moral. Hayek analisa cuidadosamente todos os campos em que se dá essa paulatina estatização na vida contemporânea: no que se refere ao emprego, à saúde, à política monetária, à educação, à moradia, à agricultura etc.

A Previdência Social e o seguro-saúde — serviços que, embora no passado tenham sido privados, hoje são cada vez mais, no mundo todo, prestações do Estado — constituem uma prova típica de que com as melhores intenções às vezes se criam problemas de solução impossível; por exemplo, o financiamento desses serviços frequentemente está fora do alcance desses mesmos governos. E, às vezes, com medidas como impostos progressivos — *progressive taxation* — adotadas com a intenção de corrigir desigualdades excessivas e estimular a igualdade de oportunidades, obtêm-se efeitos contraproducentes, desalentando os investimentos e a criatividade empresarial, anulando a concorrência e abrindo as portas para um controle na vida econômica que empobrece a nação e a mergulha na letargia estatista.

Em outro dos capítulos mais lúcidos e brilhantes do livro, o XXI, "A estrutura monetária", Hayek aborda os fenômenos negativos da inflação e da deflação (o primeiro mais nocivo que o segundo) e as limitadas possibilidades de que o Estado dispõe para combatê-los, numa sociedade livre, por meio de um banco central. E explica que os que propõem políticas inflacionárias, por exemplo, com o argumento de que com elas se pode atingir o pleno emprego, são quase sempre os mesmos que querem um controle maior do Estado na vida econômica: "Aqueles que queriam preservar a liberdade devem reconhecer, contudo, que a inflação é provavelmente o fator singular mais importante nesse círculo vicioso em que um tipo de ação governamental torna mais necessário um maior controle governamental".[13]

Em *Os fundamentos da liberdade* Hayek explica e defende a desigualdade, refutando a velha crença democrática segundo a qual "todos os homens nascem iguais". Isso não significa em absoluto que Hayek proponha um tratamento discriminatório entre os seres humanos; pelo contrário, sustenta de forma peremptória a necessidade de que todos os homens "sejam iguais perante a lei". Mas, justamente, segundo Hayek, essa "igualdade perante a lei" faz surgirem diferenças entre os seres humanos que resultam das desigualdades que existem entre eles de talento, ambição, capacidade de trabalho, criatividade, imaginação, formação etc. Todas essas diferenças, numa sociedade livre, significam uma participação diferente na produção e na contribuição que o trabalho individual dá à sociedade. Se o nível diferente de ingressos corresponder a essa contribuição desigual à produção, isso não afeta em absoluto o princípio da igualdade perante a lei, pois o que faz é premiar de forma equitativa e justa as diferentes contribuições.

Todavia, a desigualdade que resulta desse sistema é um estímulo importante para o conjunto da sociedade e para os indivíduos isolados, pois estabelece marcas ou recordes que podem ser emulados, superando-se a si mesmo.

Hayek se refere aos países subdesenvolvidos e diz que, para sua sorte, os países ocidentais conseguiram prosperar e avançar graças ao seu sistema, de modo que agora têm um modelo a seguir e também podem receber ajuda dos países do primeiro mundo na sua luta pelo progresso. Seria muito pior se o progresso do Ocidente tivesse sido limitado e anulado por uma justiça distributiva e igualitarista que o manteria no subdesenvolvimento ao obrigá-lo a repartir sua riqueza. Distribuir a pobreza não traz riqueza a ninguém, só contribui para universalizar a pobreza. A liberdade, diz Hayek, é inseparável de uma certa desigualdade. O que cabe explicar é que, para ser eticamente aceitável, tal desigualdade só deve refletir as diferenças de talento e esforço das empreitadas humanas e em nenhum caso resultar de algum privilégio nem de qualquer forma de discriminação ou injustiça.

Nesse livro, nem sempre Hayek revela a segurança absoluta com que costuma dar opiniões e fazer afirmações sobre muitos assuntos. Uma dessas exceções é a educação pública (capítulo XXIV). A princípio, Hayek aceita a ideia de que exista uma educação pública acessível a estudantes de setores sociais que, sem ela, não teriam acesso a uma formação que posteriormente lhes permita trabalhar, ganhar a vida, progredir e contribuir para o bem comum. Mas aponta as dificuldades de encontrar um sistema que garanta essa igualdade de oportunidades por meio de uma educação pública de alto nível, sem que isso autorize o Estado a estabelecer um modelo único de educação nem que confunda o justo princípio da igualdade de oportunidades com uma igualdade que homogeneíze o conjunto da sociedade de forma arbitrária e impeça o livre desenvolvimento dos indivíduos em função dos próprios méritos e do seu próprio esforço. O ideal é que as diferenças não resultem de privilégios, mas do trabalho e da criatividade de cada qual num sistema de livre concorrência. Hayek descreve as dificuldades e contradições da proposta de criar escolas e institutos para uma "elite intelectual" de estudantes dotados sem estabelecer privilégios injustificados e propiciar involuntariamente uma precoce diferenciação de classes, sem chegar a uma fórmula que resolva esse dilema.

E sucede algo similar no que se refere à investigação científica e aos institutos científicos e técnicos de pesquisa criados ou subsidiados pelo Estado. Quanto a isso, Hayek se limita a dizer que é fundamental que não seja imposto neles um critério único e se garanta uma liberdade para os pesquisadores que permita a existência de orientações ideológicas diversas e contraditórias. Com algumas limitações, naturalmente, como a de que "A tolerância não deve incluir o direito de pregar a intolerância". E afirma que considera, por esse motivo, que não se deveria continuar contratando professores comunistas nas universidades — coisa pouco compatível com a liberdade de mercado que Hayek defendia —, mas que, se eles são aceitos, devem ser respeitados em tudo o que ensinem e em suas orientações ideológicas.

"POR QUE NÃO SOU UM CONSERVADOR"

Como posfácio de *Os fundamentos da liberdade* há um ensaio intitulado "Why I Am Not a Conservative" [Por que não sou um conservador], que Hayek leu em 1957, por ocasião do décimo aniversário da Sociedade Mont Pèlerin. Ali explica a diferença entre um liberal e um conservador, coisa imprescindível em nossa época, quando a esquerda costuma teimar em confundi-los. É um texto fundamental que define a linha ideológica, moral e cívica em que, apesar de terem muitas coisas em comum, o liberalismo está essencialmente afastado do conservadorismo. E como, embora estejam em extremos opostos, os conservadores e os socialistas, que se julgam adversários incompatíveis, muitas vezes concordam.

Um conservador, diz Hayek, não propõe alternativa para a direção em que o mundo avança, enquanto para um liberal o *para onde nos movemos* é essencial.

O propósito de um conservador é ditado pelo medo à mudança e ao desconhecido, por sua tendência naturalmente propensa à "autoridade" e pelo fato de que geralmente ele padece de um grande desconhecimento das forças que movem a economia. Tende a ser benevolente com a coerção e o poder arbitrário, que pode até justificar se, usando a violência, julgar que atinge "bons fins". Isso estabelece um abismo insuperável com um liberal, para o qual "nem os ideais morais nem os religiosos justificam jamais a coerção", coisa em que acreditam tanto os socialistas como os conservadores. No entanto, estes últimos costumam responsabilizar "a democracia" por todos os males que a sociedade padece. E, ao contrário dos liberais, convencidos do poder das ideias para transformar a história, os conservadores, por sua vez, "maniatados pelas ideias herdadas de um tempo passado", veem na própria ideia de mudança e de reforma uma ameaça a seus ideais sociais. Por isso, muitas vezes os conservadores são obscurantistas, isto é, retrógrados em matéria política. Também costumam ser nacionalistas e não entender que as ideias que estão mudando a civilização não conhecem fronteiras e valem igualmente em diferentes culturas e geografias. Um conservador dificilmente entende a diferença que os liberais fazem entre nacionalismo e patriotismo, para ele as duas coisas são idênticas. Não para um liberal. O patriotismo, para este último, é um sentimento benévolo, de solidariedade e afeto à terra em que nasceu, aos seus ancestrais, à língua que fala, à história vivida pelos seus, coisa perfeitamente saudável e legítima, enquanto o nacionalismo é uma paixão negativa, uma perniciosa afirmação e defesa do que é próprio *contra* o estrangeiro, como se o nacional constituísse um valor em si mesmo, algo superior, uma ideia que é fonte de racismo, de discriminação e de encerramento intelectual.

Liberais e conservadores compartilham certa desconfiança na razão e na racionalidade; um liberal é consciente de que nós "não temos todas as respostas" e de que não há certeza de que as respostas que tenhamos sejam sempre as mais justas e exatas, e, mesmo, de que possamos encontrar todas as respostas para as perguntas que fazemos sobre tantas coisas em tantos domínios diferentes. Os conservadores costumam ter muita segurança e firmeza sobre todas as coisas, o que os impede de duvidar de si mesmos. E, segundo Hayek — e também Karl Popper —, a dúvida constante e a autocrítica são indispensáveis para fazer avançar o conhecimento em todos os campos do saber.

Um liberal costuma ser "um cético", alguém que considera provisórias até mesmo as verdades que lhe são mais caras. Esse ceticismo com o próprio é justamente o que lhe permite ser tolerante e conciliador com as convicções e crenças dos outros, mesmo que sejam muito diferentes das suas. Esse espírito aberto, capaz de mudar e superar as próprias convicções, é incomum e quase sempre inconcebível para quem, como tantos conservadores, julga ter alcançado as verdades absolutas, invulneráveis a qualquer questionamento ou crítica.

Os conservadores costumam se identificar com uma religião, enquanto muitos liberais são agnósticos. Mas isso não significa que os liberais sejam inimigos da religião. Muitos são praticantes, como Adam Smith, o pai do liberalismo. Simplesmente, eles pensam que o espiritual e o terrestre são esferas diferentes e que é necessário manter essa independência recíproca, porque, quando as duas se confundem numa única entidade, costuma explodir a violência, como mostra a história de todas as religiões e como confirmam nestes últimos tempos o islamismo extremista e seus assassinatos em massa. Por isso, ao contrário dos conservadores, que acham que a verdadeira religião podia ser imposta aos pagãos mesmo que à força, os liberais tendem a não favorecer uma religião em termos sociais e econômicos em relação às outras e, acima de tudo, negam que uma religião se considere no direito de se impor a alguém pela força. No livro *Hayek on Hayek* é reproduzida uma entrevista, provavelmente dos seus últimos anos, em que Hayek diz que "recentemente" descobriu que se sente mais atraído pelo budismo que pelas "religiões monoteístas do Ocidente", pois estas são "aterradoramente intolerantes". E acha "admirável" que, no Japão, as pessoas possam ser, ao mesmo tempo, xintoístas e budistas.[14]

Hayek reconhece que em nossos dias a palavra "liberal" alude a coisas diferentes — nos Estados Unidos, por exemplo, foi mudando de sentido até querer dizer "radical" e mesmo "socialista" —, mas não encontrou outra que possa substituí-la. E acrescenta, com humor, que o termo *whig*, embora bastante exato, seria excessivamente anacrônico. Mas seu conteúdo fica muito claro quando é empregado por intelectuais como ele, que em toda a sua obra contribuiu de forma tão decisiva para dar um conteúdo muito claro e fronteiras muito precisas ao liberalismo.

Sir Karl Popper (1902-94)

UMA VIDA NO SÉCULO

Sem Hitler e os nazistas, Karl Popper nunca teria escrito o livro-chave do pensamento democrático e liberal moderno, *A sociedade aberta e seus inimigos* (1945), e sua vida provavelmente seria a vida de um obscuro professor de filosofia da ciência confinado em sua Viena natal. Muito pouco se conhecia da infância e da juventude de Popper – sua autobiografia, *Unended Quest* [Busca sem fim] (1976), um depoimento exclusivamente intelectual, as escamoteia quase por completo – antes da publicação do livro de Malachi Haim Hacohen *Karl Popper, The Formative Years 1902-1945* [Karl Popper, anos de formação 1902-1945] (2000), uma pesquisa exaustiva sobre essa etapa de sua vida no ambiente deslumbrante da capital do Império Austro-Húngaro. A Viena do final do século XIX e os primeiros anos do XX era uma cidade multicultural e multirracial, cosmopolita, de criatividade literária e artística efervescente, espírito crítico e intensos debates intelectuais e políticos. Lá deve ter sido gerada, em embrião, a ideia popperiana de "sociedade aberta" contraposta às sociedades fechadas do totalitarismo.

Como a partir da ocupação nazista, em março de 1938, a vida cultural da Áustria entrou numa etapa de obscurantismo e decadência da qual nunca se recuperou totalmente – seus melhores talentos emigraram, foram exterminados ou anulados pela censura e pelo terror –, não é fácil imaginar que a

Viena em que Popper fez seus primeiros estudos, descobriu sua vocação pela pesquisa, pela ciência e pela dissidência, aprendeu o ofício de carpinteiro, foi professor de escola e militou no socialismo, era talvez a cidade mais culta da Europa, um mundo onde católicos, protestantes, judeus integrados ou sionistas, livre-pensadores, maçons e ateus coexistiam, polemizavam e contribuíam para revolucionar as formas artísticas, principalmente a música, mas também a pintura e a literatura, as ciências sociais, as ciências exatas e a filosofia. Um livro de William Johnston, *The Austrian Mind: An Intellectual and Social History 1848-1938* (1972) [A mentalidade austríaca: História social e intelectual 1848-1938], reconstrói com rigor essa Torre de Babel onde Popper aprendeu precocemente a detestar o nacionalismo; chamou-o de "heresia horrível" da civilização ocidental, uma das bestas-feras que sempre identificou como o inimigo mortal da cultura da liberdade. Em contrapartida, sempre foi um ferrenho defensor das minorias, dos pobres e do "choque entre culturas" que, a seu ver, podia causar um enriquecimento como aquele que produziu o "milagre grego" na época de Péricles.

A família de Popper, de origem judia, se convertera ao protestantismo duas gerações antes do seu nascimento, em 28 de julho de 1902. Seu avô paterno tinha uma formidável biblioteca de uns 15 mil volumes em que ele, na infância, desenvolveu a paixão pela leitura e os livros a partir do momento em que, segundo seu próprio testemunho, leu — ou leram para ele — uma história de Selma Lagerlöf. Nunca se conformou com ter sido obrigado a vender essa biblioteca quando foram por água abaixo as finanças de sua família, que durante a sua infância ainda era muito próspera. Na velhice, quando pela primeira vez na vida recebeu um pouco de dinheiro por direitos autorais, ingenuamente tentou reconstruí-la, mas não conseguiu. Sua educação foi protestante e estoica, puritana, e, embora tenha se casado com uma católica, Hennie, sua colega de estudos na universidade, aquela moral estrita, calvinista, de renúncia a toda e qualquer sensualidade e de autoexigência e austeridade extremas, o acompanhou por toda a vida. Segundo testemunhos colhidos por Malachi Hacohen, o que Popper mais condenava em Marx e em Kennedy não eram seus erros políticos, mas o fato de terem tido amantes.

Na Viena da sua juventude — a Viena vermelha — prevalecia um socialismo liberal e democrático, que propiciava o multiculturalismo, e muitas famílias judias integradas, como a sua, ocupavam posições privilegiadas na vida econômica, universitária e até política. Sua precoce rejeição a qualquer forma de nacionalismo — a volta à tribo — o levou a contrapor-se ao sionismo, e sempre pensou que a criação de Israel foi "um trágico erro". No rascunho da sua *Autobiografia* escreveu esta frase duríssima que Haim Hacohen cita: "Inicialmente me opus ao sionismo porque eu era contra qualquer forma de nacionalismo. Mas nunca pensei que os sionistas se tornariam racistas. Isso me faz sentir vergonha da minha origem, pois me sinto responsável pelas ações dos nacionalistas israelenses".

Ele pensava na época que os judeus deviam se integrar às sociedades em que viviam, como tinha feito a sua família, porque a "ideia de povo eleito" lhe parecia perigosa; pressagiava, segundo ele, as visões modernas de "classe eleita" do marxismo ou de "raça eleita" do nazismo. Deve ter sido terrível para quem pensava desse modo ver como, na sociedade austríaca que considerava aberta, o antissemitismo começava a crescer como espuma devido à influência ideológica que vinha da Alemanha, e de repente se sentir ameaçado, asfixiado e obrigado a se exilar. Pouco depois, já no exílio, na remota Nova Zelândia, onde, graças aos seus amigos Friedrich von Hayek e Ernst Gombrich, conseguira um modesto trabalho como professor no Canterbury College, em Christchurch, ficaria sabendo que dezesseis parentes próximos seus — tios, tias, primos, primas —, além de inúmeros colegas e amigos austríacos de origem judaica que, como ele, estavam perfeitamente integrados, seriam aniquilados ou morreriam nos campos de concentração vítimas do racismo demencial dos nazistas.

Numa carta privada que, catorze anos depois de escrita, ele tornaria pública em 1984 com o título "Against Big Words" ["Contra as palavras grandiloquentes"], Popper sintetizou desse modo as crenças juvenis que o foram levando do socialismo ao liberalismo:

> Comecei como socialista no segundo grau, mas não achei o colégio muito estimulante. Saí aos dezesseis anos e só voltei quando passei no exame de ingresso à universidade. Aos dezessete (1919) ainda era socialista, mas tinha me tornado um opositor de Marx em decorrência de alguns conflitos com os comunistas. Outras experiências (com burocratas) me ensinaram, antes que o fascismo, que o poder crescente da maquinaria estatal constitui o perigo máximo para a liberdade individual e que, portanto, devemos lutar sempre contra essa maquinaria. Meu socialismo não foi só teórico; aprendi carpintaria (ao contrário dos meus amigos

intelectuais socialistas) e passei na prova para operário; trabalhei em asilos de crianças abandonadas e fui professor de escola primária; antes de terminar meu primeiro livro [...] nunca imaginei que chegaria a ser professor de filosofia. *A lógica da pesquisa científica* foi publicado em 1934; aceitei um trabalho na Nova Zelândia no Natal de 1936 [...]. Sou antimarxista e liberal.[1]

O nazismo, o exílio e a guerra formaram o contexto que levou Popper a se afastar por alguns anos de suas pesquisas científicas e dar o que chamaria de sua "contribuição intelectual" à resistência contra Hitler e a ameaça totalitária. Antes de deixar a Áustria já tinha publicado *A lógica da pesquisa científica* (1934), que só seria reeditada, muito ampliada, um quarto de século mais tarde, em 1959. Nesse ensaio ele refuta o conhecimento indutivo — de que uma hipótese científica possa ser validada mediante a acumulação de observações que a confirmam — e sustenta que as verdades científicas, sempre impugnáveis, só são verdades enquanto resistem à prova da "falseabilidade", ou seja, enquanto não puderem ser objetivamente refutadas, tese que iria elaborando e polindo ao longo de toda sua vida.

A SOCIEDADE ABERTA E SEUS INIMIGOS

No exílio, escreveu primeiro *A miséria do historicismo* (1944-5) e, depois, sua obra magna: *A sociedade aberta e seus inimigos* (1945). Malachi Haim Hacohen traça uma história minuciosa e absorvente das condições quase que heroicas — teve que aprender grego clássico para ler Platão e Aristóteles na língua original — em que Popper trabalhou nesses dois livros de filosofia política, roubando horas das aulas e obrigações administrativas na universidade, pedindo ajuda bibliográfica aos seus amigos europeus e vivendo numa pobreza que em certos momentos beirou a miséria. Sua grande ajuda foi a lealdade e a devoção de Hennie, que decifrava, datilografava e, ainda por cima, submetia o manuscrito a críticas severas.

O livro rastreia, em suas origens e seu desenvolvimento ao longo da história, as ideias que dão impulso e sustento às teorias e doutrinas inimigas da liberdade humana. Depois de cinco anos de trabalho encarniçado, em 1945 foi publicado esse ensaio que faria de Popper o pensador liberal mais ousado do seu tempo. Trata-se de uma maciça descrição e um formidável arrazoado contra a tradição que chamou de "historicista", que começa com Platão, se renova no século XIX e se enriquece com Hegel, e atinge seu pináculo em Marx. Popper enxerga no coração dessa corrente, mãe de todos os autoritarismos, um pânico inconsciente à responsabilidade que a liberdade impõe ao indivíduo, que por isso mesmo tende a sacrificar esta para se livrar daquela. Daí vem esse nostálgico desejo de voltar ao mundo coletivista, tribal, à sociedade imóvel e sem mudanças, ao irracionalismo do pensamento mágico-religioso anterior ao nascimento do indivíduo, que se emancipou da placenta gregária da tribo e rompeu seu imobilismo por meio do comércio, do desenvolvimento da razão e da prática da liberdade. O questionamento sistemático de todas as predições de Marx é devastador, mas no livro este é tratado pelo seu mais implacável adversário intelectual com respeito e, em certos momentos, admiração. Suas boas intenções de eliminar a exploração e as injustiças sociais são reconhecidas, assim como sua seriedade como pesquisador e sua honestidade intelectual. Popper diz que ter livrado a sociologia do "psicologismo" é um dos maiores méritos de Marx e chega mesmo a afirmar que, sem saber, o autor de *O capital* foi um secreto defensor da sociedade aberta. Seu grande erro foi sucumbir ao *historicismo*, acreditar que a história obedecia a leis inflexíveis e podia ser prevista pelo cientista social. Também questiona a tese de Marx de que as "condições materiais de produção" (a estrutura social) sempre explicam e precedem as ideias (a superestrutura cultural). E mostra como, às vezes, as ideias antecipam as mudanças sociais e as condições materiais de produção. Dá como exemplo a própria Revolução Russa, que dificilmente teria ocorrido e tomado o rumo que tomou sem as ideias marxistas que guiaram Lênin, seu primeiro líder. Muito embora tais ideias já tivessem se desviado, na época, do rumo concebido por Marx, que estava convencido de que o comunismo chegaria primeiro aos países capitalistas mais desenvolvidos, como a Inglaterra e a Alemanha, e não a uma sociedade atrasada e semifeudal como a Rússia.

O grande vilão de *A sociedade aberta e seus inimigos* é Hegel, que Popper autopsia e desqualifica com uma dureza incomum para ele (chama-o de "charlatão", "acomodado", "prolixo" e "obscurantista", como Schopenhauer já tinha feito antes). Porque esse homem, bondoso e simples, de uma delicada humanidade, sempre foi intransigente em matéria de liberdade.

Não só Platão é alvo de uma crítica frontal no livro. Também Aristóteles, cujo "essencialismo", diz Popper, é o vínculo mais direto da Grécia antiga com a filosofia de Hegel. Aristóteles, fundador do "verbalismo", a língua pomposa que não diz nada, legou, segundo *A sociedade aberta e seus inimigos*, essa tradição a Hegel, que a multiplicou, chegando a extremos pavorosos. Dentro da teia de palavras com que Hegel montou seu sistema se encontram os fundamentos daquele Estado totalitário — coletivista, irracional, caudilhista, racista e antidemocrático — concebido originalmente por Platão. E, até, aperfeiçoado e pervertido. Para Hegel, o Espírito, fonte da vida, sempre em movimento, progride com a história encarnando no Estado, forma suprema da modernidade. Esse Estado, manifestação da *essência* de tudo o que existe, é superior ao conjunto de seres humanos que formam a sociedade; o pináculo do Estado é o monarca, soberano absoluto ao qual se deve obediência e submissão totais. O Estado se fortalece mediante a ação, como ocorreu com o Estado prussiano. E a forma superior de ação é o confronto, a guerra contra outros Estados, aos quais tem que superar para se autojustificar. A vitória militar o consagrará como superior aos outros. O progresso humano é balizado por heróis, homens que praticam ações gloriosas, por meio das quais o Estado se realiza e engrandece. O monarca — líder ou caudilho — é um ser superior. Pode enganar, mentir e manipular as massas, como Platão autorizava que fizessem os guardiães de *A República*, para mantê-las submetidas, e ser implacável contra quem ousa se rebelar, pois o maior crime que um cidadão pode cometer é se sublevar contra o *espírito* que o Estado encarna e do qual, por sua vez, o soberano ou supremo ditador é uma projeção quinta-essenciada. Não é esta a melhor descrição de super-homens como foram Hitler, Stálin, Mussolini, Mao, Fidel Castro?

Obra-prima absoluta, a grande novidade do livro foi que Popper encontrou na Grécia e em Platão a origem e a raiz de todas as ideologias verticais e antidemocráticas. Ou seja, na mesma cultura que construiu os alicerces da democracia e da sociedade aberta. O medo à liberdade nasce, então, junto com ela, e foi ninguém menos que Platão, o intelectual mais brilhante do seu tempo, o primeiro a pôr a razão a serviço do irracionalismo (o retorno à cultura fechada da tribo, à irresponsabilidade coletivista e ao despotismo político, escravista e racista do chefe supremo). Entre o racionalismo e o irracionalismo, Popper faz uma defesa acirrada do primeiro e afirma que o segundo conduz, mais cedo ou mais tarde, ao crime, e que, embora tenha começado com Platão, é a "mais perigosa doença intelectual do nosso tempo".

Será correto identificar o irracional com o coletivismo e a nostalgia da unidade perdida da tribo? Por acaso não fazem parte do irracional aspectos integrais do humano como o mundo do inconsciente, dos sonhos, da intuição, dos instintos e das paixões? É verdade que dele resultam, como afirma Popper, manifestações destrutivas, entre elas o fanatismo e o dogmatismo políticos e religiosos que levam à opressão e ao terror. Mas o irracional também produziu, sublimando, criações artísticas extraordinárias como a poesia mística de San Juan de la Cruz e a modernista de Rimbaud e Lautréamont, e boa parte da arte moderna se nutre, ao menos parcialmente, dessa fonte não racional do humano.

A interpretação de Popper é fiel ao pensamento platônico? Muitos helenistas, filósofos e ensaístas políticos questionam. Mas, mesmo que Popper tenha exagerado em sua crítica às ideias de Platão e Aristóteles, seu livro ficará para sempre como uma análise certeira dos mecanismos psicológicos e sociais que induzem o indivíduo soberano a recusar os riscos que a liberdade implica e a preferir um regime ditatorial.

Malachi Haim Hacohen deve ter trabalhado tanto na obra do jovem Popper como este em sua investigação sobre as origens do totalitarismo na Grécia clássica. Porque, em certos momentos, dá a impressão de que, no curso desses anos de dedicação intensa, foi transformando em desencanto sua admiração devota e quase religiosa em relação a Popper, à medida que descobria em sua vida privada os defeitos e manias inevitáveis, suas intolerâncias, sua falta de reciprocidade com quem o havia ajudado, suas depressões, sua pouca flexibilidade para aceitar a chegada de novas formas, ideias e modas da modernidade. Algumas dessas críticas são muito injustas, mas elas não são descabidas num livro dedicado a alguém que sempre sustentou que o espírito crítico é condição indispensável do verdadeiro progresso na ciência e na vida social, e que é submetendo-as a tentativa e erro — quer dizer, tentando "falseá-las", demonstrar que são errôneas — que se conhece a verdade ou a falsidade das doutrinas, teorias e interpretações que pretendem explicar o indivíduo isolado ou imerso no amálgama social.

Contudo, Malachi Haim Hacohen estabelece claramente, contrariando o que se chegou a pensar durante os anos da Guerra Fria, que Popper não era de modo algum o filósofo nato do conservadorismo e que sua tese sobre a sociedade aberta e a sociedade fechada, o essencialismo, o historicismo, o mundo terceiro, a engenharia social fragmentária, o espírito tribal e seus argumentos contra o nacionalismo, o dogmatismo e as ortodoxias políticas e religiosas cobrem um amplo espectro filosófico liberal no qual se podem reconhecer igualmente todas as formações políticas democráticas, da social-democracia até o conservadorismo, desde que aceitem a divisão de poderes, as eleições, a liberdade de expressão e de mercado. Ver, a esse respeito, o resgate social-democrata que o filósofo trabalhista Bryan Magee faz de Popper em seu livro *Popper*,[2] secundado por Jeremy Shearmur, que foi assistente de Popper na London School of Economics, em seu livro *The Political Thought of Karl Popper* [O pensamento político de Karl Popper].[3] E o próprio Popper, em sua breve e esquemática autobiografia, *Unended Quest*, afirma que "se fosse concebível um socialismo combinado com a liberdade individual, eu ainda seria socialista". Mas, acrescenta, trata-se de "um belo sonho".

O liberalismo de Popper é profundamente progressista porque é impregnado de uma vontade de justiça que às vezes está ausente naqueles que reduzem o destino da liberdade apenas à existência de livres mercados, esquecendo que estes, por si sós, terminam, segundo a metáfora de Isaiah Berlin, permitindo que os lobos comam todos os cordeiros. A liberdade econômica que Popper defendeu devia ser complementada, mediante uma educação pública de alto nível e diversas iniciativas de ordem social, com a criação de instituições "para proteger o economicamente fraco do economicamente forte" — aposentadoria, seguros-desemprego e de acidentes de trabalho, educação gratuita em escolas públicas, proibição de trabalho infantil —, e uma vida cultural intensa e acessível ao maior número de pessoas possível, a fim de criar uma *equality of opportunity* [igualdade de oportunidades] que combata, em cada geração, os dogmas religiosos e o espírito tribal. Em *A sociedade aberta e seus inimigos*, de onde foram extraídas essas citações, Popper é limpidamente claro: "o poder econômico pode ser quase tão perigoso como a violência física".[4]

Popper escreveu na Nova Zelândia os seus dois grandes ensaios de filosofia política, e nos anos seguintes, já de regresso à Europa, voltaria às suas pesquisas científicas e reflexões filosóficas sem nunca abandonar as preocupações sociais e políticas. Para isso foi decisiva a sua mudança para a Inglaterra, em 1946:

> Foi em 1944. Minha esposa e eu tínhamos acabado de passar uns dias de férias esquiando nas encostas de Mount Cook. Fazia um frio de rachar no ônibus em que estávamos voltando para casa, quando paramos, em pleno campo, numa dessas pequenas agências do correio neozelandês perdidas na neve. Para minha grande surpresa, ouvi que alguém me chamava pelo meu nome; e me entregaram o telegrama que iria mudar a nossa vida. Vinha assinado por F. A. Hayek e me oferecia o cargo de professor na London School of Economics. A nomeação ocorreu em 1945, e em 1949 me deram a cadeira de Lógica e Método Científico.[5]

De fato, havia sido seu amigo Hayek quem lhe conseguira aquele trabalho na London School of Economics. Na Inglaterra, levou uma vida dedicada ao estudo e ao ensino e a escrever seus livros, artigos e conferências. Apesar de sua discrição e sua modéstia inveteradas — em Salzburgo, ao abrir o festival dedicado a Mozart, disse que ele e Hennie, desde 1950, levavam uma vida de reclusos em Chiltern Hill, "sem televisão nem jornais", mas ouvindo boa música clássica —, seu gênio foi sendo reconhecido. No país que seria sua pátria de adoção, recebeu honrarias múltiplas. Obteve a nacionalidade britânica, foi enobrecido pela Rainha, incorporado à British Academy e à Royal Society. Seu prestígio chegou a ser tão grande como o que iria adquirir no mundo acadêmico o seu compatriota Ludwig Wittgenstein.

POPPER E WITTGENSTEIN

Esses dois eminentes pensadores só se encontraram cara a cara uma vez na vida, em 25 de outubro de 1946, apenas por uns dez minutos, e a esgrima verbal e quase física que travaram foi tão intensa que atingiu proporções míticas. O que ocorreu realmente? Quais foram os antecedentes e as sequelas desse encontro no qual, anos depois, muitos veem a simbólica linha divisória das duas correntes centrais da filosofia moderna?

Quem tiver curiosidade de conhecer as correntezas que esse duelo de gigantes movia deve ler *O atiçador de Wittgenstein: A história da disputa de dez minutos entre dois grandes filósofos*, de David Edmonds e John Eidinow, dois jornalistas culturais da BBC. O livro pode ser lido como um romance policial. Seus autores conseguem convencer o leitor de que para entender plenamente o que aconteceu nesses dez minutos essenciais será necessário rastrear a vida cultural da capital austríaca pré-hitleriana, as intimidades e rixas do Círculo de Viena, as biografias, teses e trabalhos de Wittgenstein e Popper, as tendências dominantes da filosofia na Grã-Bretanha, sobretudo em Cambridge, e o grande debate no Ocidente, iniciado nos anos que viram a ascensão do fascismo e que prosseguiu durante toda a Guerra Fria, sobre a função da cultura na vida política das nações.

Os dois rivais tinham muitas coisas em comum. Ambos haviam nascido na Áustria, no seio de famílias judias convertidas (ao catolicismo e ao protestantismo), e o antissemitismo e o nazismo os expatriaram, depois de peripécias que levaram Wittgenstein à Noruega e Popper à Nova Zelândia, para a Inglaterra, que concedeu cidadania a ambos. O primeiro pertencia a uma família riquíssima, mas havia cedido toda a sua herança aos seus irmãos, e o segundo a uma classe média bem situada, mas ambos tinham uma predisposição compulsiva para a vida frugal e isolada, tendência que em Wittgenstein se acentuava até os rigores do ascetismo. Apesar de sua paixão pelas ideias, os dois foram grandes promotores e praticantes do trabalho manual — Wittgenstein, jardineiro e Popper, marceneiro —, que consideravam profilático para a vida intelectual. O puritanismo do meio em que nasceram marcou a vida sexual de ambos, caracterizada pela sobriedade e o autocontrole, tanto nas precárias relações homossexuais de Wittgenstein como no austeríssimo casamento de Popper com Hennie, a única mulher de sua vida. (O filósofo confessou a um amigo, na velhice, que sua mãe nunca lhe dera um beijo e que ele jamais tinha beijado sua mulher na boca.) Ambos tinham uma dívida com Bertrand Russell — testemunha e participante do encontro de 25 de outubro de 1946 —, que se havia desdobrado para conseguir que o *Tractatus Logico-Philosophicus* de Wittgenstein fosse publicado na Grã-Bretanha e que a Universidade de Cambridge desse a ele a cátedra que exercia; e também tinha sido um defensor entusiasta de *A sociedade aberta e seus inimigos*, de Popper, publicado na Inglaterra no ano anterior. E ambos eram geniais, intransigentes, de uma arrogância luciferina e de prolongados rancores, embora provavelmente nesse campo os arroubos de histeria de Wittgenstein (como se viu naquela memorável ocasião) apequenavam os de Popper.

As diferenças eram de personalidade e, sobretudo, de filosofia. A tese de Wittgenstein segundo a qual não existiam problemas filosóficos propriamente ditos, apenas enigmas ou adivinhações (*puzzles*), e que a missão primordial do filósofo não era "propor sentenças, mas clarificá-las", purgar a linguagem de todas as impurezas psicológicas, lugares-comuns, mitologias, convenções religiosas ou ideológicas que turvavam o pensamento, Popper a achava de uma frivolidade intolerável, algo que podia levar a filosofia a se tornar um ramo da linguística ou um exercício formal desprovido de qualquer significação relacionada aos problemas humanos. Para ele, estes eram a matéria-prima da filosofia e a motivação do filósofo para buscar respostas e explicações às mais urgentes angústias dos seres humanos. Assim tinha feito ele, refugiado na Nova Zelândia, em *A sociedade aberta e seus inimigos*, ensaio em que aparecem muitas críticas à filosofia de Wittgenstein — chega a acusá-lo de contraditório e confuso, e sua teoria de ser falsa — e faz uma afirmação que só poderia exasperar o autor do *Tractatus*: "Falar claro é falar de tal maneira que as palavras não importem".[6]

Essas duas versões contraditórias da filosofia se enfrentaram naquela sexta-feira 25 de outubro de 1946, no Clube de Ciência Moral da Universidade de Cambridge, presidido por Wittgenstein, e que tinha convidado Popper — chegado à Inglaterra havia poucos meses — a fazer uma exposição sobre o tema "Existem problemas filosóficos?".

O assunto tinha sido escolhido com toda a intenção de provocar um debate entre os dois lumiares e por isso, naquele anoitecer, em vez da dezena de estudantes e professores que habitualmente compareciam às reuniões do Clube de Ciência Moral, havia uns trinta, apertados e quase sem ar no malconservado salão H3 do segundo andar do antiquíssimo King's College. Popper chegou a Cambridge no começo da tarde e antes de ir ao Clube foi tomar um chá com Bertrand Russell, o que levou alguns maliciosos — uma das mil conjeturas que proliferam em torno da sessão — a sustentar que este último teria incitado Popper a investir sem meias palavras contra a teoria dos *puzzles* do autor do *Tractatus*. Mas o fato é que não havia necessidade. Popper confessa na sua autobiografia de 1974, *Unended Quest*, que fazia um bom tempo que estava ardendo de impaciência para provar a Wittgenstein que existiam sim, e de que modo, os problemas filosóficos. Então, naquela noite foi à reunião do Clube de Ciência Moral de Cambridge com a espada desembainhada.

Popper começou a exposição, a partir de suas notas, negando que a função da filosofia fosse resolver adivinhações, e começou a enumerar uma série de assuntos que, a seu ver, constituíam típicos problemas filosóficos, quando Wittgenstein, irritado, interrompeu-o, levantando muito a voz (costumava fazer isso com frequência). Mas Popper, por sua vez, também o interrompeu, tentando continuar sua exposição. Nesse momento Wittgenstein pegou o atiçador da lareira e o brandiu no ar para acentuar de maneira mais gráfica sua irada refutação às críticas de Popper. Um silêncio elétrico se espalhou entre os pacíficos filósofos britânicos presentes, não acostumados a semelhantes manifestações de tropicalismo austríaco. Bertrand Russell interveio, com uma ordem peremptória: "Wittgenstein, solte imediatamente esse atiçador!". Segundo uma das versões do encontro, a essa altura, ainda empunhando o atiçador, Wittgenstein uivou, dirigindo-se a Popper: "Vamos ver, então me dê um exemplo de regra moral!". Ao que Popper respondeu: "Não se deve ameaçar conferencistas com um atiçador". Ouviram-se algumas risadas. Wittgenstein, verde de raiva, jogou o atiçador contra as brasas da chaminé e saiu da sala batendo a porta atrás de si. Segundo outra versão, o gracejo de Popper só foi dito quando Wittgenstein já tinha saído da sala e tanto Russell como outro filósofo presente, Richard Braithwaite, tentavam aquietar as águas.

David Edmonds e John Eidinow leram todos os testemunhos escritos sobre o episódio, cotejaram a correspondência de protagonistas e testemunhas, submeteram as diferentes versões a uma análise minuciosa, às vezes desumana, e sua pesquisa — a mais instrutiva do livro —, em vez de estabelecer definitivamente a verdade do que transcorreu naqueles acalorados dez minutos, só demonstra que nunca se saberá com muita certeza o que se passou. Os dez ou onze sobreviventes dentre os participantes naquela sessão têm lembranças que não coincidem entre si e, às vezes, divergem de maneira radical. Uns ouviram a frase de Bertrand Russell e outros não; uns afirmam que o gracejo de Popper aconteceu antes, e outros depois, de Wittgenstein partir como um pé de vento enfurecido. E ninguém tem muito certeza dos detalhes das frases e exclamações que os dois polemistas trocaram. O próprio estudante encarregado de fazer a ata da sessão, paralisado pelo desenrolar inesperado do debate, ficou todo atrapalhado e redigiu uma versão tão genérica e incolor que admite as mais caprichosas interpretações.

O atiçador de Wittgenstein se propunha a ser uma reportagem sobre um acontecimento cultural de indubitáveis projeções, e conseguiu. Mas os dois jornalistas da BBC também conseguiram, sem querer, confirmar com um exemplo sobressalente uma velha suspeita: de que o componente fictício — imaginário ou literário — na história é tão inevitável como necessário. Se um fato ocorrido há tão pouco tempo, e com vários dos envolvidos ainda entre os vivos, pode escorrer assim por entre as malhas da pesquisa objetiva e científica e se metamorfosear, por obra da fantasia e da subjetividade, numa coisa muito diferente — um discípulo fidelíssimo de Wittgenstein, presente na sessão do Clube de Ciência Moral naquela noite, chegou a negar de forma categórica que tenha ocorrido qualquer coisa —, o que não acontecerá com o relato histórico dos fatos do passado, nos quais ao longo dos séculos as ideologias e as religiões, os interesses criados, as paixões e os sonhos humanos foram injetando mais e mais doses de fantasia até aproximá-los dos domínios da literatura e, às vezes, confundi-los com ela. Isso não nega a existência da história, naturalmente; apenas sublinha que é uma ciência carregada de imaginação.

A VERDADE SUSPEITA

Para Karl Popper, a verdade não se descobre: vai sendo descoberta, e esse processo não tem fim. Ela é sempre, portanto, uma verdade provisória, que dura enquanto não é refutada. A verdade está no esforço da mente humana para descobri-la, escondida como um tesouro nas profundezas da matéria ou do abismo estelar, aguardando o explorador adivinho que a detecte e exiba para o mundo como uma deusa imperecível. A verdade popperiana é frágil, permanentemente sob o fogo cerrado das provas e experimentos que a avaliam, tentam miná-la — "falseá-la", segundo o seu vocabulário — e substituí-la por outra, coisa que ocorreu e que inevitavelmente vai continuar ocorrendo, na maioria dos casos, durante essa vasta peregrinação do homem pelo tempo que chamamos de progresso, civilização.

A forma como a verdade aparece é muito bem descrita numa alegoria de que Popper se vale em *A lógica da pesquisa científica*, seu primeiro livro, para explicar em que consiste a ciência: "[ela] não está cimentada sobre rocha; pelo contrário, poderíamos dizer que a atrevida estrutura de suas teorias se ergue sobre um terreno pantanoso, é como um edifício levantado sobre estacas. Estas são introduzidas no pântano desde cima, mas de modo algum até alcançarem qualquer base natural ou *dada*: quando interrompemos as nossas tentativas de introduzi-las até um estrato mais profundo, não é porque tenhamos encontrado um terreno firme: paramos simplesmente porque para nós basta terem firmeza suficiente para suportar a estrutura, pelo menos no momento".[7]

A verdade é, a princípio, uma hipótese, uma teoria que pretende resolver um problema. Saída das retortas de um laboratório, das elucubrações de um reformador social ou de complicados cálculos matemáticos, é proposta ao mundo como conhecimento objetivo de determinada província ou função da realidade. A hipótese ou teoria é — deve ser — submetida a tentativa e erro, sua verificação e negação pelos que ela não é capaz de persuadir. É um processo instantâneo ou longuíssimo, no curso do qual essa teoria vive — sempre no fio da navalha, como aqueles reizinhos primitivos que subiram ao trono matando e sairão dele mortos — e gera consequências, influi na vida, provocando mudanças, seja na terapia médica, na indústria bélica, na organização social, nas práticas sexuais ou na moda. Até que, de repente, irrompe outra teoria, "falseando-a", e faz desmoronar o que parecia sua firme consistência como uma ventania faz com um castelo de cartas. A nova verdade entra então no campo de batalha, para enfrentar as provas e desafios a que a mente e a ciência queiram submetê-la, ou seja, para viver a agitada, perigosa existência que a verdade e o conhecimento têm na filosofia popperiana.

Essa tese começou a ser esboçada nos anos 1930, em Viena, com a *A lógica da pesquisa científica* (1934), e Popper a iria aperfeiçoando pelo resto da vida. O livro nasceu como uma tentativa de demarcação entre o que é uma genuína investigação científica e o que não é. Ao refletir sobre a fronteira que separaria uma da outra, Popper descobriu uma ideia que depois desenvolveria até transformá-la na coluna vertebral de sua filosofia: só constitui uma teoria científica (diferente em essência de uma metafísica) aquela que pode ser "falseada", refutada; que pode ser submetida à crítica, ver-se esmiuçada analiticamente, avaliando seus aspectos mais íntimos, auscultada em suas motivações, suposições, desenvolvimentos. Se resistir a todo esse assalto crítico e se mantiver em pé, ela faz avançar o conhecimento da natureza e da sociedade. Pelo menos enquanto outra teoria ou hipótese não a desqualifique, impulsionando o conhecimento numa direção que aquela excluía ou não permitia vislumbrar. Em *A lógica da pesquisa científica* já é descrito o método de "tentativa e erro" que Popper, daí em diante, iria reelaborando e estendendo do âmbito da ciência ao das questões sociais e políticas.

Certo, ninguém ainda refutou com sucesso que a Terra seja redonda. Mas Popper nos aconselha que, contrariando todas as evidências, devemos nos acostumar a pensar que a Terra, na verdade, só *está* redonda, porque, de algum modo, o avanço da racionalidade e da ciência pode, um dia, derrubar essas evidências, como já fez com tantas verdades que pareciam inabaláveis.

Entretanto, o pensamento de Popper não é relativista nem propõe o subjetivismo generalizado dos céticos. A verdade tem um pé assentado na realidade objetiva, à qual Popper reconhece uma existência independente da mente humana, e esse pé é, segundo uma definição do físico polonês Alfred Tarski, que ele adota, a coincidência da teoria com os fatos.

Que a verdade tenha, ou possa ter, uma existência relativa não significa que a verdade *seja* relativa. Enquanto dura, enquanto outra verdade não a "falseia", ela reina todo-poderosa. A verdade é precária porque a ciência é falível, já que nós humanos também o somos. A possibilidade do erro está sempre presente, por trás dos conhecimentos que nos parecem mais sólidos. Mas essa consciência da falibilidade não significa que a verdade seja inatingível. Significa que para chegar a ela temos que ser implacáveis em sua verificação e na crítica, nas experiências que a põem à prova; e prudentes quando tivermos chegado a certezas, dispostos a revisões e emendas, flexíveis diante daqueles que impugnam as verdades estabelecidas.

Popper sempre se declarou um otimista, convencido de que o mundo atual, com todas as suas limitações e defeitos, era o melhor que a humanidade tivera: "A partir de uma perspectiva histórica nós vivemos, segundo a minha visão, no melhor mundo que já existiu. Evidentemente é um mundo ruim, porque há outro melhor e porque a vida nos incita a procurar mundos melhores. E cabe a nós continuar essa busca de um mundo melhor. Mas isso não significa que o nosso seja ruim. Na verdade, o mundo não só é lindo, como hoje em dia os jovens têm possibilidade de contemplá-lo como nunca poderiam ter feito antes".[8] E, no seu discurso de abertura do Festival de Salzburgo dedicado a Mozart, declarou: "Sou um otimista. Sou um otimista num mundo onde a intelligentsia decidiu que alguém tem que ser pessimista se quiser estar na moda".[9] Por isso, e pela propensão de tantos intelectuais do seu tempo a defender ideologias totalitárias, Popper sempre dedicou a eles o mesmo desprezo que Hayek.

Que a verdade existe foi demonstrado pelo progresso que a humanidade fez em tantos campos: científicos e técnicos, e também sociais e políticos.

Errando, aprendendo com seus erros, o homem foi conhecendo cada vez mais a natureza e conhecendo-se melhor a si mesmo. Trata-se de um processo sem fim do qual não estão excluídos o retrocesso nem o zigue-zague. Hipótese e teorias, ainda que falsas, podem conter doses de informação que nos aproximem do conhecimento da verdade. Não se progrediu assim em medicina, em astronomia, em física? Algo semelhante pode ser dito da organização social. Através de erros que soube retificar, a cultura democrática foi proporcionando aos homens, nas sociedades abertas, melhores condições materiais e culturais, e mais oportunidades para decidir seu destino. Este é o *peacemeal approach* que Popper postula, expressão equivalente a opção gradual ou reformista, que é antagônica à revolucionária, fazer tábula rasa do que já existe.

Embora a verdade para Popper seja sempre suspeita, como no maravilhoso título da comédia de Juan Ruiz de Alarcón, durante o seu reinado a vida se organiza em função dela, docilmente, sofrendo por sua causa modificações miúdas ou transcendentais. O importante, para que seja possível o progresso, para que o conhecimento do mundo e da vida se enriqueça ao invés de se empobrecer, é que as verdades reinantes estejam, sempre, sujeitas a críticas, expostas a provas, verificações e desafios que as confirmem ou troquem por outras, mais próximas dessa verdade definitiva e total (inatingível e talvez inexistente) cujo chamariz incita a curiosidade, o apetite de saber humano, desde que a razão substituiu a superstição como fonte de conhecimento.

Popper faz da crítica — do exercício da liberdade — o fundamento do progresso. Sem crítica, sem possibilidade de "falsear" todas as certezas, não há avanço possível no domínio da ciência nem aperfeiçoamento da vida social. Se a *verdade*, se todas as verdades, não estiver sujeita ao exame da "tentativa e erro", se não existir uma liberdade que permita aos homens questionarem a validade de todas as teorias que pretendem dar respostas aos problemas que enfrentam, a mecânica do conhecimento é travada e este pode se ver pervertido. Então, no lugar de verdades racionais, se entronizam mitos, atos de fé, magia, metafísica. O reino do irracional — do dogma e do tabu — recupera seus foros, como outrora, quando o homem ainda não era um indivíduo racional e livre, e sim um ente gregário e escravo, nada mais que *uma parte* da tribo. Esse processo pode adotar aparências religiosas, como nas sociedades fundamentalistas cristãs ou islâmicas — as nações católicas na Idade Média ou o Irã e a Arábia Saudita dos nossos dias, por exemplo —, onde ninguém pode impugnar as "verdades sagradas", ou uma aparência laica, como nas sociedades totalitárias, em que a verdade oficial é protegida contra o livre exame em nome da "doutrina científica" do marxismo-leninismo. Em ambos os casos, porém, assim como nos do nazismo e do fascismo, trata-se de uma abdicação voluntária ou forçada desse direito à crítica — ao exercício da liberdade — sem o qual a racionalidade se deteriora, a cultura se empobrece, a ciência vira mistificação, feitiço, e sob o paletó e a gravata do civilizado renascem a tanga e as incisões mágicas do bárbaro.

Não há outra maneira de progredir senão tropeçando, caindo e se levantando, uma e outra vez. O erro estará sempre presente, porque o acerto, de certo modo, se confunde com ele. No grande desafio de separar a verdade da mentira — operação perfeitamente possível e, talvez, a mais humana de todas — é imprescindível lembrar que nessa tarefa não há, nunca, conquistas definitivas que não possam ser impugnadas mais tarde, conhecimentos que não devam ser revistos. No grande bosque de desacertos e de enganos, de insuficiências e miragens pelo qual transitamos, a única possibilidade de que a verdade vá desbravando um caminho é o exercício da crítica racional e sistemática a tudo o que é — ou simula ser — conhecimento. Sem essa expressão privilegiada da liberdade, do direito de crítica, o homem se condena à opressão e à brutalidade e, também, ao obscurantismo.

Provavelmente nenhum pensador fez da liberdade uma condição tão imprescindível para o ser humano como Popper. Para ele, a liberdade não só garante formas civilizadas de existência e estimula a criatividade cultural; ela é o requisito básico do saber, o exercício que permite ao homem aprender com seus próprios erros e, portanto, superá-los, o mecanismo sem o qual ainda viveríamos na ignorância e na confusão irracional dos nossos ancestrais, os comedores de carne humana e adoradores de totens. "Frente a isso, acho que o avanço da ciência depende da livre concorrência do pensamento e, portanto, da liberdade".[10] Por isso Popper sempre se opôs a um ensino exclusivamente estatal, como propunha Platão em *A República*, e defendeu um ensino particular que concorresse com aquele.

A teoria sobre o conhecimento que Popper começa a esboçar em *A lógica da pesquisa científica* (1934) é a melhor justificação filosófica do valor ético que caracteriza, mais que nenhum outro, a cultura democrática: a tolerância que, por exemplo, é o traço capital de toda a obra de Isaiah Berlin. Se não há verdades absolutas e eternas, se a única forma de progredir no campo do saber é errando e corrigindo, todos nós devemos reconhecer que as nossas verdades poderiam não sê-lo e que aquilo que nos parece que são erros dos nossos adversários poderiam ser verdades. Reconhecer essa margem de erro em nós mesmos e de acerto nos outros é pensar que discutindo, dialogando — coexistindo —, há mais possibilidades de identificar o erro e a verdade do que impondo um pensamento oficial único ao qual todos têm que aderir sob pena de castigo ou de descrédito.

Não deixa de ser um paradoxo que alguém como Popper, que mais tarde defenderia com tanta paixão a simplicidade e a clareza expositiva e criticaria com tanta severidade os intelectuais que empregam uma linguagem obscura, arrevesada e confusa, tenha escrito um livro tão difícil de ler como *A lógica da pesquisa científica* e seus muitos acréscimos e pós-escritos. Não me refiro exclusivamente à dificuldade que significa para alguém não familiarizado com as ciências — a física, a matemática, o cálculo de probabilidades, a teoria da relatividade, os teoremas ou a teoria quântica — um livro com tantas referências a esses assuntos especializados. Porque, mesmo um cientista de alto nível que transite com desenvoltura nessas matérias precisa fazer um grande esforço para não se perder num livro que se desvia tão frequentemente em suas exposições com notas de rodapé — algumas escritas quando Popper corrigia as provas da edição austríaca de 1934-5 — que complicam, matizam ou refutam o que vinha sustentando, ou ampliam com comentários, acréscimos e pós-escritos de muitos anos depois, até criar verdadeiros labirintos. Em muitas de suas páginas é inevitável se desorientar por falta de um desenvolvimento expositivo mais coerente. A explicação, pelo menos em parte, desse emaranhado verbal é que a primeira edição de *A lógica da pesquisa científica*, de 1934, foi escrita em alemão; a segunda, em inglês, é de um quarto de século depois, intervalo no qual Popper tinha continuado a pesquisar — fortalecendo ou retificando as ideias desse ensaio — e acrescentou notas de rodapé ou anexos muito amplos. As ideias sobre a simplicidade e a clareza que defenderia com tanta convicção foram mais bem-sucedidas (mas nem sempre) em seus ensaios posteriores.

A SOCIEDADE FECHADA E O MUNDO TERCEIRO

No princípio da história humana, não era o indivíduo, e sim a tribo, a sociedade fechada. O indivíduo soberano, emancipado desse todo gregário zelosamente encerrado em si mesmo para se defender da fera, do raio, dos espíritos malignos, dos incontáveis medos do mundo primitivo, é uma criação tardia da humanidade. Ele é delineado com o surgimento do espírito crítico — a descoberta de que a vida e o mundo são problemas que podem e devem ser resolvidos —, ou seja, com o desenvolvimento da racionalidade e o direito de exercê-la independentemente das autoridades religiosas e políticas.

A teoria de Karl Popper, esboçada em *A sociedade aberta e seus inimigos* (1945), segundo a qual esse momento fronteiriço da civilização — a passagem da sociedade fechada à sociedade aberta — começa na Grécia, com os pré-socráticos — Tales, Anaximandro, Anaxímenes —, e com Péricles e Sócrates ganha o impulso decisivo, também foi objeto de controvérsias. Mas, datas e nomes de lado, o substancial da sua tese continua vigente: em algum momento, por acaso ou como resultado de um processo complexo, o saber deixou de ser mágico e supersticioso para certos homens, um corpo de crenças sagradas protegidas pelo tabu, e surgiu o espírito crítico, que submetia as verdades religiosas — as únicas aceitáveis até então — à análise racional e ao cotejo com a experiência prática. Dessa passagem, enquanto o comércio rompia o confinamento tribal, resultou um prodigioso desenvolvimento das ciências, das artes e das técnicas, da criatividade humana em geral, e, também, o nascimento do indivíduo singular, descoletivizado, e os fundamentos de uma cultura da liberdade. Para seu bem ou para seu mal, pois não há como provar que essa mudança tenha trazido a felicidade para os homens, a destribalização da vida intelectual iria adquirir a partir de então um ritmo acelerado e catapultaria certas sociedades a um desenvolvimento sistemático em todos os campos. A inauguração de uma era na história de racionalidade e de espírito crítico — de verdades científicas — significou que, a partir desse momento, não foi o primeiro nem o segundo, mas o *mundo terceiro* que passou a ter influência determinante no acontecer social.

Dentro da quase infinita série de nomenclaturas e classificações que os loucos e os sábios propuseram para descrever a realidade, a de Sir Karl Popper é a mais transparente: o *mundo primeiro* é o das coisas ou objetos materiais;

o *mundo segundo*, o subjetivo e particular das mentes; e o *mundo terceiro*, o dos produtos do espírito. A diferença entre o segundo e o terceiro reside em que aquele é composto por toda a subjetividade privada de cada indivíduo, as ideias, imagens, sensações ou sentimentos intransferíveis de cada um, enquanto os produtos do *mundo terceiro*, embora nascidos da subjetividade individual, passaram a ser públicos: as teorias científicas, as instituições jurídicas, os princípios éticos, os personagens dos romances, a filosofia, a arte, a poesia e, em suma, todo o acervo cultural.

Não é descabido supor que é o *mundo primeiro* que regula a existência no estágio mais primitivo da civilização. Esta se organiza em função da força bruta e dos rigores da natureza — o raio, a seca, as garras do leão —, ante os quais o homem é impotente. Na sociedade tribal, a do animismo e da magia, a fronteira entre os mundos segundo e terceiro é muito tênue e se evapora continuamente, pois o chefe ou autoridade religiosa (quase sempre a mesma pessoa) faz prevalecer sua subjetividade, diante da qual os súditos abdicam da própria. Por outro lado, o *mundo terceiro* permanece quase estático; a vida da tribo transcorre dentro de uma rotina estrita, de regras e crenças que zelam pela permanência e a repetição do já existente. Seu principal traço é, como na República platônica, o horror à mudança. Toda inovação é vista como ameaça e anúncio de invasão de forças externas das quais só se pode esperar o aniquilamento, a dissolução no caos da placenta social em que o indivíduo vive agarrado, com todo o seu medo e o seu desamparo, em busca de segurança. O indivíduo, dentro dessa colmeia, é irresponsável e escravo, uma peça que se sabe irreparavelmente unida a outras, na máquina social que preserva a sua existência e o defende contra inimigos e perigos que o espreitam fora de uma cidadela crivada de prescrições reguladoras de todos os seus atos e seus sonhos: a vida tribal.

O nascimento do espírito crítico fratura os muros da sociedade fechada e expõe o homem a uma experiência desconhecida: a responsabilidade individual. Sua condição não será mais de súdito submisso, que acata sem questionar todo o complexo sistema de proibições e mandatos que regulam a vida social, mas de cidadão que julga, analisa por si mesmo e eventualmente se rebela contra o que acha absurdo, falso ou abusivo. A liberdade, filha e mãe da racionalidade e do espírito crítico, põe nos ombros do ser humano uma carga pesada: ter que decidir por si mesmo o que lhe convém e o que o prejudica, como enfrentar as incontáveis provocações da existência, se a sociedade funciona como deveria ser ou se é preciso transformá-la. É um fardo pesado demais para muitos homens. E, por isso, diz Popper, ao mesmo tempo que despontava a sociedade aberta — na qual a razão tomou o lugar da irracionalidade, o indivíduo passou a ser protagonista da história e a liberdade começou a substituir a escravidão de outrora — também nascia, e pela mão de pensadores notáveis como Platão e Aristóteles, um impulso contrário, para impedi-la e negá-la, e para ressuscitar ou conservar aquela velha sociedade tribal na qual o homem, abelha dentro da colmeia, fica isento de tomar decisões individuais, de enfrentar o desconhecido, de ter que resolver por sua conta e risco os infinitos problemas de um universo emancipado dos deuses e demônios da idolatria e da magia em permanente desafio à razão dos indivíduos soberanos.

Desde esse misterioso momento, a humanidade mudou de rumo. O *mundo terceiro* começou a prosperar e a se multiplicar com os produtos de uma energia criativa espiritual livre de freios e censuras e a exercer cada vez mais influência sobre os mundos *primeiro* e *segundo*, ou seja, sobre a natureza, a vida social e a mente dos indivíduos particulares. As ideias, as verdades científicas, a racionalidade, o comércio foram fazendo retroceder — não sem reveses, interrupções e rodeios inúteis que devolviam o homem ao ponto de partida — a força bruta, o dogma religioso, a superstição, o irracional como instrumentos reitores da vida social e criando as bases de uma cultura democrática — de indivíduos soberanos e iguais perante a lei — e de uma sociedade aberta. A longa e difícil marcha da liberdade na história significaria a partir de então o irrefreável desenvolvimento do Ocidente em direção a esse progresso bifronte, feito com naves que viajam até as estrelas e remédios que derrotam as doenças, com direitos humanos e Estados de direito. Mas, também, com armas químicas, atômicas e bacteriológicas — e terroristas suicidas — capazes de reduzir o planeta a escombros e de desumanizar a vida social e do indivíduo ao compasso da prosperidade material e da melhoria dos níveis de existência.

O medo da mudança, do desconhecido, da responsabilidade ilimitada que é consequência do surgimento do espírito crítico — da racionalidade e da liberdade — fez a sociedade fechada, adotando as mais diversas aparências — entre as quais a do "futuro", a de um mundo sem classes, a da "cidade de Deus encarnada" — sobreviver até os nossos dias e, em muitos momentos da história, antepor-se à outra, mergulhando-a em formas equivalentes ao obscurantismo e gregarismo da sociedade primitiva.

A batalha não está ganha nem, provavelmente, nunca estará. O chamado da tribo, a atração daquela forma de existência em que o indivíduo, escravizando-se a uma religião ou doutrina ou caudilho que assume a responsabilidade de dar respostas por ele a todos os problemas, se furta ao árduo compromisso da liberdade e a sua soberania de ser racional, toca, evidentemente, em pontos sensíveis do coração humano. Pois essa chamada é ouvida inúmeras vezes por nações e povos e, nas sociedades abertas, por indivíduos e coletividades que lutam incansavelmente para fechá-las e cancelar a cultura da liberdade.

Ao contrário do que se poderia supor, entre os beneficiados mais diretos do espírito crítico e da liberdade de pensamento e criação estão aqueles que fizeram a mais implacável oposição intelectual ao desenvolvimento da sociedade aberta, postulando, sob máscaras e com argumentos diversos, o regresso ao mundo mágico e primitivo dos entes gregários, dos indivíduos "felizes e irresponsáveis" que, em lugar de seres soberanos, donos do seu destino, seriam instrumentos de forças cegas e impessoais, condutoras da marcha da história. O mais viperino e eficaz inimigo da cultura da liberdade, diz Popper, é o *historicismo*.

HISTORICISMO E FICÇÃO

Na primeira edição inglesa de *A miséria do historicismo* (1957), Popper explicou que a tese central do livro, segundo a qual não se pode predizer o curso da história humana mediante método científico ou racional algum, começou a se esboçar em sua cabeça no inverno de 1919-20; completou o primeiro rascunho em 1935; leu o texto em janeiro ou fevereiro de 1936 numa sessão privada na casa do seu amigo Alfred Braunthal, em Bruxelas, e algum tempo depois no seminário que F. A. von Hayek ministrava na London School of Economics. A publicação demorou alguns anos, porque o texto original foi rejeitado pela revista filosófica à qual o enviou. Finalmente, foi publicado em três partes em *Economica* — números 42, 43 e 46 (1944-5) — e só saiu em livro na Grã-Bretanha em 1957, com revisões, acréscimos, um novo prólogo e uma dedicatória que diz: "Em memória dos incontáveis homens e mulheres de todos os credos, nações e raças que caíram vítimas da crença fascista e comunista nas Leis Inexoráveis do Destino Histórico".[11]

Se você acredita que a história está escrita antes de se fazer, que ela é a representação de um roteiro preexistente, elaborado por Deus, pela natureza, pelo desenvolvimento da razão ou pela luta de classes e as relações de produção (como sustentam os marxistas); se você acredita que a vida é uma força ou mecanismo social e econômico que os indivíduos particulares têm pouco ou nenhum poder de alterar; se você acredita que o percurso da humanidade no tempo é racional, coerente e, portanto, previsível; se você, enfim, acredita que a história tem um sentido secreto que, apesar de sua infinita diversidade episódica, lhe dá coordenação lógica e a ordena como um quebra-cabeça à medida que todas as peças vão se encaixando em seu lugar, então você é, segundo Popper, um "historicista".

Seja você um platônico, hegeliano, comtista, marxista ou um seguidor de Maquiavel, Vico, Spengler ou Toynbee, você é um idólatra da história e, consciente ou inconscientemente, um homem temeroso da liberdade, assustado com a responsabilidade que significa conceber a vida como permanente criação, como uma argila dócil à qual cada sociedade, cultura, geração, pode dar as formas que quiser, assumindo por isso a autoria, o crédito total, daquilo que, em cada caso, os seres humanos obtêm ou perdem.

A história não tem ordem, lógica, sentido nem muito menos uma direção racional que os sociólogos, economistas ou ideólogos poderiam detectar de antemão, cientificamente. A história é organizada pelos historiadores; eles a tornam coerente e inteligível, mediante o uso de pontos de vista e interpretações que são, sempre, parciais, provisórios, e, em última instância, tão subjetivos como as construções artísticas. Quem acha que uma das funções das ciências sociais é "prognosticar" o futuro, "predizer" a história, é vítima de uma ilusão, pois se trata de um objetivo inatingível.

O que é, então, a história? Uma improvisação múltipla e constante, um animado caos ao qual os historiadores dão aparência de ordem, uma quase infinita multiplicação contraditória de acontecimentos que, para poder entender, as ciências sociais reduzem a esquemas arbitrários e a sínteses e percursos que sempre resultam em uma ínfima versão, ou mesmo uma caricatura da história real, daquela vertiginosa totalidade do acontecer humano que supera todas as tentativas racionais e intelectuais de apreensão. Popper não condena os livros de história nem nega que o conhecimento do que ocorreu no passado possa enriquecer os homens e ajudá-los a enfrentar melhor o futuro; pede que se leve em conta que toda história escrita é parcial e arbitrária – simplesmente uma seleção – porque reflete um átomo do universo inacabado que é a atividade e a vivência social, um "todo" sempre se fazendo e refazendo que não se esgota no aspecto político, no econômico, no cultural, no institucional, no religioso etc., mas é a soma de todas as manifestações da realidade humana, sem exceção. Essa história, a única real, não é atingível nem descritível pelo conhecimento humano. Por isso, afirma Popper, "a história não tem sentido".[12] Essas ideias de Popper, delineadas em *A miséria do historicismo*, ampliadas em *A sociedade aberta e seus inimigos*, e às quais ele alude em muitos ensaios, foram lucidamente resumidas num texto de 1961, "Emancipation through Knowledge" [Emancipação pelo conhecimento], no qual nega que a história possua um sentido secreto, mas diz que podemos lhe dar uma significação que em si mesma ela não tem.[13]

O que entendemos por história – mas isso, diz Popper em *A sociedade aberta e seus inimigos*, é "uma ofensa a qualquer concepção decente de humanidade" – é em geral "a história do crime internacional e dos assassinatos coletivos (mas, também, de algumas tentativas de suprimi-los)".[14] A história das conquistas, crimes e outras violências exercidas por caudilhos e déspotas que os livros transformaram em heróis não pode dar sequer uma pálida ideia da experiência integral de todos aqueles que os padeceram ou gozaram de seus frutos, e dos efeitos e reverberações que a atividade de cada cultura, sociedade e civilização teve nas outras, suas contemporâneas, e todas elas, reunidas, naquelas que as sucederam. Se a história da humanidade é uma vasta corrente de desenvolvimento e progresso cheia de meandros, recuos e paradas (tese que Popper não nega), ela, seja como for, nunca pode ser captada em sua infinita diversidade e complexidade.

Aqueles que tentaram descobrir, nessa inimaginável desordem, certas leis a que o desenvolvimento humano se sujeitaria perpetraram o que para Popper é o crime mais grave que um político ou intelectual pode cometer (não um artista, que tem esse direito legítimo): uma "construção irreal". Uma enteléquia artificiosa que pretende se apresentar como verdade científica quando não passa de ato de fé, proposta metafísica ou mágica. Naturalmente, as teorias historicistas não são todas equivalentes: algumas, como a de Marx, têm uma sutileza ou peso maiores que, digamos, a de um Arnold Toynbee, que reduziu a história da humanidade a 21 civilizações, nem uma a mais, nem uma a menos.

Não se pode prever o futuro. A evolução do homem no passado não permite deduzir uma direcionalidade no acontecer humano. Não só em termos históricos, mas também do ponto de vista lógico, isso seria uma pretensão absurda. Pois, diz Popper, embora não exista dúvida de que a história influi no desenvolvimento dos conhecimentos, não há forma de predizer, por métodos racionais, a evolução do conhecimento científico. Portanto, não é possível antecipar o curso futuro de uma história que será, em boa parte, determinada por achados e inventos técnicos e científicos que não podemos conhecer de antemão.

Os acontecimentos internacionais dos nossos dias são um bom argumento a favor da imprevisibilidade da história. Quem poderia, alguns anos antes, antecipar a irresistível decadência do comunismo no mundo, o desaparecimento da URSS e a transformação da China num país capitalista? E o golpe mortal que o avanço dos meios de comunicação audiovisuais, nos quais a cada dia fica mais difícil estabelecer controles ou simples interferências, deu nas políticas de censura e controle do pensamento?

Pois bem; mas o fato de não existirem *leis* históricas não significa que não haja certas *tendências* na evolução humana. E que não se possa prever o futuro tampouco significa que *qualquer* previsão social seja impossível. Em campos específicos, as ciências sociais podem determinar que, em certas condições, certos fatos irão ocorrer inevitavelmente. A emissão inorgânica de moeda sempre vai acarretar inflação, por exemplo. E não existe dúvida, tampouco, de que em certas áreas, como as da ciência, do direito internacional, da liberdade, pode-se traçar uma linha de progresso mais ou menos clara até o presente. Mas seria imprudente supor, mesmo nesses campos concretos, que isso garanta uma progressão irreversível no futuro. A humanidade pode retroceder e cair, renegando aqueles avanços. Jamais houve no passado matanças coletivas semelhantes às que ocorreram nas duas guerras mundiais, e é improvável que o terrorismo tenha provocado no passado tragédias humanas piores que as do presente. E o holocausto dos judeus promovido pelos nazistas ou o extermínio de milhões de dissidentes do comunismo soviético ou chinês não são provas inequívocas de como a barbárie pode ressurgir com uma força inusitada em sociedades que parecem ter atingido níveis elevados de civilização? O fundamentalismo islâmico e casos como o do Irã não provam, porventura, a facilidade com que a história pode transgredir qualquer precisão, seguir trajetórias histéricas e sofrer retrocessos em vez de avançar?

Mas, mesmo sendo a função dos historiadores relatar acontecimentos singulares ou específicos, e não descobrir leis ou generalizações do acontecer humano, não se pode escrever nem entender a história sem um ponto de vista, uma perspectiva de interpretação. O erro historicista, diz Popper, consiste em confundir "interpretação histórica" com uma teoria ou uma lei. A "interpretação" é relativa e, se a admitirmos assim, útil para organizar — parcialmente — o que de outra maneira seria uma acumulação caótica de episódios. Interpretar a história como resultado da luta de classes, de raças, de ideias religiosas ou da luta entre a sociedade aberta e a sociedade fechada pode ser ilustrativo, desde que não se atribua a nenhuma dessas interpretações uma validade universal e excludente. Porque a história admite muitas interpretações coincidentes, complementares ou contraditórias, mas nenhuma "lei" no sentido de transcurso único e inevitável. O que invalida as interpretações dos "historicistas" é que estes conferem a elas um valor de leis às quais os acontecimentos humanos se renderiam docilmente, como os objetos se submetem à lei da gravidade e as marés aos movimentos da lua.

Nesse sentido, na história não existem "leis". Ela é, para o bem e para o mal — Popper e nós, liberais, acreditamos no primeiro —, "livre", filha da liberdade dos homens e, portanto, incontrolável, capaz dos acontecimentos mais extraordinários. Sem dúvida um observador arguto perceberá nela certas tendências. Mas essas pressupõem uma multidão de condições específicas e variáveis, além de certos princípios gerais e regulares. O "historicista", de modo geral, ao destacar as "tendências" omite essas condições específicas e cambiantes, transformando assim as tendências em leis. Desse modo, desnaturaliza a realidade e apresenta uma totalização abstrata da história que não é reflexo da vida coletiva em seu desenvolvimento no tempo, mas de sua própria invenção — às vezes do seu gênio —, e também do seu medo secreto ao imprevisível. "Sem dúvida", diz o parágrafo final de *A miséria do historicismo*, "é como se os *historicistas* estivessem tentando compensar a perda de um mundo imutável se aferrando à crença de que a mudança pode ser prevista porque é regida por uma lei imutável."[15]

A concepção da história escrita de Popper se parece, como uma gota d'água se parece a outra, com o que eu sempre pensei que é o romance: uma organização arbitrária da realidade humana que defende os homens da angústia provocada por intuírem o mundo, a vida, como uma enorme desordem.

Todo romance, para ter poder de persuasão, deve se impor à consciência do leitor como uma ordem convincente, um mundo organizado e inteligível cujas partes se encaixam umas nas outras em um sistema harmônico, um "todo" que as relaciona e sublima. O que chamamos de gênio de Cervantes, de Tolstói, de Conrad, de Proust, de Faulkner não tem a ver somente com o vigor dos seus personagens, a psicologia morosa, sua prosa sutil ou labiríntica, a imaginação poderosa, mas também, e de forma destacada, com a coerência arquitetônica dos seus mundos fictícios, a solidez que eles apresentam, a firmeza dos seus encaixes. Essa ordem rigorosa e inteligente, em que nada é gratuito nem incompreensível, em que a vida flui em um leito lógico e inevitável, em que todas as manifestações do humano são acessíveis, nos seduz porque nos tranquiliza: inconscientemente o sobrepomos ao mundo real e este, então, deixa provisoriamente de ser vertigem, confusão, absurdo incomensurável, caos sem fundo, desordem múltipla, e ganha coesão, racionalidade e ordena o nosso entorno, devolvendo-nos aquela confiança de que o ser humano não aceita abrir mão: saber o que somos, onde estamos e, principalmente, aonde vamos.

Não é por acaso que os momentos de apogeu do romance foram aqueles que antecediam as grandes convulsões históricas, nem que os tempos mais férteis para a ficção sejam aqueles de ruptura ou de derrubada das certezas coletivas — a fé religiosa ou política, os consensos sociais e ideológicos —, pois é nesses momentos que o homem comum se sente perdido, sem um chão sólido sob os pés, e procura na ficção — na ordem e na coerência do mundo fictício — um abrigo contra a dispersão e a confusão, a grande insegurança e soma de incógnitas que a vida se tornou. Também não é por acaso que foram as sociedades que viveram períodos de desintegração social, institucional e moral mais intensos aquelas que de modo geral engendraram as "ordens" narrativas mais estritas e rigorosas, mais bem organizadas e lógicas: as ordens de um Kafka, Proust, Joyce, Thomas Mann, Dostoiévski ou Tolstói. Essas construções, nas quais se exercita o livre-arbítrio de forma radical, são desobediências imaginárias aos limites que a condição humana impõe. Tais deicídios simbólicos constituem secretamente, como os nove volumes de *Histórias*, de Heródoto; *História da*

Revolução Francesa, de Michelet, ou *Declínio e queda do Império Romano*, de Gibbon — prodígios de erudição, ambição, boa prosa e fantasia —, testemunhos do pânico que causa nos seres humanos a suspeita de que seu destino é uma "façanha da liberdade", como disse Benedetto Croce, e das formidáveis criações intelectuais que tentam negar isso. Afortunadamente, o medo de reconhecer a condição de seres livres não fabricou só tiranos, filosofias totalitárias, religiões dogmáticas, "historicismo"; também, grandes romances.

O REFORMISMO OU A ENGENHARIA GRADUAL

A miséria do historicismo e *A sociedade aberta e seus inimigos* são importantes não só por sua refutação das teses segundo as quais a história já está escrita e segue um roteiro concebido por Deus ou determinado por forças sociais e econômicas sobre as quais as ações individuais não podem prevalecer; também porque nesses ensaios Popper defende com argumentos hábeis o método reformista — democrático e liberal — de mudança gradual e consensual da sociedade contra a pretensão revolucionária de transformá-la de maneira imediata, total e definitiva. Ele chama a "engenharia gradual" ("*the piecemeal engineering*") de método reformista e de "utópico ou holístico" ("*utopic engineering*") o revolucionário.

Sua demonstração é clara e convincente. A engenharia fragmentária feita "com pequenos ajustes e reajustes que podem ser melhorados continuamente" é pacífica, busca amplos consensos e está sempre exposta à crítica que fiscaliza suas ações e as acelera ou retarda segundo o que for possível. A engenharia utópica ou holística, que prescinde de buscar esses consensos, tende a passar por cima dos seus críticos como obstáculos inaceitáveis aos seus fins messiânicos, explicando que desse modo queima etapas; na verdade, de maneira insensível ou abrupta, vai substituindo os fins pelos meios, fazendo desaparecer a crítica (e às vezes os críticos) e impondo uma ditadura em que o fim utópico, continuamente adiado, só serve para justificar os meios, os quais, à medida que vão identificando a sociedade com o Estado, tolhem as liberdades até acabar com elas.

"Entretanto, uma vez que nos damos conta de que não podemos trazer o céu para a terra, mas só podemos melhorar *um pouco* as coisas, vemos também que só podemos melhorá-las *pouco a pouco*", afirma em *A miséria do historicismo*. Pouco a pouco: mediante contínuos reajustes nas partes, em vez de propor a reconstrução total da sociedade. Avançar assim tem a vantagem de que a cada passo pode-se avaliar o resultado obtido e retificar o erro a tempo, aprender com ele. O método revolucionário — historicista e holístico — impede essa possibilidade porque, em seu desprezo pelo particular, em sua fixação obsessiva pelo todo, rapidamente se afasta do concreto. Transforma-se numa atividade distante do real, que só obedece a um modelo abstrato, alheio à experiência, frente ao qual, por querer fazê-lo coincidir com a realidade social, termina sacrificando o resto, do racionalismo até a liberdade, e até mesmo, às vezes, o simples bom senso.

A noção de *planejamento*, tão detestada por Hayek, é outra besta-fera de Popper. Ela transpira "historicismo" por todos os poros porque supõe não apenas que se pode predizer a história, mas também dirigi-la e projetá-la, como uma obra de engenharia. Utopia perigosa, pois, emboscado em suas entranhas, o totalitarismo está à espreita. Não há forma de centralizar todos os conhecimentos dispersos na multidão de mentes individuais que conformam uma sociedade, nem de descobrir os apetites, as ambições, as necessidades e os interesses cuja trama e coexistência irão determinar a evolução histórica de um país. O planejamento, levado às últimas consequências, conduz à centralização do poder. Este progressivamente vai substituindo o desenvolvimento normal de todas as forças e tendências da vida social e impondo um controle autoritário do comportamento de instituições e indivíduos. O *planejamento*, que, no que se refere à orientação controlada e científica da evolução social, é uma quimera, desemboca, sempre que se quer impô-lo, na destruição da liberdade, em regimes totalitários em que o poder central, com o argumento de estar "racionalizando" proveitosamente o uso dos recursos, se dá o direito de privar os cidadãos de iniciativa e direito à diversidade e de impor a eles, pela força, determinadas formas de comportamento.

Popper mostra que o "historicismo" e o "utopismo social" andam sempre de mãos dadas. O fascismo e o comunismo pretendiam interpretar as leis da história com as suas políticas destinadas a estabelecer sociedades perfeitas, e os dois regimes praticavam uma "engenharia utópica" que era mais um ato de fé, uma religião, que uma filosofia racional, ou seja, algo essencialmente anticientífico.

A miséria do historicismo segue o método de "tentativa e erro" de forma perifrástica, apresentando o "historicismo" da maneira mais coerente possível, para depois refutá-lo melhor. Popper mostra como certa corrente historicista tenta diferenciar esse método dos métodos científicos, explicando que os movimentos sociais nem sempre obedecem a causas idênticas nem sofrem os constantes ajustes e reajustes que afetam aqueles; mas que esses fatos sociais, contudo, também obedecem a leis que, uma vez descobertas, permitem anunciar os fatos históricos do futuro. É esse, segundo Popper, o pecado original do "historicismo": pensar que há leis que regulam a vida social equivalentes àquelas que foram descobertas na ordem natural e científica. Não existem; no âmbito histórico e social só se pode identificar propensões ou desenvolvimentos que não têm a perenidade nem a exatidão dos movimentos dos astros no espaço, isto é, a perseverança e o rigor fatídico da lei de gravidade descoberta por Newton.

Os "vilões" do livro de Popper — os historicistas mais criticados — não são Marx nem Engels, só mencionados de passagem, mas Karl Mannheim, cujo livro *Mensch und Gesellschaft im Zeitalter des Umbaus* [Homem e sociedade na era da reconstrução] lhe serve para ilustrar os piores erros do historicismo, assim como John Stuart Mill e Auguste Compte, historicistas que Popper afirma terem continuado as tendências ideológicas antidemocráticas nascidas com Platão, o qual, ao estabelecer uma evolução fatídica, predeterminada, para a evolução histórica, negou a liberdade humana e construiu os alicerces de todas as ideologias totalitárias.

Popper cita Hayek com bastante frequência expressando sua profunda consonância com ele, e *A miséria do historicismo* é, sem dúvida, um livro complementar a *O caminho da servidão*, que foi publicado pouco antes daquele ensaio.

Popper iria desenvolver as ideias centrais desse livro com mais robustez e clareza em *A sociedade aberta e seus inimigos*. A "*free competition of thought*" [livre concorrência de ideias] é, junto com a engenharia fragmentária ou gradual, a mais sólida base de sustentação da ordem democrática, contra a tirania das ideologias messiânicas e utópicas que identificam o Estado com a sociedade e julgam divisar um *common purpose* [um fim comum] na história, o que leva inevitavelmente ao abandono do pensamento racional e à tirania política.

É verdade que em muitas sociedades livres há institutos de planejamento e que sua existência não liquidou as liberdades públicas. Mas isso acontece porque esses institutos não "planejam", só o fazem de maneira muito relativa e simbólica; de modo geral se limitam a dar orientações e informações sobre a atividade econômica, sem impor políticas ou metas de forma compulsória. Isso não é, stricto sensu, planejar, e sim pesquisar, aconselhar, assessorar: ações perfeitamente compatíveis com o funcionamento do mercado competitivo e da sociedade democrática.

Ao contrário do "engenheiro utópico ou holístico" — o revolucionário —, o "engenheiro fragmentário" — ou reformista — admite que não se pode conhecer o "todo" e que não há como prever nem controlar os movimentos da sociedade, a não ser submetendo-a a um regime ditatorial em que, mediante o uso da censura e da força, todas as condutas se ajustem a uma forma decidida de antemão pelo poder. O "engenheiro fragmentário" antepõe a parte ao todo, o fragmento ao conjunto, o presente ao futuro, os problemas e as necessidades dos homens e mulheres do aqui e agora a uma miragem incerta: a humanidade futura.

O reformista não pretende mudar tudo nem age em função de um desígnio global e remoto. Seu esforço é para aperfeiçoar as instituições e modificar as condições concretas desde agora a fim de resolver os problemas de modo que se dê um progresso parcial, mas efetivo e constante. Ele sabe que só com esse contínuo aperfeiçoamento das partes se melhora o todo social. Seu intuito é reduzir ou abolir a pobreza, a desocupação, a discriminação, abrir novas oportunidades de superação e de segurança para todos e estar sempre atento à complexa diversidade de interesses contraditórios e de aspirações cujo equilíbrio é indispensável para evitar os abusos e a criação de novos privilégios. O "reformista" não aspira a trazer a *felicidade* para os homens, pois sabe que essa questão não incumbe aos Estados e sim aos indivíduos e que nesse campo não há como englobar em uma norma toda a multiplicidade heterogênea — em tudo, incluindo os desejos e aspirações pessoais — que é uma comunidade humana. Seu objetivo é menos grandioso e mais realista: fazer a injustiça e as causas sociais e econômicas do sofrimento individual retrocederem objetivamente.

Por que o reformista prefere modificar ou reformar as instituições existentes em vez de trocá-las, como o revolucionário? Porque, diz Popper num dos ensaios do seu livro *Conjeturas e refutações*,[16] o funcionamento das instituições nunca depende só da sua natureza — isto é, de sua estrutura, regulamentação, tarefas ou responsabilidades que lhes foram atribuídas ou das pessoas delas encarregadas — mas, também, das tradições e costumes da sociedade. A mais importante dessas tradições é o "ambiente moral", o senso profundo de justiça e de sensibilidade social que uma sociedade atingiu ao longo de sua história. Disso não é possível fazer tábula rasa. A delicada matéria que conforma a psicologia, a estrutura anímica profunda de uma sociedade, não pode ser abolida nem substituída abruptamente, como gostaria o revolucionário. E é ela, em última instância, por sua concordância ou antagonismo íntimo com aquelas tradições, que leva ao sucesso ou ao fracasso das instituições sociais. Estas, por mais inteligentemente que tenham sido concebidas, só cumprirão os fins propostos se entrarem em sintonia completa com esse contexto inefável, não escrito, mas decisivo na vida de uma nação que é o "ambiente moral". Tal sintonização constante das instituições com esse fundo tradicional e ético — que evolui e muda muito mais lentamente que as instituições — só é possível mediante a "engenharia fragmentária", que, por sua forma gradual de reformar a sociedade, pode fazer reajustes e correções a cada passo, evitando a perpetuação dos erros (algo para o qual a metodologia "holística" utópica não tem remédio).

O reformismo é compatível com a liberdade. Mais que isso: depende dela, pois o exame crítico constante é o seu principal instrumento de ação. O reformismo pode manter sempre, graças ao exercício da crítica, um equilíbrio entre indivíduo e poder que impeça este último de crescer até arrasar aquele. Em contraposição, a "engenharia utópica ou holística" conduz, a curto ou a longo prazo, à acumulação do poder e à supressão da crítica. O caminho que leva a esse resultado — muitas vezes de forma insensível — é o dos *controles*, complemento inevitável de qualquer política "planejadora" que tente, de fato, "planejar" o rumo da sociedade. Os *controles* econômicos, sociais, culturais vão cortando as iniciativas e liberdades até abolirem a soberania individual, fazendo do cidadão um simples títere. Há, claro, estágios intermediários entre democracia submetida a uma determinada política parcial ou atenuada de controles e uma sociedade totalitária ou policial em que o Estado controla praticamente cem por cento das atividades sociais. Mas é importante considerar que, embora seja evidente que até na sociedade mais livre é indispensável uma certa intervenção do poder para estabelecer certos limites e condicionantes à iniciativa individual — caso contrário a sociedade descambaria para a anarquia ou para a lei da selva —, também é certo que toda política de controles deve ser continuamente vigiada e contrapesada, pois incuba sempre os germes do autoritarismo, os rudimentos de uma ameaça contra a liberdade individual.

O Estado, diz Popper, é "um mal necessário". Necessário, porque sem ele não haveria coexistência nem uma redistribuição da riqueza que garante a justiça — já que a mera liberdade é em si mesma fonte de enormes desequilíbrios e desigualdades — e a correção dos abusos. Mas um "mal" porque sua existência representa, em todos os casos, mesmo nas democracias mais livres, um corte importante da soberania individual e um risco permanente de que cresça e dê origem a abusos que podem minar os alicerces — frágeis, afinal de contas — sobre os quais foi se erigindo, no decorrer da evolução social — difícil saber se para aumentar a felicidade ou a desgraça dos homens —, a mais bela e misteriosa das criações humanas: a cultura da liberdade.

A TIRANIA DA LINGUAGEM

Desde muito jovem, Popper enfrentou uma moda que, na época, nem sequer tinha nascido: a distração linguística. Boa parte do pensamento ocidental contemporâneo revelaria, principalmente depois da Segunda Guerra Mundial, uma preocupação obsessiva com as limitações e poderes intrínsecos à linguagem, a tal ponto que, em determinado momento — na década de 1960 —, se teve a impressão de que todas as ciências humanas, da filosofia até a história, passando pela antropologia e a política, estavam virando ramos da linguística (manes de Heidegger). E a perspectiva formal — as palavras organizadas entre si e dissociadas do seu referente, o mundo objetivo, a vida não dita nem escrita, mas vivida —, recorrentemente utilizada em todas as disciplinas, acabaria transformando a cultura ocidental numa espécie de protoplasmática especulação filológica, semiológica e gramatical. Quer dizer, um grande fogo de artifício retórico em que as ideias e inquietações sobre "os grandes temas" teriam praticamente desaparecido, varridas pela preocupação excludente com a expressão em si, as estruturas verbais de cada ciência e saber.

Popper nunca se filiou a essa tendência, e isso sem dúvida explica em parte por que em nenhum momento da sua longa trajetória intelectual ele foi o filósofo da moda e por que seu pensamento permaneceu confinado por muito tempo no interior de círculos acadêmicos. Em *A sociedade aberta e seus inimigos* ele havia criticado muitíssimo Aristóteles por seu "verbalismo", a tendência a desviar com palavrórios a discussão dos assuntos importantes, coisa que, segundo Popper, Hegel herdou e agravou até infectar a filosofia de obscurantismo retórico. Para ele, a linguagem "comunica" coisas alheias a si própria e nós temos que tentar usá-la funcionalmente, sem perder muito tempo averiguando se as palavras expressam plenamente o que aquele que as usa pretende que digam. Distrair-se explorando a linguagem em si mesma, como algo dissociado do seu conteúdo, que é a realidade que as palavras têm a missão de expressar, não constitui apenas uma perda de tempo. É, também, frívolo, um desvio do que é essencial, a busca da verdade que para Popper está sempre *fora* das palavras, algo que estas podem comunicar, mas não produzir por si mesmas, nunca. "A meu ver, buscar a simplicidade e a lucidez é um dever moral para todos os intelectuais; a falta de clareza é um pecado, e a pretensão é um crime", escreveu no seu ensaio "Duas faces do senso comum".[17] Simplicidade significa para Popper utilizar a linguagem de tal modo que as palavras importem pouco, que sejam transparentes e deixem passar as ideias através de si sem lhes imprimir um traço peculiar. "Nossas 'definições operativas' têm a vantagem de nos ajudar a levar o problema para um campo onde nada, ou quase nada, depende das palavras. 'Falar claro é falar de tal modo que as palavras não importem'",[18] frase que lembra a famosa expressão de Ortega y Gasset: "A clareza é a cortesia do filósofo". É difícil imaginar uma convicção que contradiga de maneira mais flagrante o mandamento da cultura ocidental moderna que ordena desconfiar das palavras já que elas são capazes de pregar as maiores peças em quem não as manipula com prudência nem lhes presta atenção suficiente.

Assim como Hayek, Popper não via os intelectuais com bons olhos. Mas, ao contrário daquele, não os criticava sobretudo por serem "construtivistas" natos, mas por sua propensão a escreverem de forma confusa, achando que a treva linguística é sinônimo de profundidade, algo que havia transformado a filosofia contemporânea quase que numa logomaquia indecifrável. E, por outro lado, os censurava por terem difundido o pessimismo e a crítica mais injusta à sociedade ocidental do nosso tempo, "o melhor mundo que já existiu", inoculando nos jovens esse desânimo e desprezo pela "sociedade aberta"[19] que vemos em nossos dias, a mais livre, próspera e justa que a humanidade já conheceu.

Em outra ocasião, Popper lembrou que essa ideia o perseguia desde jovem:

> Era aproximadamente 1930 quando fiz o seguinte comentário jocoso: "Muitos estudantes frequentam a universidade não com a ideia de que entraram num grande reino do saber, do qual eles também talvez consigam arrancar uma pequena parcela, mas vão à universidade para aprender a *falar de forma incompreensível e que cause sensação. Tal é a tradição do intelectualismo*". Naquele momento eu falava de brincadeira. Mais tarde, porém, quando me tornei professor universitário, percebi, para meu grande espanto, que era esta a realidade. Infelizmente é assim.[20]

Não é estranho, pois, que Popper tenha feito críticas duríssimas a alguns intelectuais contemporâneos seus, como Adorno e Horkheimer, destacados membros da chamada Escola de Frankfurt. Adorno lhe parecia um mau imitador de Karl Kraus, alguém "que não tem nada a dizer" e o diz muito mal, imitando o "obscurantismo hegeliano". Também o qualifica de esnobe cultural, inimigo da clareza, porque pedia "mais escuridão" à cultura e era um desesperado que esbravejava contra o mundo atual sem oferecer alternativa alguma. Considera Horkheimer mais sério, porém negativo, já que se opunha "a reformar o sistema atual". E acrescenta que os escritos da Escola de Frankfurt são "o ópio dos intelectuais de Raymond Aron".[21]

Apesar de tudo isso, pensa que os intelectuais poderiam prestar um serviço à humanidade se retificassem radicalmente sua maneira de ser:

> Por que acho que nós, intelectuais, poderíamos ajudar? Simplesmente porque nós, intelectuais, fizemos danos terríveis durante milhares de anos. Assassinatos em massa em nome de uma ideia, de uma doutrina, de uma teoria, de uma religião, isto é *nossa* obra, *nossa* invenção: a invenção dos intelectuais. Se simplesmente deixássemos de contrapor os homens entre si — às vezes com as melhores intenções — ganharíamos muito. Ninguém pode dizer que é impossível deixar de fazer isso.[22]

Popper foi vítima deste grave erro: o menosprezo pela forma de expressão. É verdade, sua crença de que a linguagem não pode ser um fim em si mesmo, nem mesmo uma preocupação hegemônica, sem que se produza uma distorção profunda no conteúdo de uma ciência, o qual é razoável não identificar absolutamente com a linguagem em que ela se expressa, não pode ser mais atinada.

Essa identidade forma-conteúdo não existe nem mesmo onde pareceria que é inevitável, na literatura, pois, como escreveu o poeta catalão Gabriel Ferrater, não se pode confundir a *terza rima* dantesca com os tormentos do inferno. E é verdade, também, que essa crença imunizou Popper contra a tentação, à qual sucumbiram muitos intelectuais ilustres do seu tempo, de relegar os grandes temas privilegiando os acessórios — que, em última instância, é o que são as questões relativas à expressão formal de uma ciência ou filosofia. O pensamento de Popper sempre girou em torno do fundamental, os grandes problemas, a verdade e a mentira, o conhecimento objetivo e o mágico ou religioso, a liberdade e a tirania, o indivíduo e o Estado, a metafísica e a ciência, como nos grandes clássicos. Mas, sem dúvida, seu pensamento foi afetado por uma subestimação da natureza das palavras, pela suposição temerária de que se pode usá-las como se elas não tivessem importância.

As palavras sempre importam. Se forem desvalorizadas, podem se vingar, introduzindo a ambiguidade, a anfibologia, o duplo ou o triplo sentido num discurso que aspira a ser asséptico e unívoco. A reticência de Popper em considerar a linguagem como realidade autônoma, com seus próprios impulsos e tendências, teve consequências negativas em sua obra, que em determinados momentos, apesar de sua transcendência conceitual, padece de imprecisão e mesmo de confusão. Suas nomenclaturas e fórmulas nem sempre são felizes, pois se prestam a mal-entendidos. Chamar de "historicismo" a visão totalitária da história ou o simples ideologismo é discutível, já que sugere uma recusa da história e ponto final, ou quase isso, coisa que está longe da filosofia popperiana. Ainda mais objetável é o emprego das expressões "engenharia fragmentária" e "engenharia utópica ou holística" para aquilo que simplesmente poderia ser chamado de "reformismo" e "radicalismo" (ou "atitude liberal" e "atitude totalitária"). Hayek, por exemplo, criticou o uso da palavra "engenheiro" para indicar o reformador social devido à associação inconsciente com o vocabulário comunista, já que Stálin definia os escritores como "engenheiros de almas". E, sem dúvida, há uma contradição evidente no fato de Popper chamar o reformador social de "engenheiro", sendo o filósofo que criticou de maneira tão persuasiva a ideia de "planejamento", isto é, a ilusão de organizar a sociedade a partir de um poder central, o que leva, a curto ou a longo prazo, ao corte e ao desaparecimento das liberdades. E não menos confusa é a defesa do protecionismo que ele faz em *A sociedade aberta e seus inimigos* (v. I, cap. VI), porque parece estar justificando o intervencionismo estatal na vida econômica; claro que não é o caso, já que ele explica que se refere à "defesa da liberdade", mas o perigo de confusão não existiria se tivesse usado uma palavra mais apropriada que aquela.

É bom que uma filosofia, ou uma ciência, não se esgotem na análise das linguagens que utilizam, porque de modo geral esse caminho leva a um bizantinismo estéril. Mas é imprescindível que todo pensador dedique a atenção necessária ao instrumento em que se expressa a fim de ser, em cada um de seus textos, o dono das palavras, o governante do próprio discurso, e não um servidor passivo da linguagem. A obra de Popper, uma das mais sugestivas e renovadoras do nosso tempo, tem esta mácula: as palavras, desdenhadas por ele, às vezes emaranham e tergiversam as ideias que o autor nem sempre soube expressar com o rigor e os matizes que sua profundidade e originalidade exigiam.

Alguém que estava nas antípodas de Popper em relação à concepção do discurso, Roland Barthes, escreveu: "Na ordem do saber, para que as coisas se tornem o que elas são, o que elas foram, é preciso esse ingrediente, o sal das palavras. É o gosto das palavras que faz o saber ser profundo, fecundo".[23] Na linguagem funcional de Popper, não existe esse sal das palavras, esse ajuste perfeito entre o conteúdo e o continente do discurso, que era, paradoxalmente, o que ele pretendia com seu ideal da linguagem "simples e lúcida" na qual as palavras não importariam. Em seus livros, até naqueles em que é mais evidente a profundidade de sua reflexão e sua sabedoria, sempre se vê uma defasagem entre a riqueza de um pensamento que não chega a nós em todo o seu esplendor, e sim freado, diminuído e até embaralhado pela relativa indigência e a complexidade da escrita. Diferentemente de um Ortega y Gasset, cuja boa prosa vestia suas ideias tão bem que as melhorava, a prosa opaca e ziguezagueante de Popper frequentemente desmerece as suas.

A aproximação de Popper com Roland Barthes não é totalmente caprichosa. No que concerne à linguagem, ambos representam dois extremos puníveis, dois excessos que se pagam caro. Ao contrário de Popper, que acreditava que a linguagem não importava, Barthes considerou que, no fim das contas, só importava a linguagem, já que ela é o *centro do poder*, de *todo poder*. Ensaísta de um talento imenso, mas frívolo, que se contemplava e se rejubilava consigo mesmo, que se exibia e se desvanecia naquele palavrório — o discurso, o texto, a linguagem, a língua etc. — que descrevia com tanto brilhantismo e tantos sofismas, Barthes chegou a afirmar — a "demonstrar" — que não eram os homens que falavam, mas a linguagem que falava através deles, modelando-os e submetendo-os a uma sinuosa e invisível ditadura: "[...] a língua [...] não é nem reacionária nem progressista; ela é, simplesmente, fascista; porque o fascismo não consiste só em impedir de dizer, mas em obrigar a dizer".[24] Dessa ditadura só se emancipam, de maneira transitória, aquelas obras literárias que rompem com a linguagem entronizada e entronizam uma nova. A liberdade, segundo Barthes, só pode existir *hors du langage*. (Os homens mais livres seriam, então, os autistas e os surdos-mudos?) Quando se resume o pensamento de Barthes, separando-o dos belos textos que escrevia, sua superficialidade, sua ligeireza, seu caráter provocador e brincalhão, seu humor, com muita frequência seu vazio, saltam aos olhos. Mas quando o encaramos nos textos originais, embelezados pela elegância da prosa, pela mestria na matização, pela sutileza feiticeira da frase, tem a sensação de profundidade, de verdade transcendente: bela miragem retórica.

Porque não é verdade que a base de qualquer poder é a linguagem. Que tolice! O verdadeiro poder mata, e as palavras, no máximo, aborrecem, hipnotizam ou escandalizam. A boa prosa, seu estilo iridescente, deu ao pensamento fugaz de Roland Barthes uma aparência de penetração e permanência, enquanto o ambicioso e profundo sistema de ideias de Karl Popper foi de algum modo restringido e rebaixado por uma expressão que nunca esteve à altura daquilo que expressava. Porque, embora as ideias não sejam feitas só de palavras, como pensava Barthes, sem as palavras que as encarnem e comuniquem devidamente as ideias nunca serão tudo o que podem ser.

A VOZ DE DEUS

Se alguém confeccionasse um livro de idiotismos contemporâneos para uso de intelectuais politicamente corretos, semelhante ao *sottissier* do século XIX que Flaubert escreveu, dois mandamentos deveriam encabeçá-lo: a) atacar a sociedade de consumo, e b) apontar a televisão como fonte de incultura, violência e estupidez massificadas.

Naturalmente, condenar o consumismo é um direito inalienável de todos, mas, para serem coerentes, aqueles que o condenam devem aceitar que a sociedade austera que propõem, na qual as pessoas só comprariam o indispensável para a sua sobrevivência, sem produtos supérfluos — ou seja, quase sem indústrias —, seria um mundo primitivo, de multidões desocupadas e famintas, à mercê das pragas e da lei do mais forte, no qual a precariedade da existência não deixaria para a imensa maioria dos mortais muito tempo livre para a vida espiritual ou intelectual. O retorno à tribo estaria consumado. Porque a estrita verdade é que, quanto mais os cidadãos consumirem produtos industriais — se são supérfluos ou indispensáveis é coisa que numa sociedade aberta só cabe decidir ao próprio consumidor —, mais postos de trabalho haverá, educação mais abrangente e melhor, e mais ócio, pois sem essas coisas não há vida espiritual ou intelectual que valha a pena.

A questão da televisão é imensamente mais espinhosa que a do consumismo. Não há dúvida de que ela representa um poder colossal na sociedade de hoje e contribuiu de forma decisiva para criar a "sociedade do espetáculo" que eu mesmo critiquei alarmado.[25] Popper achava que a televisão, nos nossos dias, é o poder "mais importante de todos", a tal ponto que até parece "que ela poderia ter substituído a voz de Deus". Essas afirmações estão num dos últimos textos que ele escreveu, comentando as análises do psicólogo John Condry sobre o efeito da televisão nas crianças dos Estados Unidos. Ambos foram reunidos num livro pela editora Anatolia, na França, com este título beligerante: *La Télévision: Un danger pour la démocratie* [Televisão: Um perigo para a democracia].[26] Eu direi rapidamente, como espero que tenha ficado documentado nestas páginas, que considero Karl Popper o pensador mais importante da nossa época, que passei boa parte dos últimos trinta anos lendo-o e estudando-o, e que se me pedissem para apontar o livro de filosofia política mais fecundo e enriquecedor do século XX não vacilaria um segundo em escolher *A sociedade aberta e seus inimigos*. Direi também que a minha admiração por seu intelecto extraordinário fez minhas pernas tremerem no dia em que Pedro Schwartz, discípulo dele, me levou para visitá-lo na sua bem-arrumada casinha em Kensley, nos arredores de Londres, onde o escutei, comovido, falar com entusiasmo de Kant e do século XXI. Mas confessarei que a emoção deu lugar à surpresa quando passamos da filosofia e da história à literatura e ouvi Sir Karl falar mal de Kafka e dos seus compatriotas Musil e Roth e nos explicar que ele preferia, a essa literatura enfermiça e entediante, os saudáveis e amenos romances de Trollope. Uma de minhas melhores experiências intelectuais foi participar de um "Encontro com Karl Popper" em Santander, em agosto de 1991, quando o filósofo completava seus 89 anos, e, em uma mesa-redonda, trocar algumas ideias com ele.

Um grande filósofo tem todo o direito do mundo de ter seus gostos literários, mas é concebível que o mais intransigente defensor da liberdade individual contra os abusos e intromissões do Estado proponha, como remédio para os males que a televisão traz à sociedade aberta, um sistema corporativo de licenças e controles a fim de evitar que os produtores de programas e filmes continuem alimentando a telinha com três venenos: "a violência, o sexo e o sensacionalismo"?

Popper sustenta que a democracia não sobreviverá se não submeter a televisão a um controle efetivo que reduza o poder ilimitado que tem atualmente na forja do meio ambiente cultural e moral. Seu diagnóstico se baseia nas pesquisas do prof. Condry, que, certamente, são de arrepiar: as crianças americanas veem uma média de quarenta horas de televisão por semana — quatro a cinco de segunda a sexta-feira e sete a oito aos sábados e domingos — e essa dependência lhes provoca múltiplos transtornos físicos, morais e intelectuais: baixa do metabolismo, obesidade, passividade, anomia ética, conduta agressiva, visão estereotipada dos valores, falta de discriminação entre fantasia e realidade, solipsismo vital. Dentre todos esses efeitos, Popper destaca o que lhe parece mais pernicioso: a incitação à violência. E, recordando que a civilização consiste essencialmente em reduzi-la, propõe atacar o mal pela raiz.

Sua receita contraria todos os postulados liberais antiestatistas e anticontrolistas e coincide totalmente com as teorias construtivistas e intervencionistas dos social-democratas, socialistas e comunistas (aquelas que *A sociedade aberta e seus inimigos* demoliu). Ela consiste em ministrar uma formação profissional obrigatória a todos os aspirantes a produzir programas de televisão, permitindo ao Estado instruí-los "sobre o papel fundamental da educação" e a maneira "como as crianças recebem as imagens, como absorvem o que a televisão lhes apresenta e como tentam se adaptar a um ambiente marcado pela televisão". Assim formados, eles receberiam "uma patente, brevê ou licença" sem a qual não poderiam trabalhar na televisão, que seria suspensa ou cancelada se violassem, no exercício da profissão, um "juramento ético", semelhante ao de Hipócrates dos médicos, que fariam no início da sua atividade profissional. Uma "ordem" ou corporação igual às que agrupam os tabeliães ou doutores em medicina se encarregaria de zelar pela correta aplicação desse código de conduta.

Dá calafrios imaginar o que ocorreria se a proposta de Popper prosperasse e todas as sociedades abertas a adotassem. A partir desse momento, estas seriam bastante menos abertas, obviamente. Talvez houvesse nos programas de televisão menos doses dessa violência personificada pelos filmes de Tarantino ou James Bond. Mas, e quanto à *outra* violência que viria substituí-la? A da mediocridade e da asfixia do talento que toda burocratização de uma atividade criativa provoca, a da exclusão de todo espírito contestatário ou rebelde e a censura a qualquer experimentação ou busca do novo. A televisão daí resultante seria, talvez, tão saudável e pacífica como as que existem na China, em Cuba ou na Coreia do Norte, ou a que entretinha os telespectadores da Espanha franquista ou do Chile de Pinochet, onde só profissionais devidamente autorizados pelo Estado — através de uma "ordem" corporativa, sempre — podiam produzir filmes e programas que deviam ser realizados segundo um código estrito, a fim de defender a sociedade contra os seus inimigos. Isso resolveria o problema, ou o remédio seria pior que a doença?

O problema existe, claro, e não há dúvida de que se agravou com o desenvolvimento formidável das novas tecnologias da comunicação, porque é verdade que a televisão, e agora a internet e as chamadas redes sociais, exerce uma influência sem precedentes na vida moderna. E é imprescindível tomar certas precauções para que, por exemplo, no que se refere às crianças, essa influência não seja nefasta. É legítimo que se estabeleçam horários para a transmissão de determinados filmes ou programas cujo conteúdo pode ser nocivo para telespectadores de pouca idade e que eles sejam etiquetados de modo que os pais possam decidir a conveniência ou inconveniência de que seus filhos os assistam, muito embora, de fato, com a revolução audiovisual dos nossos dias, tais precauções possam ser inúteis. Em todo caso, se essas limitações chegarem ao extremo de fornecer ao Estado um álibi para controlar os meios de comunicação audiovisuais, o resultado seria, inevitavelmente, sua instrumentalização por aqueles que exercem o poder em benefício próprio, ou seja, uma violência tão destrutiva para o espírito e a moral como aquela que pretende erradicar.

Gostemos ou não, a televisão, a internet e as redes sociais estão aí, e por um bom tempo. Não tem sentido indagar se não seria melhor que tudo isso não tivesse sido inventado. Digam o que disserem as estatísticas, eu desconfio que, tal como acontece com os livros, a tão discutida violência aparece nas telas mais como efeito do que como causa da violência que faz estragos na sociedade e que, portanto, não é vedando o acesso às telas, mas sim fincando suas raízes na vida verdadeira, e mediante a educação, que ela será combatida eficazmente. Esse é um assunto complexo, sem dúvida, e talvez tenha muito mais a ver com as profundezas sujas e violentas que — apesar do que pensava aquele homem bom e sábio que foi Sir Karl Popper — também constituem a alma humana do que com os maus exemplos dados nas ficções da literatura, do cinema, da televisão e da internet.

Em todo caso, não é o excesso de concorrência, mas sua escassez que impede a televisão de produzir programas mais originais e criativos e faz proliferar nela a estupidez e o achatamento. Se houvesse na TV a diversidade e os matizes que existem nos livros, nas revistas, nos jornais e (em alguns países) nas estações de rádio, os espíritos refinados, sofisticados, exigentes e extravagantes encontrariam na telinha o que hoje brilha nesta por sua ausência. O desaparecimento das fronteiras midiáticas e o reinado das grandes autopistas da informação (e do entretenimento e da ficção) poderiam talvez ir nos aproximando desse ideal.

Raymond Aron (1905-83)

Era um homem baixinho e narigudo, de orelhas grandes, olhos azuis e olhar melancólico, extremamente cortês. Tinha nascido numa família judia laica, integrada e bastante próspera; passou sua infância em Versalhes, numa casa com quadra de tênis, atividade que praticou com certo sucesso na juventude, até que sua vocação intelectual o afastou dos esportes. Ainda assim continuou sendo um entusiasta do rúgbi, mas só pela televisão. Na École Normale, onde estudou nos anos 1920, tirava as melhores notas da classe, mas era tão discreto e prudente nas discussões que seu amigo e condiscípulo Jean-Paul Sartre um dia o interpelou assim: "Coleguinha, por que você tem tanto medo de dar um fora?". Sartre nunca teve esse temor e, ao longo da vida, deu foras com muita frequência, com toda a força de uma inteligência que disfarçava de verdades os piores sofismas. Raymond Aron, em contrapartida, persistiu até o final de sua fecunda existência, que terminou no final de setembro de 1983, no Palácio da Justiça de Paris, onde havia ido defender seu amigo Bertrand de Jouvenel num processo por difamação, sempre opinando com o mesmo juízo e boa educação da sua juventude, com exceção, talvez, do período da revolução estudantil de Maio de 1968, único acontecimento que o exasperou até tirá-lo do sério.

Muito jovem se interessou pela filosofia alemã, aprendeu alemão e, em 1930, ao terminar seus estudos na École Normale, partiu para a terra de Goethe. Passou dois anos em Colônia como professor, e depois mais dois na Französische Akademiker-Haus, em Berlim. Estava lá em 1932, ano do triunfo eleitoral de Hitler. Algum tempo depois, presenciou ao lado de um amigo, o historiador Golo Mann, o auto de fé no qual os nazistas queimaram milhares de livros "degenerados" nas portas da Universidade Humboldt. Esses traumáticos acontecimentos políticos não o distraíram do seu trabalho intelectual, do qual resultariam, após sua volta a Paris, dois livros cruciais de filosofia e sociologia que introduziram na França pensadores como Dilthey, Simmel, Husserl, Heidegger e Max Weber: *Essai sur une théorie de l'histoire dans l'Allemagne contemporaine* [Ensaio sobre uma teoria histórica na Alemanha contemporânea] e, sobretudo, sua tese de doutorado, *Introduction à la philosophie de l'histoire* [Introdução à filosofia da história] (ambos de 1938).

Aron foi um pensador um tanto excêntrico na tradição cultural da França, que idolatra os extremos: liberal e moderado, um líder nessa virtude política saxônica, o senso comum, um cético amável que, sem muita fortuna, mas com sabedoria e lucidez, defendeu durante mais de meio século, em livros, artigos e conferências — na cátedra e nos jornais —, a democracia liberal contra as ditaduras, a tolerância contra os dogmas, o capitalismo contra o socialismo e o pragmatismo contra a utopia. Numa época fascinada pelo excesso, a iconoclastia e a insolência, a sensatez e a urbanidade de Raymond Aron eram tão pouco vistosas, tão contraditórias com o torvelinho das modas frenéticas que mesmo alguns dos seus admiradores pareciam concordar secretamente com a fórmula malévola cunhada por alguém nos anos 1960 que dizia ser "preferível errar com Sartre a ter razão com Aron". Durante os anos 1950 e 1960, em meio aos tumultos intelectuais da França, onde a esquerda exercia o monopólio da vida cultural, Raymond Aron foi uma espécie de exilado interno em seu próprio país; depois, a partir da década de 1960, quando suas previsões e análises sobre o comunismo, a URSS e seus países satélites se confirmaram, foi sendo reconhecido até obter com suas *Memórias* (1983) um êxito quase que unânime. Mas passageiro. Embora essa aceitação deva ter-lhe agradado, não o demonstrou: estava concentrado demais na redação da sua última obra-prima: os dois grossos volumes de *Pensar a guerra: Clausewitz* (1976).

Era um intelectual desapaixonado, de inteligência penetrante, mas sem brilho, de prosa clara e fria, capaz de refletir serenamente sobre os temas mais candentes e comentar a atualidade com a mesma lucidez e distância com que dissertava em sua cátedra da Sorbonne sobre a sociedade industrial ou os seus mestres Montesquieu e Tocqueville. Mas, às vezes, podia ser um mago da ironia e do sarcasmo, como em sua conferência por ocasião do 150º aniversário do nascimento de Marx, ministrada na Unesco em plena Revolução de Maio de 1968, na qual disse que os estudantes berlinenses preparavam a sociedade pacífica do futuro marxista "defenestrando seus professores". A única coisa que o tirava do sério era, como o M. Teste, de Valéry, a *bêtisse* ou estupidez humana. Uma vez, comentando a demagogia populista do movimento de Poujade, escreveu: "Quando a burrice prevalece, eu deixo de entender".[1]

Seu desaparecimento nos privou de um dos últimos grandes intelectuais europeus, e um dos mais acessíveis aos profanos, um moralista, filósofo e sociólogo do mais alto nível que, ao mesmo tempo, exercia o jornalismo e teve o talento — hoje muito raro entre os intelectuais — de elevar o comentário da atualidade à categoria de ensaio criativo e de dar ao tratado universitário e à reflexão sociológica ou histórica a clareza de uma boa matéria jornalística. Professor do Collège de France, o articulista que por mais de meio século comentou a vida política semanal, primeiro em *Combat*, depois no *Le Figaro* e mais tarde em *L'Express*, constituiu uma negação viva da suposta incompatibilidade entre o especialista e o divulgador. Hoje os intelectuais são, e escrevem para, especialistas: entre o seu saber enclausurado atrás de retóricas frequentemente esotéricas e o produto intelectual cada vez mais barato e insolvente que chega ao grande público pelos meios de comunicação, o abismo parece insuperável. Uma proeza de Raymond Aron foi ter sido ao longo da sua vida uma ponte entre as duas margens desse precipício que cresce de forma pavorosa.

Havia nele um incansável trabalhador cujas ideias a vida o obrigava continuamente a passar pela prova da realidade. Intelectual germanófilo desde seus anos de estudante, foi residir num país onde, ao mesmo tempo que se familiarizava com a sociologia e a filosofia alemãs, o crescimento do nazismo e sua captura do poder o levaram a descobrir sua própria situação de judeu, da qual tinha pouca consciência. O judaísmo de Raymond Aron requer um parágrafo à parte. Tal como Sir Isaiah Berlin, a quem o unem tantas posições e atitudes, suas ideias a esse respeito são instrutivas num tema com tanta frequência distorcido pela paixão e pelo preconceito. Nascido e educado numa família que havia deixado de praticar a religião, assimilada, agnóstico ele próprio (seus pais nunca o levaram a uma sinagoga), Aron censurou muitas vezes a intolerância religiosa e o extremismo nacionalista daqueles que chamava, não sem humor, de seus "correligionários" judeus. Nunca acreditou no "povo eleito" e na "história sagrada" do Antigo Testamento. Mas quando, em 1967, o general De Gaulle numa entrevista coletiva chamou os judeus de "povo de elite, orgulhoso, seguro de si e dominador", Aron respondeu com um livro que é uma das mais inteligentes descrições da condição judaica e da problemática israelense: *De Gaulle, Israel et les juifs* [De Gaulle, Israel e os judeus] (1968).

Entre as homenagens que lhe foram tributadas após sua morte, o *Libération* afirmou que "Raymond Aron salvou a direita de naufragar na imbecilidade (*la connerie*)". Ah, a mania classificatória dos franceses e seu esquerdismo às vezes tão barato... Classificar assim apaga o matiz, que em Aron se confundia com a essência do que pensava. Citando Ortega y Gasset, ele disse uma vez que a direita e a esquerda eram "duas hemiplegias equivalentes". Considerado um direitista, Aron o foi de um modo muito particular, quer dizer, muito liberal. Depois da derrota da França em 1939, foi um dos primeiros intelectuais a partir para Londres e se alistar nas Forças Francesas Livres, mas o general De Gaulle não o deixou ser um combatente, como pretendia, e o nomeou diretor da revista da resistência, *La France Livre*. Sua adesão a De Gaulle foi sempre independente, desconfiada e crítica; muitas vezes foi um censor severo da Quinta República e do próprio general, que acusava de autoritários. Depois da revolução estudantil de 1968, à qual se opôs com uma paixão nele rara, escreveu, em *La Révolution introuvable: Réflexions sur la révolution de mai* [A revolução perdida: Reflexões sobre a revolução de maio] (1968): "Eu não sou gaullista, e continuo não o sendo e gozando da antipatia particular do general De Gaulle".[2]

Por outro lado, foi o primeiro intelectual que se atreveu a afirmar que a independência da Argélia era inevitável, em *La Tragédie algérienne* [A tragédia argelina] (1957), livro escrito numa época em que quase toda a esquerda francesa, incluindo o partido socialista, tinha uma posição reacionária e nacionalista sobre a questão. Michel Winock resenhou o escândalo que causou na imprensa de direita essa tomada de posição de Raymond Aron contra o nacionalismo patrioteiro que na França reivindicava, do socialismo à extrema direita, a manutenção da Argélia dentro da soberania francesa e o extermínio do FLN insurreto.[3] As ideias de Aron eram coerentes e indiscutíveis: não é idôneo defender, por um lado, o liberalismo e a democracia e, por outro, uma política imperialista e colonial contra um povo que exige o seu direito de ser independente. É verdade que, quando a França invadiu e ocupou a Argélia, no século XIX, a França mais progressista (toda a Europa, na verdade) acreditava que "colonizar" era garantir o progresso a sociedades que viviam no obscurantismo feudal, lutar contra a escravidão, levar-lhes a filosofia do Iluminismo, a alfabetização, a técnica e a ciência modernas, enfim, todos os mitos que serviam para aliviar a consciência das potências coloniais. Mas no século XX esses embustes já tinham sido desmentidos por uma realidade cruel e flagrante — a exploração crua e dura dos colonizados pela política racista, discriminatória e abusiva dos colonos —, e Aron explicava isso com sua objetividade e inteligência habituais: a França, campeã das liberdades, não podia negar aos argelinos seu direito de criar um Estado próprio e escolher seus governos.

Praticamente toda a direita na França se sentiu traída por aquele que julgava ser o seu melhor porta-voz intelectual. Choveram insultos sobre Aron, chamando-o de "intelectual cerebral desprovido de humanidade" (D. Arlon), condenando "seu estoicismo estatístico de corte glacial" (Jules Monnerot), seu "realismo dissecado" (G. Le Brun Keris) e sua "clareza gélida" (François Mauriac). Outros o acusaram de ter se tornado um "porta-voz do grande capital" norte-americano, e não faltaram ataques antissemitas, como o de *Réveil de la France*, que, comparando-o com Mendès France e Servan-Schreiber (também de origem judaica), lamentava "esses franceses que ainda não se acostumaram com a França".

O ÓPIO DOS INTELECTUAIS

Mas Raymond Aron se contrapôs sobretudo aos pensadores radicais de esquerda da sua geração. Foi um impugnador tenaz e, durante muitos anos, quase solitário, das teorias marxistas e existencialistas de Sartre, Merleau-Ponty e Louis Althusser, como provam suas polêmicas, ensaios e artigos reunidos nos volumes *Polémiques* [Polêmicas] (1955)[4] e *D'Une Sainte Famille à l'autre* [De uma família santa à outra] (1969)[5] e sua esplêndida análise do marxismo e da cultura, de 1955, *O ópio dos intelectuais*, que François Furet definiu muito bem como "um livro de combate e de filosofia".

Nele, esse "liberal incorrigível", como se autodenomina, passa em revista as atitudes dos intelectuais frente ao poder e ao Estado desde a Idade Média e descreve as coincidências e diferenças entre o intelectual na União Soviética submetido aos dogmas do Partido Comunista e o intelectual "cético", sua forma característica de dizer "livre": "Façamos votos pela vinda dos céticos se são eles que apagarão o fanatismo".[6]

Para Aron, o marxismo é, tal como foi o nazismo, uma típica "religião secular" do nosso tempo, definição que ele usou pela primeira vez em artigos publicados em *La France Livre* em 1944. Entre as páginas mais interessantes está sua minuciosa explicação da dogmática em que se transformou o marxismo, cujo mentor havia chamado a religião de "ópio do povo". Suas semelhanças com a Igreja católica são grandes, pelo menos na aparência: ambos compartilham o messianismo otimista — a sociedade sem classes será o fim da história e iniciará uma era paradisíaca de paz e justiça para toda a humanidade —, o dogma ideológico segundo o qual a história é produto da luta de classes e o Partido Comunista, sua vanguarda, guerra na qual o proletariado representa os justos, salvadores do bem e instrumento graças ao qual a burguesia exploradora será derrotada e os últimos tornar-se-ão os primeiros. O livro foi escrito quando os "padres operários", que faziam uma ponte entre o catolicismo e o comunismo, tinham acabado de ser advertidos pelo Vaticano, e Raymond Aron traça uma descrição sutil desses religiosos, cujo principal porta-voz era a revista *Esprit*, que julgavam compatível o marxismo com o cristianismo e figurariam entre os mais ativos "companheiros de viagem" dos comunistas. Essa aliança, segundo Aron, implicava uma contradição insolúvel porque a Igreja, quisesse ou não, sempre "consolida a injustiça estabelecida" e "o ópio cristão torna o povo passivo", enquanto "o ópio comunista o incita a se rebelar". Mas pelo menos numa coisa as duas religiões — a sagrada e a secular — se parecem, pois "a religião stalinista", tal como a cristã, justifica todos os sacrifícios, excessos e abusos em nome do paraíso, "um futuro que se afasta à medida que avançamos na sua direção, momento em que o povo colherá o fruto de sua longa paciência".

Dito tudo isso, convém esclarecer que *O ópio dos intelectuais*, mais que contra os comunistas, foi escrito contra os criptocomunistas, companheiros de viagem ou inocentes úteis representados na França do pós-guerra pelos cristãos de esquerda e os existencialistas, principalmente Jean-Paul Sartre e Maurice Merleau-Ponty, contra os quais as críticas do ensaio são incisivas.

Aron mostra que tanto a direita como a esquerda vivem tantas divisões em seu seio que é irreal falar de uma esquerda unida, herdeira da grande revolução de 1789, laica e a favor de uma cultura igualitarista e liberal. E que, entre as forças de esquerda, o problema está centrado no tema da liberdade. Lembra que na Inglaterra os trabalhistas, no governo desde 1945, fizeram grandes reformas sociais "arruinando os ricos" sem por isso arrasar as liberdades públicas, enquanto o stalinismo as destruiu ao estender o controle do Estado a toda a vida econômica.

Descreve o fracasso da IV República, em que o gaullismo foi derrotado nas urnas. O mito da revolução, encarnado na URSS, havia seduzido um grupo numeroso de intelectuais, como demonstra a polêmica de 1952 entre Sartre e Francis Jeanson por um lado e, do outro, Albert Camus, sobre os campos de concentração na União Soviética. A posição de Aron, muito próxima à deste último, é muito crítica em relação a Sartre, que não negava que existisse o gulag — ainda não se tornara pública esta denominação que Alexandr Solsjenitsyn difundiria anos depois — mas o justificava, pois, a seu ver, a URSS, apesar de tudo, representava a defesa do proletariado em sua luta sem quartel contra a burguesia. Aron sublinha o paradoxo de que a violência seduz cada vez mais profundamente a classe intelectual, ao mesmo tempo que, na realidade política da França, a revolução vai se afastando e eclipsando. E pergunta se essa paixão pela violência não tem muito em comum com a atração que ela sempre exerceu sobre o extremismo da direita europeia, isto é, o fascismo e o nazismo.

O mais persuasivo e brilhante dos temas desenvolvidos em *O ópio dos intelectuais* é o "mito do proletariado", ao qual Marx atribuía a função de salvar a humanidade da injustiça e da exploração e estabelecer uma sociedade sem classes, justa e livre de contradições. Aron afirma a origem messiânica, judaico-cristã, dessa convicção, um ato de fé que carece de fundamento científico. Por que a classe operária seria a única capaz de salvar a humanidade? Para começar, a condição operária em 1955 é muito diferente da situação dos operários na juventude de Marx em meados do século XIX, e, por outro lado, o nível de vida e os direitos dos trabalhadores industriais em países como os Estados Unidos, Suécia, Grã-Bretanha, diferentes entre si, são também enormemente superiores em comparação com os dos países atrasados e do terceiro mundo.

Também não é verdade que, ao chegarem ao poder na URSS, os operários tenham "se libertado": continuam sendo escravos, não mais dos capitalistas, mas dos dirigentes políticos autoproclamados representantes da história, que lhes pagam salários misérrimos, não autorizam sindicatos independentes e reprimem qualquer protesto operário como um crime político. Aron ironiza os intelectuais existencialistas e cristãos, muitos dos quais nunca tinham visto um operário em sua vida e viviam nas sociedades livres e afluentes do Ocidente, difundindo o mito do proletariado lutador e revolucionário em países onde a maioria dos operários aspirava a coisas menos transcendentes e mais práticas: casa própria, carro, seguridade social e férias pagas, quer dizer, aburguesar-se. As verdadeiras vítimas da injustiça social no presente, afirma, são os judeus e outras minorias vítimas do preconceito racial, os semiescravos dos países africanos e do Oriente Médio, os camponeses e servos dos latifúndios no terceiro mundo.

Outro capítulo soberbo de *O ópio dos intelectuais* é o intitulado "Homens de Igreja e homens de fé", que estuda o comunismo como uma religião secular, com suas ortodoxias e heterodoxias, suas seitas, seus desvios e sua inquisição. É de relevância singular sua interpretação dos "processos stalinistas" dos anos 1930 em que Kamenev, Bukharin, Zinoviev e outros companheiros de Lênin foram obrigados a se declarar "agentes de Hitler e da Gestapo" antes de serem executados. Parece incrível que filósofos respeitáveis, como Merleau-Ponty em seu livro *Humanismo e terror*, validassem essas monstruosidades jurídicas — verdadeiros assassinatos legais — em nome da "verdade essencial" da luta de classes e do Partido Comunista como representante e vanguarda do proletariado. É preciso dizer que, ao contrário de Sartre, Merleau-Ponty depois mudou de opinião, e rompeu com este exatamente devido à perseverante defesa do marxismo que ele fazia como "o horizonte insuperável da história do nosso tempo". Seu livro *As aventuras da dialética* (1955) é uma crítica muito severa ao ensaio de Sartre sobre *Les communistes et la paix* [Os comunistas e a paz], e Simone de Beauvoir lhe respondeu com um panfleto não menos virulento: *Merleau-Ponty et le pseudo-sartrisme* [Merleau-Ponty e o pseudossartrismo] (1955). Aron faz uma implacável análise minuciosa da falácia que é considerar o Partido Comunista — chamando-a de "história sagrada" —, com suas idas e vindas, suas contradições e mudanças de comportamento político, suas abjurações e repressões, como representante eterno da verdade histórica e da justiça social.

Em "O sentido da história" refuta a ideia dos "homens de Igreja" e dos "homens de fé" de que a história tem um sentido unívoco e que desaparecerá com a luta de classes, quando não houver mais a exploração do homem pelo homem. O "fim da história", afirma, é uma ideia religiosa e, no entanto, é simplista pensar que o motor da história seja somente o conflito entre burguesia e proletariado, ignorando a multiplicidade de fatores sociais, culturais, tradicionais, religiosos, costumbristas, psicológicos, familiares e pessoais, além dos econômicos, sem os quais seria impossível entender fatos históricos como a batalha de Austerlitz ou o ataque de Hitler à URSS em 1941. Só "um ato de fé" pode levar um filósofo — ele se refere sempre a Merleau-Ponty —, uma vez que o Partido Comunista toma o poder, a aceitar o que antes condenava: a falta de liberdade eleitoral ou de imprensa e os desrespeitos aos direitos humanos, incluindo a tortura: "O fim sublime desculpa os meios horríveis".

Aron critica "a idolatria da história", negando que esta contenha a explicação absoluta do fenômeno humano. Um dos maiores acertos desse ensaio é fundir a sabedoria filosófica e a política, o raciocínio sereno e ponderado com a atitude polêmica e por vezes até panfletária, simultaneamente em relação com o passado e com a atualidade. Suas páginas continuam sendo um alerta contra o dogmatismo ideológico destinado a legitimar os mitos marxistas do proletariado, da revolução e do Partido Comunista e as supostas onisciência e onipotência do Comitê Central e do secretário-geral, introduzidas por Lênin e utilizadas, sobretudo, por Stálin.

Esse e outros livros dele, como *Os marxismos imaginários* (1969), procuravam oferecer um contrapeso valente e razoável à febre ideologizante da época, mostrando o relativismo e os mitos das teorias que pretendem respostas definitivas e absolutas sobre a sociedade e o homem. Sua repercussão, desafortunadamente, não foi tão grande como merecia, sobretudo entre os jovens, porque esses ensaios, como outros que Aron escreveu ditados pela atualidade — por exemplo, *A república imperial* e sua crítica a agitações e à suposta revolução estudantil de Maio de 1968 na França, *La Révolution introuvable* —, limitavam-se a desarticular as ideologias em voga, sem contrapor a elas como alternativa uma teoria totalizadora, em que não acreditava. Também nisso era um liberal genuíno. Nos nossos dias, quando uma saudável revisão crítica substitui as ilusões utópicas dos anos 1950 e 1960, o realismo pragmático e as teses reformistas e liberais de Raymond Aron deveriam encontrar uma audiência mais propícia.

A REVOLUÇÃO PERDIDA

Em maio de 1968 ocorreram na França agitações estudantis na Universidade de Nanterre, que depois se estenderam à Sorbonne, ao resto de universidades do país e aos institutos e colégios. Assim começou "A revolução estudantil", que teve corolários em diversos lugares, motivo pelo qual lhe deram uma importância extraordinária no mundo inteiro que, meio século depois, parece excessiva em comparação com o que realmente significou: certa liberação dos costumes, principalmente a liberdade sexual, o desaparecimento das formas da cortesia, a multiplicação dos palavrões nas comunicações, e não muito mais. Não apenas a sociedade francesa continuou igual, mas também a própria universidade, em vez de democratizar-se, tornou-se mais rígida, seus níveis acadêmicos anteriores desabaram e seus problemas continuam sem solução.

No primeiro momento, os acontecimentos de Maio de 68 tiveram o aspecto de uma revolução libertária — em todo caso, antistalinista — na sociedade francesa, encabeçada pelos estudantes. Assistentes e catedráticos, assim como funcionários das universidades, se uniram à rebelião, ocupando espaços universitários onde estabeleceram comunas, fizeram barricadas, houve assembleias quase diárias, tumultuadas, nas quais se votavam propostas simpáticas, mas delirantes (os slogans mais populares eram "a imaginação ao poder" e "é proibido proibir"), e tomaram teatros e centros culturais. Os ecos da mobilização chegaram até o Festival de Cannes, provocando um incidente no qual o cineasta Jean-Luc Godard, demolido com um soco no queixo, foi uma das poucas vítimas da revolta. Os esforços dos estudantes para se conectarem com o mundo operário e arrastá-lo para a ação, embora os sindicatos comunistas fossem contrários, tiveram algum sucesso, porque uma onda de greves paralisou muitas fábricas em diversos pontos da França, obrigando o Partido Comunista, que a princípio estava muito reticente, a declarar uma greve geral. Nessa curiosa revolução não houve nenhuma morte, mas, sim, em contrapartida, intensos debates em que trotskistas, marxistas-leninistas, maoistas, fidelistas, guevaristas, anarquistas, cristãos progressistas e todo tipo de grupos e grupelhos de extrema esquerda (com exceção daqueles que Cohn-Bendit, um dos líderes de Maio de 1968, chamaria de "a crápula stalinista") intercambiaram ideias, projetos e manifestos incendiários sem chegar às vias de fato. Tudo isso, porém, se eclipsou de forma inesperada quando, nas eleições convocadas em plena efervescência revolucionária, o partido gaullista arrasou nas urnas e obteve a sua vitória mais retumbante, confirmando com folga a maioria absoluta que já possuía no Parlamento. A famosa revolução se esvaziou como por passe de mágica, confirmando, mais uma vez, a tese de Raymond Aron de que no século XX, tal como no XIX, todas as crises revolucionárias francesas também "são seguidas, depois da fase das barricadas ou das ilusões líricas, por uma volta arrasadora do partido da ordem".[7]

Não é preciso dizer que a "Revolução de Maio", na qual se quis ver a materialização das teses sociológicas de Herbert Marcuse, contou com o apoio praticamente unânime da classe intelectual, encabeçada por Sartre, Simone de Beauvoir, Althusser, Foucault, Lacan, com manifestos, conferências, visitas às barricadas e até o assalto simbólico de um grupo de escritores a um hotel. A exceção foi Raymond Aron, que, desde o primeiro momento, se pronunciou de forma categórica — e, pela única vez em sua vida, enfurecida — contra o que lhe parecia não uma revolução, mas sim uma caricatura, uma comédia bufa que não iria provocar mudança alguma na sociedade francesa e sim a destruição da universidade e dos progressos econômicos que a França estava realizando. Recebeu críticas tão duras de Sartre devido a isso que um grupo de intelectuais encabeçado por Kostas Papaioannou divulgou um manifesto defendendo-o.

No livro que publicou depois, *La Révolution introuvable*, composto por uma longa entrevista com Alain Duhamel, um ensaio próprio e uma compilação de todos os artigos que escreveu no *Le Figaro* em maio e junho de 1968, Aron declara desde o primeiro momento sua hostilidade àquilo que lhe parece um movimento caótico que levará à "latino-americanização" da universidade francesa. Ele acha que o processo está carregado de "paixão e de delírio" e sendo controlado por grupos e grupelhos extremistas que se propõem a utilizá-lo para revolucionar a sociedade segundo modelos inspirados em diversas variantes do marxismo — o trotskismo, o fidelismo, o maoismo —, coisa que, a curto ou a longo prazo, servirá apenas para "aumentar a confusão reinante" e, no pior dos casos, afundar a França numa ditadura. Esse caminho, porém, lhe parece improvável, e nas suas análises, cheias de referências ao ceticismo e à frustração que seu mestre Alexis de Tocqueville manifestou sobre a Revolução de 1848, Raymond Aron aponta o paradoxo de que os estudantes revolucionários, com sua vontade de criar uma "democracia direta", apesar de se declararem marxistas eram mais antissoviéticos que anticapitalistas.

Nesse ensaio, ele se defende de ter passado para "a reação" e lembra a frequência com que havia reclamado uma reforma integral da universidade na França, para modernizá-la em vez de fazê-la retroceder, descongestionando--a, libertando-a do estatismo asfixiante, estabelecendo um controle maior na admissão de estudantes, pois sua massificação atual conspira contra o rendimento acadêmico e a formação que pode dar aos jovens para que depois possam ter sucesso ao entrarem no mercado de trabalho. As manifestações dos rebeldes contra a sociedade de consumo revelam, diz ele, sua cegueira e seu dogmatismo, pois a "sociedade de consumo é a única que permite manter dezenas de milhares de estudantes dentro da universidade". Também descarta que essa revolução seja democrática: "Quem vai acreditar que as votações de mão levantada nas assembleias plenárias ou gerais são a livre vontade de professores e estudantes?". Afirma que a maioria dos engajados no movimento é de jovens pacíficos e reformistas, mas que estão sendo neutralizados por grupos e grupelhos revolucionários seduzidos pelos exemplos da China maoista e da Cuba fidelista, os quais, afirma, é preciso enfrentar com resolução sem temer a impopularidade. É verdade que naqueles dias essa posição rendeu críticas muito duras a Raymond Aron, mas o tempo terminaria lhe dando razão também nesse caso: a Revolução de Maio não melhorou em nada a situação da universidade na França, que continua ainda hoje imersa numa crise caótica e insolúvel.

Embora desconfiasse sempre dos grandes entusiasmos políticos, o espectador comprometido que era, segundo própria definição, Raymond Aron acreditava, contudo, no progresso. Para ele, embora sem muitas ilusões a respeito, esse progresso era representado pela sociedade industrial moderna, que havia alterado por completo a estrutura econômica e social que Marx estudou e que lhe serviu de base para desenvolver suas teorias sobre a condição operária, por exemplo, que a modernidade tornara obsoletas. Aron analisou e defendeu luminosamente a nova sociedade num livro que resumia suas aulas na Sorbonne de 1956 e 1957 e que foi, dentre suas obras, uma das que teve mais leitores: *Dezoito lições sobre a sociedade industrial* (1963). Nesse texto e nas conferências que publicou sob o título *Ensaios sobre as liberdades* (1965) está concentrada boa parte do pensamento político de Raymond Aron.

Pode esse pensamento ser sintetizado em poucas frases? Se é insensata qualquer ideia de construir o paraíso na terra, pode ser perfeitamente lícito concluir, em contrapartida, aproveitando as lições do desenvolvimento histórico da humanidade, que o homem foi progredindo na medida em que diminuía sua servidão religiosa, o despotismo se enfraquecia e a massa gregária ia se transformando numa comunidade de indivíduos a que se reconheciam certos direitos e se deixava tomar iniciativas. O desenvolvimento técnico e científico do Ocidente foi o acelerador desse processo de emancipação do indivíduo graças ao qual surgiram as nações industriais e democráticas modernas. A grande revolução tecnológica serviu, por um lado, para acelerar o desenvolvimento e, por outro, para atenuar os excessos e abusos do velho capitalismo. Com todos os defeitos que se pode atribuir às sociedades industriais modernas, nelas a prosperidade, a justiça e a liberdade superaram limites como jamais havia ocorrido no passado nem em outros regimes contemporâneos, principalmente nos comunistas. Elas demonstraram que "não há incompatibilidade entre as liberdades políticas e a riqueza, entre os mecanismos do mercado e a elevação do nível de vida: pelo contrário, os países que têm democracia política e uma economia relativamente livre atingiram os níveis de vida mais altos".[8] Mas tal panorama não justifica o otimismo, pois a sociedade desenvolvida e democrática do nosso tempo está ameaçada. Seu primeiro inimigo é o Estado, uma entidade constitutivamente voraz e opressiva, burocrática, sempre à espreita para, no primeiro descuido, crescer e abolir tudo aquilo que o freia e limita. O segundo, os Estados totalitários — a URSS e a China —, para os quais a simples existência da sociedade democrática já constitui um grave risco. Depende da capacidade do homem moderno de resistir ao crescimento do Estado e à ofensiva totalitária que a história futura prossiga sua evolução gradual para melhores formas de vida ou retroceda como um caranguejo em direção ao obscurantismo, à intolerância e à escassez em que ainda vive boa parte do planeta.

Não podemos esquecer que Raymond Aron viveu e escreveu durante a Guerra Fria, que na França, principalmente, mobilizou um setor muito numeroso da classe intelectual e importantes setores democráticos a favor de campanhas pela neutralidade e a paz patrocinadas pela União Soviética e os partidos comunistas. Sua posição a respeito foi contundente e inequívoca: "Na guerra política, não há nem pode haver neutralidade".[9] A seu ver, Stálin e a URSS já teriam se apoderado da Europa Ocidental há muito tempo se não fosse o temor de que essa ocupação desencadearia uma guerra nuclear com os Estados Unidos. Mas que ninguém se enganasse: a vocação imperial da União Soviética era manifesta, como demonstravam todos os países satélites da Europa central e oriental, e o Ocidente não podia abaixar a guarda. Por isso, Aron defendeu a aliança atlântica e jamais admitiu que a União Europeia, que sempre apoiou, pudesse significar uma ruptura ou um distanciamento entre a Europa e os Estados Unidos. A sociedade norte-americana podia estar longe da perfeição, como revelava, por exemplo, a condição discriminatória de que eram vítimas os negros, mas, considerando os prós e os contras, lá pelo menos se respeitava o direito à crítica e a abertura do sistema permitia as reformas, ao passo que o totalitarismo de Stálin iria mergulhar a Europa livre e democrática na submissão total.

Há algo que se poderia criticar no admirável Raymond Aron? Talvez sim. Que todo o seu pensamento girava em torno da Europa e dos Estados Unidos e, tal como Albert Camus, revelasse um desinteresse quase total pelo terceiro mundo, ou seja, a África, a América Latina e a Ásia. Teria chegado, em seu íntimo, à convicção de que para os nossos países, envolvidos em conflitos e problemas ferozes, já não havia esperança? No caso de um pensador universal em tantos sentidos, é surpreendente essa falta de curiosidade pelo que estava acontecendo com os outros dois terços da humanidade.

RAYMOND ARON E JEAN-PAUL SARTRE

Contemporâneos, colegas de estudo e amigos na juventude, depois rivais ferrenhos, mas reconhecidos por todos aqueles que não foram cegados pela miopia ideológica como as duas figuras intelectuais mais importantes da França moderna, é interessante comparar os casos de Raymond Aron e Jean-Paul Sartre.

Eu estava em Paris quando se celebrou o centenário de ambos, em 2005. A França comemorou com toda a pompa os cem anos do autor de *O ser e o nada*. Documentários, programas e debates no rádio e na televisão sobre o seu legado intelectual e político, suplementos especiais nos principais jornais e semanários, uma profusão de novos livros sobre a sua vida e a sua obra, e, como cereja do bolo, uma exposição, *Sartre e seu século*, na Biblioteca Nacional, um modelo no gênero. Eu passei três horas percorrendo-a e me faltou ver muita coisa.

Na exposição se podiam acompanhar, passo a passo, com bastante objetividade, todos os pormenores de uma vida que cobre o século XX, chamado certa vez por Bernard-Henri Lévy, com exagero, de *le siècle de Sartre*, cujos livros, ideias e tomadas de posição exerceram uma influência na França e em boa parte do mundo dificilmente imaginável hoje em dia. (Nos anos 1950, no Peru, eu gastava metade do meu salário com a assinatura de *Les Temps Modernes*, a revista de Sartre, que lia e estudava todo mês do começo ao fim.) Uma das lições que essa exposição dava ao espectador era constatar a precariedade do ensino sartriano, tão difundido há cinco décadas e hoje praticamente extinto. Estava tudo naquelas vitrines: desde como o menino descobriu sua feiura, aos dez anos, nos olhos da mãe viúva que se casara de novo, até sua decisão, quando era (depois de Aron) o estudante estrela da École Normale, de não abrir mão de nenhuma de suas duas vocações: a literatura e a filosofia, e ser "um Stendhal e um Espinosa ao mesmo tempo". Antes de completar quarenta anos já havia conseguido, e, ademais, coisa não prevista por ele, se tornara uma figura midiática que saía nas revistas de frivolidades e era alvo da curiosidade turística em Saint-Germain-des-Prés, ao lado de Simone de Beauvoir, Juliette Gréco e Edith Piaf, como um dos ícones da França do pós-guerra.

Cartazes e fotografias documentavam as estreias de suas peças teatrais, os lançamentos dos seus livros, as críticas que receberam, as entrevistas que deu, a publicação de *Les Temps Modernes*, e também estavam lá os manuscritos dos seus ensaios filosóficos e dos seus contos e romances, que escrevia em cadernetas escolares ou papéis soltos sentado em cafés, em uma mesa separada, mas contígua àquela onde trabalhava sua companheira "morganática", Simone de Beauvoir. Sua polêmica mais badalada, com Albert Camus, sobre os campos de concentração soviéticos, estava muito bem exposta, assim como as repercussões desse debate no âmbito intelectual e político, dentro e fora da França. E também as suas viagens pelo mundo afora, seus amores fraturados com os comunistas, sua luta anticolonialista, seu empenho em aderir ao movimento de Maio de 1968 e a radicalização extrema e um tanto penosa dos seus últimos anos, quando ia visitar na cadeia os terroristas alemães do bando Baader-Meinhof, vendia nas ruas o jornal dos maoistas *La Cause du*

Peuple ou, já cego, de cima de um barril, discursava nas portas das fábricas de Billancourt.

A exposição era esplêndida e, para alguém como eu, que viveu de muito perto uma parte daqueles anos e participou dessas polêmicas, e dedicou muitas horas a ler os livros e artigos de Sartre, a devorar todos os números de *Les Temps Modernes* e tentar seguir o autor de *Os caminhos da liberdade* em suas barrocas idas e voltas ideológicas, um tanto melancólica. Mas não creio que tenha despertado nos jovens grande interesse em redescobrir Sartre nem conquistado para ele maior respeito e admiração. Porque, exceto na questão do anticolonialismo, na qual sempre manteve uma posição clara e lúcida, a exposição, apesar de seus evidentes propósitos hagiográficos, revelava como ele quase sempre era desastrado e errava nas posições políticas que defendeu ou atacou.

De que lhe servia sua fulgurante inteligência se, voltando de uma excursão pela URSS em meados dos anos 1950, no pior período do gulag, pôde afirmar: "Constatei que na União Soviética a liberdade de crítica é total"? Na sua polêmica com Camus, fez algo pior que negar a existência dos campos de concentração stalinistas para dissidentes reais ou supostos: justificou-os, em nome da sociedade sem classes que estava sendo construída. Seus libelos contra antigos amigos, como Albert Camus, Raymond Aron ou Maurice Merleau-Ponty, por não aceitarem acompanhá-lo no papel de companheiro de viagem dos comunistas que assumiu em diferentes períodos, provam que sua retumbante afirmação "Todo anticomunista é um cão" não era uma frase de efeito, mas uma convicção profunda.

Parece mentira que alguém que, apenas meio século antes, justificava em seu ensaio sobre Frantz Fanon o terror como terapêutica graças à qual o colonizado recupera sua soberania e dignidade, e que, proclamando-se maoista, projetava sua respeitabilidade e prestígio sobre o genocídio que a China cometia durante a Revolução Cultural, tenha sido considerado por tanta gente (eu me declaro culpado, fui um deles) como consciência moral do seu tempo.

Muito mais discreta, para não dizer clandestina, foi a celebração dos cem anos de Raymond Aron, que praticamente não passou das catacumbas acadêmicas e da antiga revista *Commentaire*, fundada e dirigida por ele. Aron e Sartre foram amigos e colegas, e há fotos que mostram os dois *petits copains* abraçados, se divertindo. Até o início da Segunda Guerra Mundial os dois seguiram uma trajetória semelhante. Depois, com a invasão nazista, Aron foi um dos primeiros franceses a viajar para Londres e se unir à resistência. Sempre foi um decidido partidário da reconciliação entre a França e a Alemanha e da construção da Europa, mas, divergindo também nisso de boa parte da direita francesa, nunca pensou que a unidade europeia serviria para enfraquecer o atlantismo, a estreita colaboração da Europa com os Estados Unidos, que sempre estimulou.

Ao contrário da obra de Sartre, que envelheceu junto com suas opiniões políticas — os romances devem sua originalidade técnica a John dos Passos e, com exceção de *Entre quatro paredes*, seus dramas não passariam hoje na prova do palco —, a obra de Aron conserva uma viçosa atualidade. Seus ensaios de filosofia da história, de sociologia, e sua defesa tenaz da doutrina liberal, da cultura ocidental, da democracia e do mercado nos anos em que o grosso da intelectualidade europeia havia sucumbido ao canto de sereia do marxismo, foram plenamente confirmados pelo que ocorreu no mundo com a queda do muro de Berlim, símbolo do desaparecimento da URSS e da transformação da China em sociedade capitalista autoritária.

Por que, então, se não as ideias, o *glamour midiático* do ilegível Sartre continua vivo enquanto a figura do sensato e convincente Raymond Aron não parece seduzir quase ninguém? A explicação disso tem a ver com uma das características que a cultura adquiriu em nosso tempo, contaminando-se de teatralidade e ficando banal e frívola por seu contato com a publicidade e a bisbilhotice da imprensa sensacionalista. Vivemos na civilização do espetáculo, e os intelectuais e escritores que costumam figurar entre os mais populares quase nunca o são pela originalidade de suas ideias nem pela beleza de suas criações, ou, em todo caso, não apenas por razões intelectuais, artísticas ou literárias. São populares principalmente por sua capacidade histriônica, pela forma como projetam a sua imagem pública, por suas exibições, seus desplantes, suas insolências, toda aquela dimensão bufa e ruidosa da vida pública que hoje em dia faz as vezes de rebeldia (na verdade, atrás dela se esconde o conformismo mais absoluto) e da qual a mídia tira proveito, transformando seus autores, tal como os artistas e os cantores, em espetáculo para a massa.

Na exposição da Biblioteca Nacional aparece um aspecto da biografia de Sartre que nunca foi completamente esclarecido. Ele realmente foi um resistente contra o ocupante nazista? Pertenceu, sim, a uma das muitas organizações de intelectuais da resistência, mas é óbvio que esse engajamento foi muito mais teórico que prático, pois durante a ocupação Sartre estava muito atarefado: era professor, inclusive substituindo num colégio outro professor expulso do cargo por ser judeu — esse episódio foi objeto de virulentas discussões —, e escreveu e publicou todos os seus livros e estreou suas peças, aprovadas pela censura alemã, como André Malraux recordaria anos mais tarde. Ao contrário de resistentes como Camus ou Malraux, que arriscaram a vida nos anos de guerra, não parece que Sartre tenha arriscado muito. Talvez inconscientemente pretendesse apagar esse passado incômodo com as posições cada vez mais extremistas que adotou depois da libertação. Um dos temas recorrentes da sua filosofia foi a consciência pesada que, segundo ele, condiciona a vida burguesa, induzindo constantemente homens e mulheres dessa classe social a mentir, disfarçar sua verdadeira personalidade sob máscaras enganosas. No melhor dos seus ensaios, *Saint Génet, ator e mártir*, ele ilustrou com uma acuidade penetrante esse sistema psicológico-moral no qual, segundo ele, o burguês se esconde, nega e renega a si mesmo o tempo todo, fugindo daquela consciência pesada que o acusa. Talvez seja verdade, no caso dele. Talvez o temível inimigo dos democratas, o anarco-comunista contumaz, o "mao" incandescente não passasse de um burguês desesperado multiplicando as poses para que ninguém viesse lembrar sua apatia e prudência frente aos nazistas quando a chapa estava quente e o engajamento não era uma prestidigitação retórica, mas uma escolha de vida ou morte.

Aconteceram muitas coisas na França e no mundo depois da morte de Raymond Aron: elas lhe deram a razão ou refutaram suas ideias? O Partido Comunista, que, na sua época, chegou a ser o maior partido do país, foi encolhendo até se tornar praticamente marginal, o que constitui uma de suas vitórias póstumas. E, outra, a classe intelectual francesa atualmente parece tão distante do marxismo como ele sempre foi. O mais surpreendente é que os antigos eleitores comunistas, como os operários do "cinturão vermelho" de Paris, agora votem no Front National, que passou da insignificância ultradireitista que representava há poucos anos a uma força que se mede de igual para igual com as principais correntes políticas. Isso é algo que nem Aron nem ninguém poderia imaginar, ou, talvez, somente um Hayek, que sustentou que apesar dos seus ódios recíprocos os comunistas e os fascistas tinham um denominador comum: o estatismo e o coletivismo. Nas últimas eleições francesas, um jovem que fazia suas primeiras intervenções no campo político,

Emmanuel Macron, despertou um entusiasmo extraordinário, sobretudo nas novas gerações, com ideias de centro-direita que, à primeira vista, parecem bastante próximas daquelas que Raymond Aron defendeu por toda a sua vida. Será que a França dos nossos dias vai redescobrir nesse solitário intelectual democrata e liberal do século XX um precursor e guia ideológico do que parece ser uma etapa nova e interessante de sua evolução política?

A poderosa União Soviética contra a qual Aron lutou por toda a vida se extinguiu, vítima da sua própria incapacidade para satisfazer as ambições dos seus milhões de cidadãos, e foi substituída por um regime autoritário e imperial, de capitalismo gangsterístico e mercantilista, que parece continuação do velho tsarismo autoritário e prepotente. A China deixou de ser comunista para se tornar um modelo de capitalismo autoritário. Entretanto, seria precipitado dizer que a história deu a razão a Raymond Aron. Porque, embora a ameaça do comunismo, contra o qual ele se bateu sem trégua, deixou de sê-lo para a democracia no mundo — só um demente adotaria como modelos para seu país os regimes da Coreia do Norte, de Cuba ou da Venezuela —, esta não ganhou o jogo e é provável que jamais ganhe por completo. É verdade que, no mundo ocidental, a União Europeia, apesar do Brexit, continua sólida, e boa parte da América Latina pendeu para a democracia. Mas surgiram novas ameaças, como o islamismo fanático e extremista da Al-Qaeda ou do Isis, cujo terrorismo em grande escala espalha a insegurança, aumentando o risco de que se enfraqueçam, em nome da segurança, as liberdades públicas nos países mais ameaçados por ele, as democracias avançadas. Por outro lado, no seio das próprias sociedades abertas venenos como a corrupção e o populismo crescem de tal modo que, se não forem contidos a tempo, podem desnaturalizar e destruir por dentro o que há nelas de mais positivo e libertador. Sobre todos esses problemas, inclusive o da imigração em massa que se espalha pela Europa ocidental vindo da África e provoca o despertar de movimentos chauvinistas e racistas que se julgava extintos, sentimos falta das opiniões e análises de Raymond Aron; sua inteligência, sua cultura, sua profundidade reflexiva, sua visão abrangente sem dúvida nos ajudariam a entender melhor todos esses desafios e a melhor forma de enfrentá-los. Que não haja ninguém em nossos dias capaz de substituí-lo é a melhor prova da sua extraordinária categoria intelectual e política, e da sorte que tivemos de que em nosso tempo alguém como ele tenha assumido a tarefa que realizou.

Sir Isaiah Berlin (1909-97)

O FILÓSOFO DISCRETO

Descobri Isaiah Berlin há muitos anos, graças ao seu livro sobre Marx, um ensaio tão claro, limpo de preconceitos e sugestivo que passei um bom tempo tentando encontrar outros livros do autor. Foi assim que fiquei sabendo que a sua obra era difícil de ler porque se achava dispersa, para não dizer enterrada, em publicações acadêmicas. Com exceção dos seus livros sobre *Vico e Herder* (1976) e os *Quatro ensaios sobre a liberdade* (1969), que circulavam no mundo de língua inglesa, o grosso de sua obra vivia a vida austera da biblioteca e da revista especializada. Algum tempo depois, graças a um discípulo, Henry Hardy, que pouco a pouco foi reunindo seus ensaios, estes ficaram ao alcance do público, em vários volumes: *Concepts and Categories* [Conceitos e categorias] (1978), *Pensadores russos* (1979), *Against the Current* [Contra a corrente] (1979), *Personal Impressions* [Impressões pessoais] (1980), *The Crooked Timber of Humanity: Chapters in the History of Ideias* [A viga torta da humanidade: Capítulos sobre a história das ideias] (1990), *The Magus of the North: J. G. Hamann and the Origins of Modern Irrationalism* [O Mago do Norte: J. G. Hamann e as origens do irracionalismo moderno] (1993), *O sentido de realidade: Estudos das ideias e de sua história* (1996), *Raízes do romantismo* (1999), *A força das ideias* (2000), *Freedom and its Betrayal: Six Enemies of Human Liberty* [Uma traição da liberdade: Seis inimigos da liberdade humana] (2002). E, finalmente, sua correspondência.

Foi um verdadeiro acontecimento, pois Isaiah Berlin, de origem letã, mas educado na Inglaterra, onde seria professor de teoria social e política em Oxford e presidente da Academia Britânica, foi uma das mentes mais notáveis do nosso tempo, um pensador político e filósofo social de extraordinária sabedoria cujas obras, ao tempo que proporcionam um raro prazer por sua erudição e brilhantismo intelectuais, são uma ajuda valiosíssima para entender em toda a sua complexidade os problemas morais e históricos que a realidade contemporânea enfrenta.

Berlin acreditava apaixonadamente nas ideias e na influência que elas têm no comportamento dos indivíduos e das sociedades, mas, ao mesmo tempo, como bom espírito pragmático, era consciente do espaço que costuma existir entre as ideias e as palavras que pretendem expressá-las e entre estas e os fatos que as materializam. Seus livros, apesar da densidade intelectual que chegam a atingir, jamais nos parecem abstratos — como nos parecem, por exemplo, os últimos de Michel Foucault e de Roland Barthes, resultado de um virtuosismo especulativo e retórico que em determinado momento cortou as amarras com a realidade —, mas firmemente enraizados na experiência comum das pessoas. A coleção de ensaios *Pensadores russos* constitui um afresco épico da Rússia do século XIX, nos aspectos intelectual e político, mas os personagens mais destacados não são homens e sim ideias que brilham, que se movem, rivalizam e mudam com a mesma vivacidade dos heróis de um bom romance de aventuras. Se em outro livro de tema parecido — *Rumo à estação Finlândia*, de Edmund Wilson — o pensamento dos protagonistas parecia transpirar do retrato persuasivo e multicolorido que o autor fazia das suas pessoas, aqui, em contrapartida, são os conceitos que formularam, os ideais e argumentos com que se enfrentaram, suas intuições e conhecimentos que desenham as figuras de Tolstói, de Herzen, de Belinsky, de Bakúnin e de Turguêniev, que os tornam plausíveis ou censuráveis.

Contudo, ainda mais que *Pensadores russos*, o conjunto de textos *Against the Current* ficará como uma das grandes contribuições de Berlin à cultura do nosso tempo. Também se lê cada ensaio dessa obra-prima como capítulo de um romance cuja ação transcorre no mundo do pensamento e no qual os príncipes e os vilões são as ideias. Maquiavel, Vico, Montesquieu, Hume, Sorel, Marx, Disraeli, Verdi adquirem, graças a esse erudito que jamais perde a mesura e nunca deixa uma árvore turvar a visão do bosque, uma atualidade prodigiosa, e as coisas que eles pensaram, propuseram ou criticaram iluminam poderosamente os conflitos políticos e sociais que achávamos específicos da nossa época.

A característica mais surpreendente desse pensador é — à primeira vista — carecer de um pensamento próprio. Parece absurdo dizer algo assim, mas não é, pois quando se lê seus ensaios tem-se a impressão de que Isaiah Berlin logrou neles aquilo que, depois de Flaubert e graças a ele, a maioria dos romancistas modernos tentou em suas obras: abolir-se, invisibilizar-se, dar a ilusão de que suas histórias são autogeradas. Há muitas técnicas para "apagar o narrador" num romance. A técnica que o professor Berlin empregava para nos fazer sentir que ele não está por trás dos seus textos é o fair play, a escrupulosa limpeza moral com que analisa, expõe, resume e cita o pensamento dos outros, dando atenção a todos os seus argumentos, considerando os atenuantes, as limitações de época, jamais empurrando as palavras ou ideias alheias numa direção ou noutra para aproximá-las das próprias. Essa objetividade na transmissão do que foi inventado ou descoberto por outros nos dá a fantástica impressão de que, nesses livros que dizem tantas coisas, o próprio Isaiah Berlin não tenha nada pessoal a dizer.

Impressão rigorosamente falsa, é claro. O fair play é apenas uma técnica que, como todas as técnicas narrativas, tem a única função de tornar mais persuasivo um conteúdo. Uma história que parece não ser contada por ninguém em particular, que finge estar se fazendo a si mesma, por si mesma, no momento da leitura, pode ser mais verossímil e fascinante para o leitor. Um pensamento que parece não existir em si mesmo, que nos chega indiretamente, através do que pensaram em determinado momento de suas vidas certos homens eminentes, de épocas e culturas diversas, ou que simula nascer não do esforço criativo de uma mente individual, mas do contraste com concepções filosóficas e políticas alheias e dos erros e vazios dessas concepções pode ser mais convincente do que aquele que se apresenta, explícito e arrogante, como uma teoria singular. A discrição e a modéstia de Isaiah Berlin são, na realidade, uma astúcia do seu talento.

Já perdi há muitos anos o gosto pelas utopias políticas, verdadeiros apocalipses — como o do Sendero Luminoso no Peru dos anos 1980 — que prometem trazer o céu para a terra e, na realidade, provocam iniquidades piores que as que querem remediar. Desde então penso que o senso comum é a mais valiosa das virtudes políticas. Lendo Isaiah Berlin, vi com clareza algo que já intuía de forma confusa. O verdadeiro progresso, aquele que fez retrocederem ou desaparecerem os costumes e as instituições bárbaras que eram uma fonte infinita de sofrimento para o homem e estabeleceram relações e estilos mais civilizados de vida, sempre foi alcançado graças a uma aplicação apenas parcial, heterodoxa, deformada, das teorias sociais. Teorias sociais *no plural*, o que significa que sistemas ideológicos diferentes, e até irreconciliáveis, determinaram progressos idênticos ou parecidos. O único requisito sempre foi de que esses sistemas fossem flexíveis, pudessem ser corrigidos, refeitos, quando passavam do abstrato para o concreto e enfrentavam a experiência diária dos seres humanos. A peneira que não costuma falhar quando separa o que convém ou não convém aos homens nesses sistemas é a razão prática. Não deixa de ser um paradoxo que alguém como Isaiah Berlin, que amava tanto as ideias e se movia nelas com tanta competência, estivesse tão convencido de que são elas que devem se submeter caso entrem em contradição com a realidade humana, pois quando acontece o contrário as ruas se enchem de guilhotinas e paredões de fuzilamento e começa o reinado dos censores e dos policiais.

O HOMEM QUE SABIA DEMAIS

Se, além de ser genial, Isaiah Berlin não houvesse despertado em torno de si tanta simpatia e afeto, é provável que nunca teria chegado a ser a figura intelectual universalmente reconhecida que era quando morreu, e o grosso da sua obra permaneceria desconhecido para a imensa maioria dos leitores, com exceção do punhado de colegas acadêmicos e discípulos que frequentaram suas aulas em Oxford e nas universidades norte-americanas onde lecionou. Seu caso é único no que concerne ao desinteresse desdenhoso que demonstrou durante toda a sua vida por ver seus ensaios publicados e lidos — achava com toda a sinceridade que eles não eram tão valiosos para merecer essa honra — e, também, à sua decisão de não escrever uma autobiografia, nem fazer um diário, como se não desse a menor importância à imagem que iria deixar para a posteridade ("depois de mim o dilúvio", gostava de dizer).

Quem, como eu, nunca esteve nas suas classes e, ainda assim, se sente seu aluno jamais poderá agradecer o suficiente a Henry Hardy, um estudante de pós-graduação em filosofia do Wolfson College (que Isaiah Berlin fundou e dirigiu em Oxford entre 1966 e 1975), que em 1974 propôs ao seu professor compilar, editar ou reeditar seus escritos. Por incrível que pareça, até então só haviam sido publicados três livros dele. O restante da sua vasta obra já escrita continuava inédito, em gavetas empoeiradas do seu sótão, ou perdido em revistas, *Festschriften*, folhetos circunstanciais — homenagens, discursos, informes, resenhas, obituários — ou em arquivos de instituições oficiais, alimentando as traças. Graças a Hardy, que conseguiu vencer a tenaz reticência de Isaiah Berlin a essa empreitada de bibliografia arqueológica da sua própria obra, e ao seu titânico esforço de rastreador de bibliotecas e editor rigoroso, foi sendo publicada essa dezena de livros que cimentaram o prestígio de Berlin dentro e fora de inúmeras instituições universitárias, e começaram a sair os volumes de sua correspondência. E sem Michael Ignatieff, outro amigo e seguidor obstinado do professor letão, este seria praticamente um fantasma, sem carne e sem ossos, escondido atrás de uma bibliografia toda esparramada.

Assim como os volumes compilados por Hardy provaram ao mundo que eram falsas as insinuações dos seus adversários de que Sir Isaiah Berlin era apenas um brilhantíssimo conversador, um filósofo de salão, sem paciência nem energia para empreender obras de grande fôlego intelectual, graças a Michael Ignatieff — jornalista e historiador nascido no Canadá, graduado em Toronto e em Harvard, residente na Inglaterra e em Boston, líder por um período dos social-democratas canadenses, professor em Harvard e agora reitor da Universidade Centro-Europeia de Budapeste — sabemos[1] que o autor de *O ouriço e a raposa* teve uma interessante e, em certos períodos, dramática biografia, que sua vida não transcorreu, como parecia, sempre imersa nos rituais e nos sossegados claustros da irrealidade elegante de Oxford, mas, às vezes de forma direta e outras de raspão, ele se envolveu com os grandes acontecimentos do século, como a Revolução Russa, a perseguição e o extermínio dos judeus na Europa, a criação de Israel, a Guerra Fria e os grandes antagonismos ideológicos entre comunismo e democracia após a Segunda Guerra Mundial. O personagem que emerge do livro de Ignatieff — um livro afetuoso e leal, mas independente, que, fiel ao princípio ético berliniano por antonomásia, o do jogo limpo, não vacila em apontar seus erros e defeitos ao lado de virtudes e excelências — não é menos atrativo e amável. Lá está o ser modesto, cordial, ameno e sociável que a lenda que o envolveu em vida fez dele, mas, também, alguém mais complexo e contraditório, mais humano e mais profundo: um intelectual que, apesar de ter conquistado as máximas honras na Grã-Bretanha – presidente da Academia, reitor de um *College* em Oxford, merecedor da Medalha ao Mérito, a mais alta condecoração britânica, enobrecido pela Coroa – nunca deixou, em seu foro íntimo, de se sentir expatriado e judeu, solidário a uma tradição e a uma comunidade sobre a qual pesaram desde tempos imemoriais a discriminação, o risco e os preconceitos. Essa condição contribuiu decisivamente para a insegurança que foi sua sombra em todos os períodos de sua vida. E também, sem dúvida, para modelar sua prudência, seu esforço de se integrar ao meio social e para passar despercebido, longe dos holofotes do poder e do sucesso, e para a sua defesa sistemática da tolerância, do pluralismo, da diversidade política, e para o seu ódio aos fanáticos de qualquer matiz. Por baixo do homem conversador que enfeitiçava os comensais nos jantares e festas com a riqueza das suas histórias, a fluidez de sua expressão e o poder de sua memória se escondia um personagem atormentado pelos conflitos morais que ele descreveu antes e melhor que ninguém, os que contrapõem a liberdade e a igualdade, a justiça e a ordem, o judeu ateu e o praticante da sua religião, e o liberal temeroso de uma liberdade irrestrita em que "o lobo poderia comer os cordeiros". O claro, sereno e luminoso pensador que seus escritos sugerem continua sendo assim no retrato que Michael Ignatieff traça da sua pessoa, mas, sob aquela clareza resplandecente nas ideias e sua formulação retórica, surge um homem frequentemente sobressaltado pela dúvida, que erra e que se angustia com os seus erros, e que vive uma discreta, mas constante tensão que o impede de se sentir totalmente integrado a qualquer meio, por mais que os sinais externos de sua vida civil aparentem o contrário.

Apesar de se negar sequer a considerar escrever sua autobiografia, Isaiah Berlin aceitou conversar com seu amigo Michael Ignatieff na frente de um gravador sobre todos os episódios da sua vida, desde que ele só publicasse o resultado da entrevista depois da sua morte. A conversa durou dez anos, a última década de Berlin, e se encerrou na última semana de outubro de 1977, poucos dias antes do falecimento do protagonista, quando Sir Isaiah, muito frágil e quase destruído pela doença, convocou seu biógrafo a Headington House, sua casa de campo em Oxford, para corrigir algumas informações que sua memória havia esclarecido e para lembrar-lhe, com insistência, que sua mulher Aline foi o centro de sua vida e que sua dívida com ela era impagável. Ignatieff completou os depoimentos pessoais com uma minuciosa pesquisa na Rússia, Estados Unidos, Israel e Inglaterra, entrevistando dezenas, talvez centenas de pessoas que tiveram ligação com Berlin e reunindo uma vasta documentação em jornais, livros e arquivos, de modo que sua biografia nos dá uma ideia, senão definitiva, muito completa da experiência vital do grande pensador, entrelaçando-a com o desenvolvimento de suas curiosidades, convicções, ideias e trabalhos intelectuais. Fez uma biografia literária em que a vida e a obra se confundem, como os dois lados de uma mesma moeda.

Embora Isaiah Berlin só tenha passado seus primeiros doze anos na Rússia (havia nascido em 1909, em Riga, numa família abastada, quando a Letônia pertencia ao Império Russo), as experiências dessa primeira época da sua infância, atingida por convulsões sociais e tumultos familiares, o marcaram para toda a vida e deixaram dois traços da sua personalidade como rastro indelével: o horror ao totalitarismo e às ditaduras, e seu judaísmo. O principal acontecimento dessa infância foi, sem dúvida, a Revolução Bolchevique. Viu-a de perto, em São Petersburgo, para onde sua família tinha se transferido fugindo da insegurança e das ameaças que se abatiam sobre a comunidade judaica, e onde foi testemunha, aos sete anos, de cenas de violência nas ruas que o vacinaram para sempre contra os entusiasmos revolucionários e os "experimentos políticos". É dessa época que nasce sua atitude hostil ao comunismo, à qual foi fiel por toda a vida, mesmo nos momentos da Guerra Fria quando a maioria da comunidade intelectual na qual vivia imerso estava próxima ou dentro do marxismo. Ele nunca cedeu a essa tentação, e seu anticomunismo o levou até a posições extremas, estranhas nele, como defender os Estados Unidos durante a impopular Guerra do Vietnã e se negar a assinar um manifesto de protesto contra Washington, durante a invasão a Cuba pela Baía dos Porcos, em abril de 1961 ("Pode ser que Castro não seja comunista", escreveu a Kenneth Tynanm, "mas acho que as liberdades civis lhe importam tão pouco como a Lênin e Trótski"). Essa atitude o induziu a um gesto pouco congruente com a sua ética pluralista: impediu, graças à sua influência acadêmica, que dessem uma cátedra de estudos políticos na Universidade de Sussex a Isaac Deutscher, judeu exilado como ele, mas antissionista e de esquerda, autor da mais famosa biografia de Trótski. Sua discutível resposta aos que o acusaram de ter agido nesse episódio como "os caçadores de bruxas norte-americanos" foi que ele não podia recomendar para uma cátedra alguém que subordinava o conhecimento à ideologia.

Fugindo novamente, dessa vez não só do medo, mas também da fome, a família Berlin retornou a Riga por um breve período, em 1920, e ali, no trem que a conduzia, foi vítima de insultos e agressões por passageiros e funcionários antissemitas que, diz Berlin, lhe mostraram pela primeira vez — e para sempre — que não era russo, nem letão, mas sim judeu, e que nunca deixaria de sê-lo. Embora ateu e educado na Inglaterra com uma formação laica, sempre se manifestou solidário com a coletividade e a cultura dos seus ancestrais, inclusive, de praticar pontualmente em família os ritos religiosos judeus. Era um curioso praticante não crente. E, como sionista, colaborou estreitamente com um dos fundadores do Estado de Israel, Chaim Weizmann, mas, ao contrário de um bom número dos seus parentes, nunca pensou em se tornar cidadão israelense. Boa parte dessa colaboração se deu ao mesmo tempo que servia, nos anos da Segunda Guerra Mundial, como analista e assessor político do governo britânico em Nova York e em Washington, o que deve ter significado para ele não poucas angústias e dilemas, levando-se em conta a tensa relação que existia entre o Foreign Office, que era pró-árabe, e os dirigentes sionistas. Na compilação *A força das ideias* (2000) há dois longos ensaios em que Berlin defende o sionismo e a criação de Israel com argumentos sólidos; mas ambos evitam mencionar o fato crucial da presença dos árabes na Palestina, havia muitos séculos, quando chegaram as primeiras ondas de sionistas europeus, nem como devia ser encarado, a seu ver, o problema da futura coexistência entre as duas comunidades.

Conhecer em detalhes essa soma de contradições na vida pessoal de Isaiah Berlin ajuda a entender a raiz secreta de uma de suas mais lúcidas teorias: a "das verdades contraditórias".

AS VERDADES CONTRADITÓRIAS

Algo constante no pensamento ocidental é acreditar que só existe uma resposta verdadeira para cada problema humano e que, uma vez achada essa resposta, todas as outras devem ser recusadas por serem errôneas. Uma crença complementar à anterior, e tão antiga como ela, é que os ideais mais nobres que animam os homens — justiça, liberdade, paz, prazer — são compatíveis entre si. Para Isaiah Berlin, essas crenças são falsas e boa parte das tragédias da humanidade deriva delas. Desse ceticismo o professor Berlin extraía argumentos poderosos e originais a favor da liberdade de escolha e do pluralismo ideológico.

Fiel ao método indireto, Isaiah Berlin expõe sua teoria das verdades contraditórias ou dos fins irreconciliáveis através de outros pensadores, nos quais encontra indícios, adivinhações, dessa tese. Assim, por exemplo, em seu ensaio sobre Maquiavel nos diz que ele detectou, de forma involuntária, casual, esta "incômoda verdade": nem todos os valores são compatíveis, a noção de uma filosofia única e definitiva para estabelecer a sociedade perfeita é material e conceitualmente impossível. Maquiavel chegou a essa conclusão ao estudar os mecanismos do poder e verificar que eles eram alheios a todos os valores da vida cristã que, teoricamente, regulavam a vida da sociedade. Levar uma "vida cristã", aplicar de forma rigorosa as normas éticas prescritas por ela, significava se condenar à impotência política, ficar à mercê dos inescrupulosos e dos espertos; quem quisesse ser politicamente eficiente e construir uma comunidade "gloriosa", como Atenas ou Roma, teria que abdicar da educação cristã e substituí-la por outra mais apropriada a tal fim. Berlin não considera tão importante que Maquiavel tenha enunciado esse dilema quanto haver intuído que os seus dois termos eram igualmente persuasivos e tentadores do ponto de vista moral e social. Quer dizer, o autor de *O príncipe* percebeu que o ser humano podia se ver dividido entre metas que o solicitavam por igual e que eram alérgicas uma à outra.

Todas as utopias sociais — de Platão a Marx — partiram de um ato de fé: que os ideais humanos, as grandes aspirações do indivíduo e da coletividade são capazes de se combinar, que a satisfação de um ou de vários desses fins não é obstáculo para materializar também os outros. Talvez nada expresse melhor esse otimismo que o rítmico lema da Revolução Francesa: Liberdade, Igualdade, Fraternidade. O generoso movimento que pretendeu estabelecer o governo da razão sobre a terra e materializar esses ideais simples e indiscutíveis demonstrou ao mundo, com suas repetidas carnificinas e suas múltiplas frustrações, que a realidade social era mais tumultuosa e imprevisível do que supunham as abstrações dos filósofos que prescreviam receitas para a felicidade dos homens. A revelação mais inesperada — que ainda hoje muitos se negam a aceitar — foi de que tais ideais se repeliam entre si a partir do instante em que se passava da teoria à prática; de que, em vez de se apoiarem mutuamente, eles se excluíam. Os revolucionários franceses descobriram, assombrados, que a liberdade era uma fonte de desigualdades e que um país onde os cidadãos gozassem de uma total ou amplíssima capacidade de iniciativa e governo dos seus atos e bens seria, mais cedo ou mais tarde, um país cindido por numerosas diferenças materiais e espirituais. Assim, para estabelecer a igualdade não haveria outro remédio senão sacrificar a liberdade, impor a coação, a vigilância e a ação todo-poderosa e niveladora do Estado. Que a injustiça social seja o preço da liberdade e a ditadura, da igualdade — e que a fraternidade só possa se concretizar de forma relativa e transitiva, por causas mais negativas que positivas, como no caso de uma guerra ou cataclismo que aglutine a população num movimento solidário — é algo lamentável e difícil de aceitar.

Entretanto, segundo Isaiah Berlin, mais grave que aceitar esse terrível dilema do destino humano é se negar a aceitá-lo (fazer como a avestruz). Aliás, por mais trágica que seja, essa realidade nos permite extrair lições proveitosas em termos práticos. Os filósofos, historiadores e pensadores políticos que intuíram esse conflito — o das verdades contraditórias — mostraram uma aptidão maior para entender o processo da civilização. Por um caminho diferente de Maquiavel, Montesquieu também distinguiu como característica central no percurso da humanidade que os fins dos seres humanos foram muitos, diversos e muitas vezes incompatíveis uns com os outros, e que essa era a raiz de choques entre civilizações e de diferenças entre comunidades distintas, e, no seio de uma mesma comunidade, de rivalidades entre classes e grupos, e na própria intimidade da consciência individual, de crises e conflitos internos.

Como Montesquieu no século XVIII, o grande escritor e inconformista russo Alexander Herzen percebe esse dilema no século XIX, e isso lhe permite analisar mais lucidamente que seus contemporâneos o fracasso das revoluções europeias de 1848 e 1849. Herzen é um porta-voz privilegiado de Isaiah Berlin; como suas afinidades são enormes, entende-se por que lhe dedicou um dos seus ensaios mais luminosos. O ceticismo tem em ambos um tom curiosamente positivo e estimulante, é um chamado à ação, porque se vê reforçado com considerações pragmáticas e toques de otimismo. Herzen foi um dos primeiros a rejeitar, como fonte de crimes, a noção de que há um futuro esplendoroso para a humanidade pelo qual as gerações presentes devem ser sacrificadas. Como Herzen, Berlin lembra frequentemente as provas históricas de que não existe justiça que tenha resultado de uma política injusta ou liberdade que tenha nascido da opressão. Ambos, por isso, acham que em questões sociais são sempre preferíveis os sucessos parciais mas efetivos às grandes soluções totalizadoras, fatalmente quiméricas.

Que existam verdades contraditórias, que os ideais humanos possam entrar em conflito não significa para Isaiah Berlin que devamos ficar desesperados e nos declarar impotentes. Significa que devemos ter consciência da importância da liberdade de escolha. Se não há uma resposta única para os nossos problemas, e sim várias, nossa obrigação é estar constantemente em alerta, pondo à prova as ideias, leis, valores que regem o nosso mundo, confrontando-os entre si, ponderando o impacto que causam em nossas vidas, escolhendo uns e rejeitando outros, ou, em difíceis transações, modificando os outros. Tanto quanto argumento a favor da responsabilidade e da liberdade de escolha, Isaiah Berlin vê nessa condição do destino humano uma razão irrefutável para compreender que a tolerância, o pluralismo, são, mais que imperativos morais, necessidades práticas para a sobrevivência dos homens. Se há verdades que se rejeitam e fins que se negam, devemos aceitar a possibilidade do erro nas nossas vidas e ser tolerantes com o erro dos outros. E também admitir que a diversidade — de ideias, ações, costumes, morais, culturas — é a única garantia que temos de que o erro, se for entronizado, não causará muitos estragos, já que não existe *uma* solução para os nossos problemas, mas muitas e todas elas precárias.

A comunidade judaica letã, na qual Isaiah nasceu, falava russo, letão e alemão, e o menino, embora tenha aprendido essas três línguas, estabeleceu sua identificação cultural principalmente com o russo, uma língua e uma literatura que estudou e praticou por toda a vida. Na Inglaterra, enquanto estudava, primeiro num colégio particular cristão de alto nível, St. Paul's School, e depois, graças às suas brilhantes qualificações, em Oxford, fez cursos de linguística russa junto com os de filosofia, de modo que, embora o cordão umbilical que o unia à sua terra natal tenha se cortado aos doze anos, quando começou a ser cidadão britânico e se assimilar à vida cultural da sua segunda pátria, sua simpatia intelectual e seu amor à língua e à literatura russas permaneceram, como mostram a desenvoltura e o conhecimento denotados em seus muitos ensaios sobre temas, escritores e pensadores daquele idioma, entre os quais os dedicados a Tolstói, Turguêniev ou ao seu admirado modelo, o liberal Alexander Herzen. Em seu regresso à Rússia por poucos meses, em 1945, como diplomata britânico — uma viagem de consequências incalculáveis em sua vida afetiva e política — dois grandes escritores que o conheceram, Boris Pasternak e Anna Akhmátova, ficaram literalmente deslumbrados com a fluida elegância com que falava o russo culto de outros tempos aquele professor vindo de um outro mundo que, além do mais, conhecia tão bem uma literatura e uns autores que começavam a ficar cada vez mais invisíveis ou remotos naquela sociedade submetida à palmatória de Stálin.

A EXPERIÊNCIA DE WASHINGTON

A Segunda Guerra Mundial mudou radicalmente o horizonte privado de Isaiah Berlin. Sem ela, é provável que sua vida houvesse transcorrido, como as vidas de outros *dons* de Oxford, entre as salas de aula onde lecionava filosofia, a princípio, e depois ideias sociais e políticas, as bibliotecas e seu apartamento particular no mais prestigioso e tradicional dos *Colleges* da universidade, All Souls, que o elegera *fellow* com a incrível idade de 23 anos (o primeiro judeu a ser incorporado à instituição). Mas, ao eclodir a guerra, essa vida "assexuada e erudita" sofreu uma brusca transformação: o jovem professor, cujo renome como poliglota e especialista em culturas europeias — russa e alemã em particular — já era grande no mundo acadêmico, foi enviado pelo governo britânico aos Estados Unidos para que, em Nova York e Washington, assessorasse a chancelaria e a embaixada junto à Casa Branca em relação à atualidade política. Entre 1941 e 1945, Sir Isaiah desenvolveu um trabalho extraordinário a serviço da sua pátria de adoção, com suas análises sobre a situação internacional e as delicadas relações diplomáticas entre os Aliados, talvez as mais lidas na história do Foreign Office. (O próprio Churchill ficou tão impressionado com elas que, em 1944, quis saber quem as escrevia. Anthony Eden lhe respondeu: "O sr. Berlin, um judeu báltico, filósofo de profissão". E acrescentou, de próprio punho: "São boas, de fato. Mas talvez padeçam de certo aroma oriental".)[2] Berlin também estabeleceu uma rede de amizades nos mais elevados círculos sociais, acadêmicos e políticos dos Estados Unidos, graças ao seu encanto pessoal e ao seu talento mundano: conversador pirotécnico, ele fazia a festa nos jantares e reuniões diplomáticas e, além de distraí-los e hipnotizá-los com seu bom humor, casos pitorescos e sabedoria, dava aos seus interlocutores a estimulante sensação de gratificações, por conversar com ele, com um banho de alta cultura. Esse aspecto esnobe da sua vida — sempre cheia de compromissos sociais, de jantares, festas e recepções nos mais altos vértices da mundanidade — curiosamente não afetou em absoluto seu trabalho intelectual, no qual jamais fez concessões nem caiu na banalidade. Mas, sem dúvida, a vida social o fazia feliz e Berlin desfrutava desses ágapes rodeado de gente que, embora nem sempre culta, era no mínimo poderosa, rica ou influente. Não é impossível ver nessa vertente um tanto frívola da sua personalidade uma compensação, um sucedâneo da vida sexual, que ele parece não ter tido, ou apenas conhecido ligeiramente, até a maturidade: todas as suas amizades, em Oxford, estavam certas de que seria um solteirão para sempre.

A NOITE COM AKHMÁTOVA

Talvez por isso tenha ficado tão marcado por uma noite inteira que passou, em novembro de 1945, em Leningrado, num apartamento sem o menor encanto, com o maior poeta russo vivo, a desventurada Anna Akhmátova. Isaiah Berlin, enviado por alguns meses para a embaixada britânica de Moscou, foi a Leningrado, numa visita nostálgica, em busca de livros e de lembranças da sua infância, e, por acaso, numa livraria, alguém, ao ouvi-lo perguntar pela poetisa, se ofereceu para levá-lo à sua casa, que ficava perto. Anna Akhmátova tinha 56 anos, vinte a mais que Berlin. Havia sido uma grande beleza e muito famosa como poeta antes da revolução. Tinha caído em desgraça, e desde 1925 Stálin não lhe permitia publicar uma linha nem fazer recitais. Sua trágica odisseia é uma das mais penosas daqueles anos terríveis: o regime soviético fuzilou seu primeiro marido e deixou o terceiro definhar pelo resto da vida num campo de trabalho forçado siberiano; seu filho Liev — um jovem talentoso com quem, naquela noite, Isaiah Berlin conversaria brevemente — foi mandado por Stálin ao gulag por treze anos, e, com a chantagem de não matá-lo, os delegados soviéticos obrigaram Akhmátova a escrever odes abjetas de adulação ao ditador que a martirizava. Como os padecimentos da poetisa se agravaram enormemente depois dessa noite, Isaiah Berlin nunca se libertou do remorso por ter sido o responsável involuntário por isso. (Nos arquivos da KGB figura um relatório sobre essa conversa; Stálin comentou-a com Zhdánov, o comissário de cultura, da seguinte forma: "Quer dizer que agora a nossa freira se consola com espiões britânicos, veja só".)

Pelo que sempre afirmou, de maneira enfática, Isaiah Berlin, as onze ou doze horas que ele e Akhmátova passaram juntos foram castas, de uma conversa intensa e fulgurante, e que nela, em dado momento, Anna recitou um bom número dos célebres poemas do livro que — burlando a perseguição — escrevera de cor, *Reunião*, que passou a representar um dos mais altos testemunhos da resistência espiritual e poética contra a tirania stalinista. A conversa foi literária, uma evocação dos grandes autores anteriores à revolução, muitos deles mortos ou no exílio, sobre os quais Berlin pôde atualizá-la, e, discretamente, sobre a dificílima situação em que transcorria a vida de Anna, sempre na corda bamba, vendo a repressão se abater em seu entorno e esperando que caísse sobre ela mesma a qualquer momento. Mas consta que, mesmo não tendo havido qualquer contato físico entre eles, no meio-dia seguinte o austero Isaiah Berlin voltou ao Hotel Astória dando pulos de felicidade e proclamando: "Estou apaixonado, estou apaixonado!". A partir de então, e até morrer, afirmaria que aquele encontro tinha sido o fato mais importante da sua vida. E quanto a Akhmátova, a impressão daquela visita ficou refletida nos belíssimos poemas de amor de *Cinque*. Uma história de amor impossível, sem dúvida, pois a partir de então o regime cortou qualquer vinculação e contato da poetisa com o mundo externo e, nos seis anos seguintes, Berlin não conseguiu sequer saber o seu paradeiro. (Ao receber seus pedidos de informações, a embaixada britânica em Moscou lhe respondia que era preferível, para Akhmátova, nem tentar se comunicar com ela.) Muitos anos depois, em 1965, no começo do degelo soviético, Isaiah Berlin e outros professores obtiveram em Oxford um doutoramento honorário para a grande poetisa russa, que as autoridades soviéticas permitiram por esse motivo viajar à Inglaterra. Ela já era uma anciã, mas o prolongado martírio não havia conseguido quebrá-la. O reencontro foi frio e, ao passar os olhos na Headington House, a suntuosa residência onde Berlin morava com sua mulher, Aline, ela não pôde reprimir uma dolorida ironia: "Quer dizer que o passarinho estava preso numa gaiola de ouro".

AS DUAS LIBERDADES

A palavra "liberdade" foi usada, aparentemente, de duzentas formas diferentes. Isaiah Berlin contribuiu com dois conceitos próprios para esclarecer essa noção que, com toda justiça, chama de proteica: liberdade "negativa" e "positiva". Embora sutil e escorregadia quando exposta em termos abstratos, essa distinção entre duas formas ou sentidos da ideia de liberdade fica bem clara quando se trata de julgar opções concretas, situações históricas e políticas específicas. E serve, sobretudo, para entender cabalmente o problema mascarado atrás do artificioso dilema entre liberdades "formais" e liberdades "reais" que quase sempre costumam alegar aqueles que querem suprimir as primeiras.

A liberdade é estreitamente ligada à ideia de coerção, ou seja, àquilo que a nega ou limita. A pessoa é mais livre na medida em que encontra menos obstáculos para decidir a sua vida como quiser. Quanto menor for a autoridade exercida sobre o meu comportamento, quanto mais este puder ser determinado de modo mais autônomo por minhas próprias motivações — minhas necessidades, ambições, fantasias pessoais —, sem interferência de vontades alheias, mais livre eu sou. Esse é o conceito "negativo" da liberdade.

É um conceito mais individual que social, e absolutamente moderno. Nasce em sociedades que atingiram um alto nível de civilização e certa afluência. Supõe que a soberania do indivíduo deve ser respeitada porque ela é, em última instância, a raiz da criatividade humana, do desenvolvimento intelectual e artístico, do progresso científico. Se o indivíduo for sufocado, condicionado, mecanizado, a fonte da criatividade será obturada e o resultado disso será um mundo cinzento e medíocre, um povo de formigas ou robôs. Quem defende essa noção de liberdade vê sempre o poder e a autoridade como o perigo maior e por isso propõe que, como é inevitável que existam, seu raio de ação seja mínimo, apenas o indispensável para evitar o caos e a desintegração da sociedade, e que suas funções sejam escrupulosamente reguladas e controladas.

Se pensadores como John Stuart Mill e Benjamin Constant foram os que defenderam com mais ardor essa ideia de liberdade e o liberalismo do século XIX, foi sua expressão política mais evidente, ainda assim seria errôneo pensar que a liberdade "negativa" se esgota neles. Na realidade, abrange algo muito mais vasto, diverso e permanente; é uma aspiração escondida atrás de um sem-número de programas políticos, formulações intelectuais e formas de agir. É esse conceito "negativo" de liberdade que está por trás, por exemplo, de todas as teorias democráticas, para as quais é indispensável a coexistência de pontos de vista e credos diferentes, assim como o respeito às minorias, e é o que inspira a convicção de que as liberdades de imprensa, de trabalho, de religião, de movimento — ou, nos nossos dias, de comportamento sexual — devem ser protegidas, pois sem elas a vida se empobrece e se degrada.

Coisas tão díspares como o romantismo literário, as ordens monásticas e o misticismo, algumas correntes anarquistas, a social-democracia, a economia de mercado e a filosofia liberal estão interligadas, para além de suas grandes discrepâncias, pois compartilham essa noção de liberdade. Mas não devemos pensar que, no campo político, só os sistemas democráticos a materializam. Isaiah Berlin mostra que, por mais paradoxal que pareça, certas ditaduras que dão repugnância à nossa consciência se acomodam com ela e, pelo menos em parte, a praticam. Na América Latina nós sabemos disso, assim como souberam os espanhóis nos anos finais de Franco. Certas ditaduras de direita que dão ênfase às liberdades econômicas, apesar dos abusos e crimes que cometem, como a de Pinochet no Chile, de modo geral garantem uma margem mais ampla de liberdade "negativa" aos cidadãos que as democracias socialistas e socializantes, como Cuba e a Venezuela dos nossos dias.

Enquanto a liberdade "negativa" quer acima de tudo limitar a autoridade, a "positiva" quer se apropriar dela, exercê-la. Essa noção é mais social que individual, porque se baseia na ideia (muito justa) de que a possibilidade que cada indivíduo tem de decidir o próprio destino está sujeita em grande medida a causas sociais, alheias à sua vontade. Como pode um analfabeto gozar da liberdade de imprensa? De que serve a liberdade de viajar para quem vive na miséria? Por acaso a liberdade de trabalho significa a mesma coisa para o dono de uma empresa que para um desempregado? Enquanto a liberdade "negativa" leva em conta principalmente o fato de que os indivíduos são diferentes, a "positiva" considera antes de mais nada o que eles têm de semelhante. Ao contrário daquela, para a qual a liberdade é mais bem preservada quando se respeitam mais as variantes e casos particulares, ela estima que há mais liberdade em termos sociais quanto se manifestam menos diferenças no corpo social, quanto mais homogênea é uma comunidade.

Todas as ideologias e crenças totalizadoras, finalistas, convencidas de que existe uma meta última e única para determinada coletividade — uma nação, uma raça, uma classe ou a humanidade inteira — compartilham o conceito "positivo" de liberdade. Dele se derivou uma multidão de benefícios para o homem, e graças a ele existe a consciência social: saber que as desigualdades econômicas, sociais e culturais são um mal corrigível e que podem e devem ser combatidas. As noções de solidariedade humana, de responsabilidade social e a ideia de justiça se enriqueceram e se expandiram graças ao conceito "positivo" da liberdade, que serviu também para frear ou abolir iniquidades como a escravidão, o racismo, a servidão e a discriminação.

Mas esse conceito de liberdade também gerou suas correspondentes iniquidades. Como o general Pinochet e o general Franco (dos anos desenvolvimentistas) podiam falar de liberdade "negativa" com certa pertinência, também Hitler, Stálin e os irmãos Castro podiam dizer, sem exagerar muito, que seus respectivos regimes estavam estabelecendo a verdadeira liberdade (a "positiva") em seus domínios. Todas as utopias sociais de direita ou de esquerda, religiosas ou laicas, se fundam na noção "positiva" da liberdade. Elas partem do convencimento de que existe em cada pessoa, além do indivíduo particular e específico, algo mais importante, um "eu" social idêntico, que aspira a realizar um ideal coletivo e solidário que se tornará realidade num determinado futuro e pelo qual deve ser sacrificado tudo o que o impede e obstrui. Por exemplo, os casos particulares que constituem ameaças à harmonia e à homogeneidade social. Por isso, em nome dessa liberdade "positiva" — dessa sociedade utópica futura, a da raça eleita triunfante, a da sociedade sem classes e sem Estado, ou a cidade dos bem-aventurados eternos — foram travadas guerras crudelíssimas, criados campos de concentração, exterminados milhões de seres humanos, impostos sistemas asfixiantes e eliminada qualquer forma de dissidência ou de crítica.

Essas duas noções de liberdade são alérgicas uma à outra, se rejeitam reciprocamente, mas não tem sentido tentar demonstrar que uma é verdadeira e a outra falsa, pois, embora a palavra que ambas utilizam seja a mesma, trata-se de coisas diferentes. Esse é um dos casos das "verdades contraditórias" ou "metas incompatíveis" que, segundo Isaiah Berlin, a condição humana tem que enfrentar. Do ponto de vista teórico, pode-se acumular uma infinidade de argumentos a favor de uma ou de outra concepção de liberdade, igualmente válidos ou refutáveis. Na prática — na vida social, na história — o ideal é tentar uma negociação entre ambas. As sociedades que foram capazes de obter um compromisso entre as duas formas de liberdade são as que conseguiram obter níveis de vida mais dignos e justos (ou menos indignos e injustos). Mas essa negociação é muito difícil e será sempre precária, pois, como diz Berlin, a liberdade "negativa" e a "positiva" não são duas interpretações de um conceito, são algo mais que isso: duas atitudes profundamente divergentes e irreconciliáveis sobre os fins da vida humana.

NA GAIOLA DE OURO

Que o solteirão vocacional que Sir Isaiah parecia ser tenha se casado em 1956 com Aline Halban, pertencente a uma família judia francesa aristocrática e muito próspera, não só foi uma surpresa para os seus incontáveis amigos; foi a culminação de uma aventura sentimental rocambolesca que daria material para uma deliciosa comédia de enredos.

Quando terminou sua missão diplomática, em 1945, Berlin voltou para Oxford, para suas aulas, conferências e o seu trabalho intelectual. Ele já começava a ser conhecido nos dois lados do Atlântico e desde então costumava passar semestres em universidades norte-americanas, sobretudo em Harvard, além de suas periódicas viagens a Jerusalém. Começaram a chover distinções sobre ele, enquanto o establishment britânico lhe abria todas as portas. E então, já quase cinquentão, o sexo parece ter irrompido em sua vida de uma forma que só cabe chamar de tortuosa e acadêmica: amores adúlteros com esposas dos seus colegas universitários. Uma irresistível comicidade percorre as páginas em que Ignatieff descreve — com muito carinho e benevolência, aliás — uma primeira *liaison*, de vários anos, com encontros em igrejas, bibliotecas, corredores, parques e até no dormitório paterno do filósofo. Este, assolado pelos remorsos, procura o marido e lhe conta a verdade: "Amo a sua mulher". O ofendido desconsidera a questão com um terminante "Isso é impossível!" e muda de assunto.

A segunda aventura foi mais séria. Aline era casada com um físico eminente, Hans Halban, de origem austríaca, que havia trabalhado nos programas nucleares franceses antes de ir lecionar em Oxford. Ela era atraente, culta, rica e apaixonada por música clássica e pela vida social, como o próprio Isaiah. A estreita amizade que nasceu entre ambos ao calor dessas afinidades foi evoluindo numa direção "pecadora". O físico, advertido do que estava acontecendo, tentou interromper as saídas de Aline. Isaiah Berlin foi visitá-lo. Enquanto (tenho certeza) tomavam uma xícara de chá, trocaram ideias a respeito do problema que havia surgido. Enquanto isso, Aline esperava o resultado dessa conversa passeando no jardim. A lógica do filósofo foi persuasiva e o físico reconheceu isso. Ambos saíram para caminhar entre as roseiras e as hortênsias e comunicar a Aline o acordo que tinham feito: ela poderia ver seu amante uma vez por semana, com o consentimento do marido. E assim parecem ter funcionado as coisas, em amigável harmonia triangular, até que Hans Halban teve que voltar a Paris. Então, o casal decidiu se divorciar e Isaiah e Aline puderam se casar. O relacionamento foi muito feliz. Em Aline, Berlin encontrou algo mais que uma esposa: uma cúmplice que compartilhava seus gostos e predileções e o ajudava no trabalho, uma mulher capaz de organizar sua vida com a desenvoltura que a fortuna e a experiência proporcionam e de criar em torno dele um ambiente agradável e bem compartimentado, no qual a vida mundana — os verões italianos em Paraggi, os festivais de música de Salzburgo, Pésaro e Glyndenbourne, os jantares e excursões com pessoas de nível — coexistia com as manhãs e tardes dedicadas à leitura e a escrever seus ensaios.

O OURIÇO E A RAPOSA

Dentre os fragmentos conservados do poeta grego Arquíloco, um diz: "A raposa sabe muitas coisas, mas o ouriço sabe uma grande coisa". A fórmula, segundo Isaiah Berlin, pode servir para diferenciar dois tipos de pessoas, de artistas, de seres humanos em geral: os que possuem uma visão central, sistematizada, da vida, um princípio ordenador em função do qual têm sentido e se encaixam os acontecimentos históricos e os fatos individuais miúdos, a pessoa e a sociedade, e aqueles que têm uma visão dispersa e múltipla da realidade e dos homens, que não integram o que existe numa explicação ou ordem coerente pois veem o mundo como uma diversidade complexa na qual, embora os fatos e fenômenos particulares tenham sentido e coerência, o todo é tumultuoso, contraditório, inapreensível. A primeira é uma visão "centrípeta"; a segunda, "centrífuga". Dante, Platão, Hegel, Dostoiévski, Nietzsche, Proust foram, segundo Isaiah Berlin, ouriços. E raposas: Shakespeare, Aristóteles, Montaigne, Molière, Goethe, Balzac, Joyce.

Isaiah Berlin está, que dúvida pode haver, entre as raposas. Não só por sua concepção aberta, pluralista, do fenômeno humano, mas também pela astúcia com que consegue apresentar suas formidáveis intuições e descobertas intelectuais de forma enviesada, como simples figuras de retórica, acidentes de discurso ou hipóteses de trabalho passageiras. A metáfora do ouriço e da raposa aparece no começo do seu magistral ensaio sobre a teoria da história de Tolstói e suas semelhanças com a do pensador ultramontano Joseph de Maistre. Logo depois de formulá-la, Isaiah Berlin vem rapidamente nos prevenir contra os perigos de qualquer classificação dessa natureza. De fato, elas podem ser artificiais e até absurdas.

Mas a dele não é. Muito pelo contrário. Põe o dedo na ferida, e é tão esclarecedora para entender duas atitudes ante a vida que se projetam em todos os campos da cultura — a filosofia, a literatura, a política, a ciência — quanto a distinção que ele faz entre liberdade "negativa" e "positiva" para entender o problema da liberdade. Realmente há uma visão centrípeta, de ouriço, que reduz, explícita ou implicitamente, tudo o que acontece e o que existe a um núcleo bem articulado de ideias graças às quais o caos da vida vira ordem e a confusão das coisas se torna transparente. Tal visão às vezes se baseia na fé, como em Santo Agostinho ou em São Tomé, e às vezes na razão, como no Marquês de Sade, em Marx ou em Freud, e, para além das grandes diferenças de forma, conteúdo e propósito (e, evidentemente, de talento) dos seus autores, estabelece um parentesco entre eles. Ela é, acima de tudo, totalizadora, dona de um instrumento universal que chega à raiz de todas as experiências, de uma chave que permite conhecê-las e relacioná-las. Esse instrumento, essa chave — a graça, o inconsciente, o pecado, as relações sociais de produção, o desejo — representa a estrutura geral que sustenta a vida e é o âmbito dentro do qual os seres humanos evoluem, padecem ou desfrutam, a explicação de por que e como o fazem. O acaso, o acidental, o gratuito desaparecem do mundo, ou então são relegados a uma posição tão subalterna que é como se não existissem, na visão dos ouriços.

Ao contrário destes, nos quais prepondera o geral, a raposa está confinada no particular. Para ela, em última instância, o "geral" não existe: só existem os casos particulares, tantos e tão diversos uns dos outros que a soma deles não constitui uma unidade significativa e sim, antes, uma confusão vertiginosa, um magma de contradições. Os exemplos literários de Shakespeare e Balzac dados por Isaiah Berlin são prototípicos. A obra de ambos é um fervedouro extraordinário de indivíduos que não se parecem nem nas suas motivações recônditas nem nos seus atos públicos, um vasto leque de comportamentos e de morais, de possibilidades humanas. Os críticos que tentam encontrar "constantes" nesses mundos e resumir numa interpretação singular a visão do homem e da vida que eles propõem dão a impressão de estarem empobrecendo ou traindo Shakespeare e Balzac. O que acontece é que eles não tinham *uma* visão, mas várias e contraditórias.

Disfarçado ou explícito, em todo ouriço há um fanático; numa raposa, um cético e um agnóstico. Quem julga ter encontrado a explicação última do mundo termina se aquartelando nela e se negando a saber qualquer coisa sobre as outras; quem é incapaz de conceber uma explicação desse tipo termina, mais cedo ou mais tarde, pondo em dúvida que ela possa existir. Graças aos ouriços foram realizadas extraordinárias façanhas — descobertas, conquistas, revoluções —, pois para esse tipo de empreitada se requer quase visivelmente o zelo e o heroísmo que as visões centrípetas e finalistas, como a dos cristãos, judeus, muçulmanos ou marxistas ortodoxos, costumam inspirar em seus adeptos. A "qualidade" da vida melhorou graças às raposas, pois as noções de tolerância, pluralismo, respeito mútuo entre adversários, permissibilidade, e de liberdade, são mais fáceis de aceitar — e, em certos casos, mais necessárias para viver — por aqueles que, incapazes de perceber uma ordem única e singular, admitem tacitamente que existam várias e diversas.

Há campos em que, de maneira natural, prevaleceram os ouriços. A política, por exemplo, na qual as explicações totalizadoras, claras e coerentes dos problemas são sempre mais populares e, ao menos aparentemente, mais eficazes para governar. Nas artes e na literatura, em contrapartida, as raposas são mais numerosas, ao contrário das ciências, onde são minoria.

Isaiah Berlin mostra, no caso de Tolstói, que um ouriço e uma raposa podem conviver em uma mesma pessoa. O genial romancista do particular, o prodigioso descritor da diversidade humana, da diferenciação protoplasmática de casos individuais que formam a realidade cotidiana, o feroz impugnador de todas as abstrações dos historiadores e filósofos que pretendiam explicar o desenvolvimento humano com um sistema racional — a raposa Tolstói — viveu hipnoticamente tentado pela ambição de uma visão unitária e central da vida, e acabou incorrendo nela, primeiro no determinismo histórico de *Guerra e paz* e, sobretudo, em seu profetismo religioso dos últimos anos.

Penso que o caso de Tolstói não é único, que todas as raposas vivem sempre invejando os ouriços. Para eles, a vida é mais aceitável. Embora as vicissitudes da existência sejam idênticas para ambos, por alguma misteriosa razão sofrer e morrer acabam sendo menos difíceis e intoleráveis — às vezes, até fáceis — quando a pessoa se sente possuidora de uma verdade universal e central, é uma peça nítida dentro desse mecanismo que é a vida cujo funcionamento julga conhecer. Mas a existência das raposas é, também, um eterno desafio para os ouriços, o canto das sereias que aturdiu Ulisses. Porque, embora seja mais fácil viver dentro da clareza e da ordem, é um atributo humano inescapável renunciar a essa facilidade e, frequentemente, preferir a sombra e a desordem.

HERÓIS DO NOSSO TEMPO

Que influência tem o indivíduo na história? Serão os grandes acontecimentos coletivos, o desenvolvimento da humanidade, resultado de forças impessoais, de mecanismos sociais sobre os quais as pessoas isoladas têm pouca ou nenhuma intervenção? Ou, pelo contrário, tudo o que acontece é gerado primordialmente pela visão, o gênio, a fantasia e as façanhas de certos homens, como afirmava Carlyle? A essas perguntas pretende responder uma das compilações de ensaios de Isaiah Berlin: *Personal Impressions*.

O livro contém catorze textos, escritos entre 1948 e 1980, geralmente louvando políticos, acadêmicos e escritores, para serem lidos em cerimônias universitárias ou publicados em jornais. Apesar de tratar-se de trabalhos circunstanciais, um ou outro só por compromisso, em todos eles estão a boa prosa, a inteligência, a vasta cultura e as intuições estimulantes dos seus ensaios de mais fôlego. O conjunto forma uma galeria de figuras representativas daqueles que Berlin considerava mais admiráveis e dignos de respeito entre os seus contemporâneos, sua antologia pessoal de heróis do nosso tempo. A impressão imediata que o leitor tem dessa curiosa, e às vezes inesperada, comunidade — na qual celebridades como Churchill e Pasternak convivem com obscuros ratos de biblioteca de Oxford — é que se pode dizer de Isaiah

Berlin o que, segundo ele, pensava Einstein, um dos seus modelos: que, no caso de prestar homenagem a certos indivíduos, deve-se escolher aqueles que fizeram algo importante no campo do intelecto e da cultura antes que no da conquista e do poder.

Entre a visão individualista, romântica, e a visão coletivista e abstrata do positivismo e do socialismo, Berlin prefere a primeira, mas, como sempre, atenuando-a, matizando-a, pois qualquer posição rigidamente unilateral é impensável nele. Não nega que haja "forças objetivas" nos processos sociais. Mas não resta dúvida, pois seus artigos sobre Churchill, Roosevelt e Chaim Weizmann o dizem de forma explícita, que, para ele, a intervenção dos indivíduos — líderes, governantes, ideólogos — na história é fundamental e decisiva. E que acredita que eles podem relegar essas "forças objetivas" a segundo plano, determinando, em muitos casos, a direção de todo um povo, modelando seu comportamento, seus desígnios e inculcando-lhe a energia e a vontade, ou o espírito de sacrifício, necessários para defender certas causas ou materializar certa política. A formidável e, durante um bom tempo, solitária resistência britânica contra o nazismo não teria sido igual sem Winston Churchill, nem o New Deal, o grande experimento social do "Novo Trato" a favor de políticas intervencionistas nos Estados Unidos, teria sido o que foi sem Franklin D. Roosevelt, nem o sionismo moderno e a criação do Estado de Israel teriam as características que tiveram sem Chaim Weizmann. Poderíamos acrescentar o caso flagrante de Nelson Mandela no desenlace pacífico do problema sul-africano.

Isaiah Berlin conhece perfeitamente as temíveis deformações que sofreu essa concepção do "herói" como pivô da história, a demagogia que surgiu em torno dela, que vai do livro de Carlyle até a justificativa do "caudilho" onímodo que personifica o seu povo como Hitler, Franco, Mussolini, Mao, Fidel e tantos outros pequenos semideuses do nosso tempo. Justamente, o antitotalitário convicto que há nele sublinha nos elogios àqueles seus três "heróis" que a admiração que merecem se deve, sobretudo, ao fato de que estes, sendo grandes homens, dotados de uma extraordinária aptidão para influir em seus concidadãos e precipitar mudanças na sociedade, tenham agido sempre com espírito democrático e respeitoso à legalidade, tolerantes com a crítica e os adversários, e obedientes ao veredito eleitoral. É essa condição de "caudilhos" amantes da lei e da liberdade que une, segundo Berlin, o conservador Churchill, o democrata Roosevelt e o liberal Weizmann, acima de suas diferenças doutrinárias.

Mas a história não é feita apenas pelos políticos, nem consta só de fatos objetivos. No panteão civil de Isaiah Berlin figuram, em lugar privilegiado, os estudiosos, os pensadores, os professores. Ou seja, todos aqueles que produzem, criticam ou disseminam ideias. Tal como em seus outros livros, nesse também se manifesta a convicção de Berlin de que eles são a força motriz da vida, o pano de fundo sobre o qual se inscrevem os fatos sociais e as chaves para entender a realidade externa e poder explorar a intimidade do ser humano. Por isso, o seu entusiasmo se derrama, sem reservas, sobre aqueles que, como Einstein, inovaram radicalmente o nosso conhecimento do mundo físico ou, como Aldous Huxley e Maurice Bowra, ou como os poetas Anna Akhmátova e Boris Pasternak, enriqueceram o espírito da época em que viveram, questionando os valores intelectuais estabelecidos e explorando novos temas de reflexão ou criando obras cuja beleza e profundidade proporcionaram aos outros gozo e iluminação ao mesmo tempo.

No racionalista convicto que era Isaiah Berlin havia um moralista. Embora não o diga exatamente com essas palavras, dos seus elogios se depreende que, para ele, era difícil, talvez impossível, dissociar a grandeza intelectual e artística de um indivíduo da sua retidão ética. Todas as pessoas que desfilam por essas páginas reverentes dão contribuições positivas, simultaneamente, em duas ordens — a intelectual e a moral —, a tal ponto que às vezes temos a sensação de que para Berlin essas duas ordens eram uma só. É verdade que alguns dos seus homens exemplares, como o historiador L. B. Namier, têm psicologias difíceis e em certos momentos insuportáveis, mas em todos eles há, sempre, na base da personalidade, nobreza de sentimentos, generosidade, decência, pureza de propósitos. Isaiah Berlin é tão persuasivo que, quando o lemos, nos dispomos a acreditar até nisto: que o talento e a virtude estão interligados. Será sempre assim?

O MAGO DO NORTE

Isaiah Berlin era democrata e liberal, um desses raros intelectuais tolerantes, capazes de reconhecer que suas próprias convicções podiam estar erradas, e corretas as dos seus adversários ideológicos. E deu a melhor prova desse espírito aberto e sensível, que sempre contrastava as próprias ideias com a realidade para ver se esta as confirmava ou contradizia, dedicando seus maiores esforços a estudar, nem tanto os filósofos e pensadores afins à cultura da liberdade, mas seus mais inflamados inimigos, por exemplo, Karl Marx e o comunismo, aos quais é dedicada, por exemplo, boa parte dos estudos do seu livro *O sentido de realidade*, ou Joseph de Maistre, ultrarreacionário precursor do fascismo, sobre quem escreveu um dos seus ensaios mais luminosos. Tinha a paixão do saber e, antes de refutar os que defendiam as coisas que ele detestava, como o autoritarismo, o racismo, o dogmatismo e a violência, queria entendê-los, descobrir como e por que haviam chegado a se identificar com causas e doutrinas que agravam a injustiça, a barbárie e o sofrimento humanos.

Bom exemplo disso é o volume *The Magus of the North: J. G. Hamann and the Origins of Modern Irrationalism*, coleção de comentários e ensaios que Berlin não chegou a integrar num livro orgânico e que Henry Hardy reuniu e prefaciou.

O extraordinário das notas, artigos e esboços que dedicou ao teólogo e filósofo alemão Johann Georg Hamann (1730-88), inimigo mortal do Iluminismo e porta-voz inflamado do irracionalismo, é que, através deles, esse reacionário convicto e confesso se torna uma figura simpática e em muitos sentidos até moderna. Sua defesa da desrazão — as paixões, o instinto, os abismos da personalidade — como parte integral do humano e sua ideia de que todo sistema filosófico exclusivamente racional e abstrato é uma mutilação da realidade e da vida são totalmente válidas. E suas audaciosas teorias, por exemplo, sobre o sexo e a linguística, de certo modo prefiguram posições libertárias e anárquicas radicais, como as de um Michel Foucault. Assim como é profética a sua denúncia de que a filosofia, se continuasse no caminho que estava tomando, no futuro naufragaria num obscurantismo indecifrável, máscara do vazio e da inanidade, que a deixaria fora do alcance do leitor comum.

Onde essas concordâncias desaparecem é na encruzilhada onde surge Deus, a quem Hamann subordina tudo o que existe e é, para o místico germânico, a justificação e explicação única e final da história social e dos destinos individuais. Sua recusa das generalizações e do abstrato e sua defesa do particular e do concreto fizeram dele um paladino do individualismo e inimigo mortal do coletivo como categoria social e marca de identidade. Nesse sentido ele foi, por um lado, diz Berlin, um precursor do romantismo e daquilo que dois séculos depois viria a ser o existencialismo (sobretudo na versão católica de um Gabriel Marcel), mas também foi, por outro lado, um dos fundadores do nacionalismo e mesmo, tal como Joseph de Maistre, do fascismo.

Hamann nasceu em Königsberg, filho de um barbeiro cirurgião, no seio de uma família pietista luterana, e sua infância transcorreu num ambiente de pessoas religiosas e estoicas, cujos antepassados desconfiavam dos livros e da vida intelectual; ele, no entanto, foi um leitor voraz e conseguiu entrar na universidade, onde adquiriu uma formação múltipla e um tanto extravagante em história, geografia, matemática, hebraico, teologia, ao mesmo tempo que, por sua própria conta, aprendia francês e escrevia poemas. Começou a ganhar a vida como tutor dos filhos da próspera burguesia local e, durante algum tempo, parecia seduzido pelas ideias que vinham da França, de Voltaire e Montesquieu. Mas pouco tempo depois, durante uma permanência em Londres ligada a uma misteriosa conspiração política, e após alguns meses de dissipação e excessos que o levaram à ruína, sofreu a crise que mudaria a sua vida.

Foi em 1757. Afundado na miséria, isolado do mundo, Hamann foi se sepultar no estudo da Bíblia, convencido, escreveria ele mais tarde, como Lutero, de que o livro sagrado do cristianismo era "uma alegoria da história secreta da alma de cada indivíduo". Emergiu dessa experiência já transformado no conservador e reacionário brigão e solitário que, em panfletos polêmicos que se sucediam como uma saraivada de socos, criticaria com ferocidade toda e qualquer manifestação da modernidade, onde quer que aparecesse: na ciência, nos costumes, na vida política, na filosofia e, sobretudo, na religião. Ele tinha voltado, e com um zelo fervoroso, ao protestantismo luterano dos seus ancestrais. Fez adversários e inimigos em toda parte devido ao seu caráter intratável. Costumava criar atritos até com gente que o respeitava e queria ajudá-lo, como Kant, seu leitor, que tentou conseguir-lhe um cargo na universidade. Disse que ele "era um pequeno homúnculo agradável para bisbilhotar um pouco, mas totalmente cego diante da verdade". Por Herder, que foi seu admirador confesso e se considerava seu discípulo, nunca teve o menor apreço intelectual. Não é de estranhar, portanto, que sua vida tenha transcorrido quase no anonimato, com poucos leitores, e sido extremamente austera, devido aos empregos burocráticos obscuros que lhe davam sustento.

Depois de morto, o Mago do Norte, como Hamann gostava de ser chamado, foi esquecido rapidamente pelo pequeno círculo que conhecia as suas obras. Isaiah Berlin se pergunta: "O que há nele que mereça ser ressuscitado em nossos dias?". A resposta dá ensejo ao melhor capítulo do seu livro: "The Central Core" [O núcleo central]. O verdadeiramente original em Hamann, explica, é sua concepção da natureza do homem, nas antípodas da visão otimista e racional que dela promoveram os enciclopedistas e filósofos franceses do Iluminismo. A criatura humana é uma criação divina e, portanto, soberana e única, que não pode ser dissolvida numa coletividade, como faz quem inventa teorias ("ficções", segundo Hamann) sobre a evolução da história em direção a um futuro de progresso, no qual a ciência iria desterrando a ignorância e abolindo as injustiças. Os seres humanos são diferentes, e também seus destinos; e sua maior fonte de sabedoria não é a razão nem o conhecimento científico, mas as experiências, a soma de vivências que acumulam ao longo da existência. Nesse sentido, considerava os pensadores e acadêmicos do século XVIII uns verdadeiros "pagãos", mais longe de Deus que "os ladrões, mendigos, criminosos e vagabundos", os seres de vida "irregular" que, pela instabilidade e tumultos da sua arriscada existência, muitas vezes podiam se aproximar de forma mais profunda e direta da transcendência divina.

Era um puritano e, no entanto, em matéria sexual promovia ideias que escandalizaram todos os seus contemporâneos. "Por que um sentimento de vergonha envolve os nossos gloriosos órgãos de reprodução?", perguntava ele. A seu ver, tentar domesticar as paixões sexuais enfraquecia a espontaneidade e o gênio humanos e, por isso, quem quisesse se conhecer a fundo devia explorar tudo, e, mesmo, "descer ao abismo das orgias de Baco e de Ceres". Entretanto, aquele mesmo homem que se mostrava tão aberto nesse domínio em outro sustentava que a única forma de manter a ordem era com uma autoridade vertical e absoluta que defendesse o indivíduo, a família e a religião como instituições tutelares e intangíveis da sociedade.

SÁBIO, DISCRETO E LIBERAL

Ao contrário da França, que faz dos grandes pensadores e escritores que tem em seu seio figuras midiáticas, ícones populares, a Inglaterra os esconde e deixa na sombra, como se, expostos à luz pública, submetidos ao manuseio publicitário, seus méritos intelectuais e artísticos se empobrecessem. Podemos extrair, desses costumes antinômicos em relação aos monstros sagrados do saber e da criação, conclusões sobre a vocação elitista da cultura britânica e democrática na França, ou, mais exatamente, sobre o esnobismo cultural que, pelo menos a partir do século XVIII, é a marca distintiva da vida francesa, assim como seu reverso ou antípoda, o esnobismo anticulturalista, notório das circunstâncias inglesas.

Seja como for, é indubitável que se a família Berlin tivesse se refugiado em Paris em vez de se asilar na Grã-Bretanha, a morte de Isaiah Berlin, em 1997, aos 88 anos, seria recebida com fogos de artifício fúnebres, uma trombetada necrológica como as que foram desencadeadas pela morte de um Sartre ou um Foucault. No seu país de adoção, em contrapartida, Sir Isaiah Berlin foi enterrado com a discrição em que viveu e escreveu, na solidão conventual de Oxford, universidade à qual consagrou a vida inteira.

Sendo o extraordinário ensaísta e pensador que foi, sua obra, uma das mais ricas e incitantes do ponto de vista político e intelectual, foi muito pouco lida fora do mundo de língua inglesa. Mas nisso, sem dúvida, cabe tanta culpa à modéstia doentia de Berlin — o único escritor de grande talento que conheci que dava a impressão de ser totalmente isento das vaidades que atacam os seus pares e acreditar, muito seriamente, que seus trabalhos nos campos da filosofia, da história e da crítica eram simples contribuições ocasionais, sem maior relevância — quanto à mania secretista, de catacumbas, da academia inglesa. E, no entanto, havia naquele modesto e bondoso professor narigudo, de careca reluzente, uma enorme sabedoria. Ele se saía com desenvoltura em uma dúzia de línguas, do russo até o hebraico, do alemão ao inglês e as principais línguas latinas, e em disciplinas e ciências tão díspares como a filosofia, a história, a literatura, as ciências físicas, a música. Refletiu com originalidade sobre tudo isso e escreveu sobre todos esses assuntos com profundidade, elegância e uma transparência absoluta.

Além de sábio e modesto, Berlin foi um grande liberal. Isso, claro, dá orgulho aos que acreditamos que a doutrina liberal é o símbolo da cultura democrática — a da tolerância, do pluralismo, dos direitos humanos, da soberania individual e da legalidade —, o navio capitânia. Dito isso, deve-se acrescentar que, dentre as várias correntes de pensamento que cabem dentro da acepção de "liberal", Isaiah Berlin não concordava totalmente com aqueles que, como um Friederich von Hayek ou um Ludwig von Mises, veem no livre mercado a garantia de progresso, não só econômico, mas também político e cultural, o sistema que pode harmonizar da melhor maneira a quase infinita diversidade de expectativas e ambições humanas no interior de uma ordem que proteja a liberdade. Isaiah Berlin sempre acalentou dúvidas social-democratas quanto ao laissez-faire e voltou a manifestá-las poucas semanas antes de morrer, na esplêndida entrevista — uma espécie de testamento — que concedeu a Steven Lukes, repetindo que não podia defender sem sentir certa angústia a liberdade econômica irrestrita que "encheu de crianças as minas de carvão".

O liberalismo de Isaiah Berlin consistiu, sobretudo, no exercício da tolerância, num esforço permanente de compreensão do adversário ideológico, cujas razões e argumentos procurou entender e explicar com um excesso de escrúpulo que desconcertava seus colegas. Como era possível que um partidário tão inflexível do sistema democrático, tão hostil a toda e qualquer forma de coletivismo, houvesse escrito um dos estudos mais imparciais sobre Marx? Mas foi possível, e também que esse grande inimigo da intolerância houvesse escrito o melhor ensaio moderno sobre Joseph de Maistre e as origens do fascismo. E que sua repulsa aos nacionalismos não o tivesse impedido, mas antes induzido, a estudar com um zelo que pode ser chamado de amoroso o reverendo Herder, pedra miliária da visão regionalista, antiuniversalista da história.

A explicação é muito simples, e retrata Isaiah Berlin de corpo inteiro. Como disciplina intelectual, disse ele, "é tedioso ler os aliados, aqueles que concordam com os nossos pontos de vista. Mais interessante é ler o inimigo, o que põe à prova a solidez das nossas defesas. O que sempre me interessou, na verdade, é descobrir o que tem de frágil, de débil ou de errôneo nas ideias em que acredito. Para quê? Para poder corrigi-las ou abandoná-las". Quem leu a obra de Isaiah Berlin sabe que não há pose alguma nessas afirmações, que seu pensamento estava sempre se refinando e enriquecendo graças ao cotejo com seus adversários.

Seu trabalho intelectual, rico e denso, se concentrou em ensaios e artigos, conferências e resenhas, e evitou as grandes sínteses, os trabalhos orgânicos ambiciosos, os projetos de longo curso. Isso não se deu, como sublinha Ignatieff, devido à sua dispersão e às múltiplas obrigações: assim como em Borges, nele a brevidade, o formato menor, o gênero pequeno era uma vocação excludente. Nos anos 1980, para demonstrar que estavam enganados os críticos que o acusavam de não ter empreendido uma obra de grande horizonte temático, Berlin decidiu ampliar suas conferências de 1965 sobre as raízes do romantismo (publicadas postumamente com o título de *As raízes do romantismo*) e trabalhou nisso durante muitos meses, de maneira sistemática, na British Library, preenchendo centenas de fichas. No final, deixou tudo de lado: os projetos de grande envergadura não eram para ele. Faltavam-lhe a ambição, a fé desmesurada em si mesmo, a pitada de obsessão e fanatismo que as obras-primas requerem. O ensaio curto se adequava mais à sua modéstia, à sua consideração cética de si mesmo, à sua falta de pretensão de aparecer como gênio ou como sábio, à sua convicção de que o que tinha feito era coisa pouca no fogo de artifício cintilante do pensamento universal.

Não era verdade, claro. Porque esse ensaísta nato — coisa que se poderia dizer, também, de outro grande liberal: José Ortega y Gasset —, em seus relativamente breves textos de interpretação e releitura dos grandes filósofos, historiadores ou escritores da Europa clássica e moderna, deixou uma obra fundamental para a cultura do nosso tempo e para o pensamento liberal. E, dentre os liberais, foi, junto com Ortega y Gasset, o melhor prosista. Seu estilo é tão transparente e ameno como o de Stendhal, outro polígrafo que não escrevia mas ditava os seus textos, e, frequentemente, a riqueza e a animação de suas ideias, de suas citações e exemplos, a vivacidade e a elegância com que desenvolve o raciocínio dão aos seus ensaios uma qualidade romanesca, de contagiosa humanidade.

Entre os autores que li nos últimos trinta anos, Isaiah Berlin é um dos que mais me impressionou. Suas opiniões filosóficas, históricas e políticas sempre me pareceram esclarecedoras, adotáveis. Entretanto, penso que, embora em nossos dias talvez muito pouca gente tenha visto de forma tão penetrante como ele o que é a vida — a do indivíduo em sociedade, a das sociedades no tempo, o impacto das ideias na experiência cotidiana —, há toda uma dimensão do homem que não aparece, ou o faz de maneira furtiva, em sua visão: aquela que Georges Bataille descreveu melhor do que ninguém. Esse mundo da desrazão que subjaz e às vezes ofusca e mata a razão: o do inconsciente que, em doses sempre inverificáveis e dificílimas de detectar, impregna, orienta e às vezes escraviza a consciência; o dos instintos obscuros que surgem de repente por caminhos inesperados para competir com as ideias e muitas vezes substituí-las como molas propulsoras ou até mesmo destruir o que elas constroem.

Nada mais distante da visão limpa, serena, harmoniosa, lúcida e sadia que Isaiah Berlin tinha do homem que a concepção sombria, confusa, doentia e fervorosa de Bataille. E, no entanto, eu desconfio que a vida é provavelmente algo que incandesce e confunde numa única verdade, em sua poderosa incongruência, esses dois inimigos.

Eu o vi duas vezes na vida. A primeira, como já contei, nos anos 1980, em um jantar na casa do historiador Hugh Thomas em que a convidada de honra era a primeira-ministra Margaret Thatcher. A segunda foi em Sevilha, em 1992, num congresso sobre o quinto centenário do descobrimento da América. Os participantes o cercavam de elogios, que ele recebia ruborizado. Eu tinha escrito uma série de artigos sobre ele, que depois serviram de prólogo para a edição espanhola de *O ouriço e a raposa*, nos quais cometi a barbaridade de dizer que tinha nascido na Lituânia em vez de Letônia. "Bem, não é tão grave", ajudou-me ele, com bonomia, "porque, quando eu nasci, tudo aquilo era Rússia." Obrigado, mestre.

Jean-François Revel (1924-2006)

Uma valiosa contribuição da França contemporânea no campo das ideias não foram os estruturalistas, os desconstrucionistas nem os "novos filósofos", mais vistosos que consistentes, e sim um jornalista e ensaísta político: Jean-François Revel. Seus livros e artigos, sensatos e iconoclastas, originais e incisivos, eram sempre refrescantes em meio aos estereótipos, preconceitos e condicionamentos que asfixiaram o debate político do nosso tempo. Por sua independência, sua habilidade para perceber quando a teoria deixa de expressar a vida e começa a traí-la, sua coragem para enfrentar as modas intelectuais e sua defesa sistemática da liberdade em todos os terrenos em que ela é ameaçada ou desnaturalizada, Revel faz pensar num Albert Camus ou num George Orwell dos nossos dias. Seu combate, tal como o deles, foi também bastante incompreendido e solitário.

Como no caso do autor de *1984*, as críticas mais duras de Revel foram disparadas contra a esquerda, apesar de ter sido, boa parte de sua vida, um socialista, e desse mesmo lado recebeu os piores ataques. Sabe-se que na vida política o ódio mais forte é despertado pelo parente mais próximo. Porque se alguém conquistou com justiça o título, hoje tão prostituído, de "progressista" no campo intelectual foi ele, cujo esforço se dirigia a remover os clichês e as rotinas mentais que impediam as vanguardas políticas contemporâneas de entender os problemas sociais e propor soluções para eles que fossem ao mesmo tempo radicais e possíveis. Para realizar essa tarefa de demolição, Revel, como Orwell nos anos 1930, optou por uma atitude relativamente simples, mas que poucos pensadores dos nossos dias praticaram: a volta aos fatos, a subordinação do pensado ao vivido. Decidir a validade das teorias políticas em função da experiência concreta é revolucionário hoje, pois o costume que se impôs e que foi, sem dúvida, o maior empecilho da esquerda em nossos dias é a oposta: determinar a partir da teoria a natureza dos fatos, o que geralmente leva a deformar estes últimos para que coincidam com ela. Nada mais absurdo do que acreditar que a verdade desce das ideias para as ações humanas, e não que são estas que nutrem aquelas com a verdade, pois o resultado dessa crença é o divórcio entre ambas, e isso foi o mais característico na época de Revel (sobretudo nos países do chamado terceiro mundo) nas ideologias de esquerda, que costumavam impressionar sobretudo por sua furiosa irrealidade.

Para Revel, os fatos interessavam mais que as teorias, e ele nunca teve o menor problema em refutá-las se considerasse que não eram confirmadas por eles. A alienação política em que vivemos deve ser muito profunda para que alguém que se limitava a introduzir o senso comum na reflexão sobre a vida social — pois não é nada mais que isso insistir em submeter as ideias à prova de fogo da experiência concreta — parecesse um dinamitador intelectual.

PARA QUE OS FILÓSOFOS?

Ele havia nascido em 1924 em Marselha e cumprido todos os requisitos que auguram na França uma carreira acadêmica de alto nível: École Normale, especialização em filosofia, militância na resistência durante a ocupação nazista. E lecionou nos institutos franceses do México e de Florença, onde aprendeu espanhol e italiano, dois dos cinco idiomas que falava com perfeição. Sua biografia oficial diz que seu primeiro livro foi *Pourquoi des philosophes?* [Para que os filósofos?] (1957), mas, na verdade, tinha publicado antes um romance, *Histoire de Flore*, que por excessivo senso de autocrítica nunca reeditou. Esse ensaio, e sua continuação de cinco anos depois, *La Cabale des dévots* [A cabala dos devotos] (1962), revelaram ao mundo um formidável panfletário à maneira de Voltaire, culto e belicoso, irônico e lapidário, no qual a riqueza das ideias e o espírito insubmisso se desdobravam numa prosa firme e às vezes incandescente. Mais de meio século depois de publicado, o livro conserva sua ferocidade, que talvez tenha até aumentado porque algumas das figuras contra as quais se encarniçava, como Heidegger, Jacques Lacan ou Claude Lévi-Strauss, mais tarde se tornaram referências intelectuais intocáveis.

Como ele mesmo diria depois, *Pourquoi des philosophes?* foi sua despedida tempestuosa da filosofia. E da universidade francesa e seus professores de humanidades, outro de seus alvos, que acusava de estarem muito atrás das universidades americanas e alemãs, entorpecidos pelo compadrio e por uma retórica cada vez mais incompreensível e insossa. Esse livro tirou Revel de um mundo acadêmico no qual provavelmente iria vegetar muito distante da atualidade e transformou-o no formidável jornalista e pensador político que viria a ser. Seus artigos e ensaios, juntamente com os de Raymond Aron, foram um modelo de lucidez na segunda metade do século XX, marcada na França pelo predomínio quase absoluto do marxismo e suas variantes, que ambos enfrentaram em nome da cultura democrática. Ninguém os substituiu, e sem eles os jornais e as revistas francesas parecem ter se apequenado e entristecido.

A palavra panfleto tem hoje certo laivo ignominioso, evoca um texto vulgar, mal-ajambrado e insultante, mas no século XVIII era um gênero criativo de alto nível, do qual se valiam os intelectuais mais ilustres para aventar suas diferenças. Uma das mil atividades que Jean-François Revel desempenhou foi a direção, na editora inconformista de Jean-Jacques Pauvert, de uma excelente coleção, chamada Libertés, de panfletos, pela qual desfilaram Diderot, Voltaire, Hume, Rousseau, Zola, Marx, Breton e muitos outros. Nessa tradição se inscrevem muitos dos seus livros, como *Pourquoi des philosophes?*, um acerto de contas com os pensadores do seu tempo e com a própria filosofia, a qual, segundo esse ensaio, os descobrimentos científicos, de um lado, e, do outro, a falta de descortino, de originalidade e o obscurantismo dos filósofos modernos estavam tornando cada vez menos legível. Revel sabia do que estava falando, tinha um conhecimento profundo dos clássicos gregos, como se percebe em sua esplêndida *Histoire de la philosophie occidentale* [História da filosofia ocidental] (1994). Todo esse livro está repleto de contrastes entre o que significava "filosofar" na Grécia de Platão e Aristóteles, ou na Europa de Leibniz, Descartes, Pascal, Kant e Hegel, e o modesto e especializado trabalho muitas vezes confinado na linguística, que nos dias de hoje usurpa o seu nome.

Mas no livro não há só críticas severas contra os filósofos contemporâneos; também há elogios. A Sartre, por exemplo, por *O ser e o nada*, que Revel considera uma reflexão profunda, de grande audácia especulativa, e a Freud, de quem faz uma reivindicação beligerante, sobretudo contra certos psicanalistas como Jacques Lacan que, a seu ver, embaralha grotescamente as ideias de Freud e o utiliza para fazer um vaidoso monumento a si mesmo. Entretanto, são injustas suas severas reprimendas a Claude Lévi-Strauss, cujo livro sobre *As estruturas elementares do parentesco* Revel questiona, acusando o autor de ser um bom psicólogo, mas não contribuir em nada, do ponto de vista sociológico, para o conhecimento do homem primitivo. Estende essa afirmação ao conjunto dos estudos de Lévi-Strauss sobre as sociedades marginais, com o argumento de que, ao reduzir toda a sua análise à descrição da mentalidade primitiva, concentrando-se em sua intimidade psicológica, deixou de pesquisar o mais importante do ponto de vista social: por que as instituições da sociedade tradicional tinham determinado caráter, por que se diferenciavam tanto umas das outras, a que necessidades satisfaziam os rituais, crenças e instituições de cada comunidade. A obra de Lévi-Strauss ainda estava em processo quando Revel escreveu esse ensaio, e talvez sua avaliação do grande antropólogo tivesse sido outra se possuísse uma perspectiva mais ampla da sua obra.

Em 1971, motivado por uma reedição de *Pourquoi des philosophes?*, Revel escreveu um extenso prólogo passando em revista o que havia acontecido no âmbito intelectual da França nos onze anos anteriores. Não corrigia nada do que tinha escrito em 1957; ao contrário, via no estruturalismo, que na época estava na moda, as mesmas insuficiências e imposturas que tinha denunciado no existencialismo. Dirige suas críticas mais ácidas a Althusser e a Foucault, principalmente a este último, muito atual desde a publicação de *As palavras e as coisas*, que havia declarado que "Sartre era um homem do século XIX" e cujas pomposas afirmações ("as humanidades não existem" e "do homem, uma invenção recente, pode-se prever o fim próximo") deliciavam os bistrôs de Saint-Germain. (Não muito depois, ele apedrejaria policiais e negaria a existência da aids.)

Nesse texto, Revel advertia que as modas estavam arrastando a filosofia para níveis de artificialidade e esoterismo que pareciam uma forma de suicídio, começando pelo fogo cerrado dos novos filósofos contra o humanismo. Mas o que excita mais o seu humor sarcástico é a estranha aliança que se dava entre o esnobismo político — leia-se marxismo ou, mais grave ainda, maoismo — e as especulações mais empoladas das "teorias" produzidas desenfreadamente pelos literatos de uma corrente estruturalista que abrangia tantas disciplinas e gêneros que ninguém entendia mais sobre o que escreviam. Nesse quesito, quem ganhava todos os prêmios era a revista *Tel Quel*, cujo gênio tutelar, o sutil Roland Barthes, havia acabado de explicar, inaugurando suas palestras no Collège de France, que "a língua é fascista". A análise feita por Revel de um número especial de *Tel Quel*, ridicularizando a pretensão dos discípulos de Barthes e Derrida de que suas teorias literárias e experimentos linguísticos servissem ao proletariado para derrotar a burguesia na batalha que travam, é hilária e letal.

Muito coerente com as críticas que formulou aos seus colegas filósofos, Revel sempre se preocupou em conciliar o rigor intelectual com a clareza expositiva. Nisso foi ainda mais longe que Raymond Aron, seu amigo e mestre, de quem herdou a responsabilidade de ser o grande guardião das ideias liberais no país num momento histórico em que "o ópio dos intelectuais" (como Aron chamou o marxismo) tinha enfeitiçado os pensadores franceses. Todos os livros de Revel, sem exceção, estão ao alcance de qualquer leitor medianamente culto, embora em alguns deles se discutam assuntos de uma intrincada complexidade, como doutrinas teológicas, polêmicas eruditas sobre filologia ou estética, descobrimentos científicos ou teorias sobre a arte. Ele nunca recorreu ao jargão especializado nem confundiu obscuridade com profundidade. Sempre foi claro sem jamais ser superficial. Lograr isso em seus livros já é um mérito; mérito ainda maior ter sido essa a tônica das centenas de artigos que escreveu, nas publicações onde, ao longo de meio século, comentava as atualidades toda semana: *France-Observateur*, *L'Express* (da qual foi diretor) e *Le Point*.

SOCIALISTA E LIBERAL

Tentando desprestigiá-lo, seus adversários o tachavam frequentemente de conservador. Nunca o foi. Na juventude militou no socialismo, e por isso se opôs, com críticas ácidas, à Quinta República do general De Gaulle (*Le Style du Géneral* [O estilo do general], 1965) e ainda em 1968 combateu, num ensaio sem misericórdia, a França da reação (*Lettre ouverte a la droite* [Carta aberta à direita]). No ano anterior fora candidato a deputado pelo partido de François

Mitterrand. Durante toda a sua vida foi um republicano ateu e anticlerical, severíssimo catão do espírito dogmático de todas as Igrejas, especialmente da católica, defensor do laicismo e do racionalismo herdados do Século das Luzes; discorreu sobre isso com sabedoria e humor em seu polêmico livro escrito com seu filho Matthieu, monge budista e tradutor do Dalai Lama: *Le Moine et le Philosophe* [O monge e o filósofo] (1997). Dentro das variedades do liberalismo, Revel sempre esteve naquela que mais se aproxima do anarquismo, mas sem cair nele, como sugere a insolente declaração no início de suas memórias: "Detesto a família, tanto aquela em que nasci como as que eu mesmo fundei".

A TENTAÇÃO TOTALITÁRIA

Ele viveu entre polêmicas. Um dos grandes escândalos que causou foi a publicação de *A tentação totalitária* (1976), demonstração persuasiva — com informação ao alcance de todo o mundo, mas que até então o mundo não se dera ao trabalho de sopesar — desta conclusão inesperada: o principal obstáculo para o triunfo do socialismo no planeta não era o capitalismo, mas o comunismo. Tratava-se de um livro estimulante, pois, apesar de ser uma crítica impiedosa dos países e partidos comunistas, não dava a sensação de ser um ensaio reacionário, a favor do imobilismo, e sim o contrário: um esforço no sentido de reorientar na direção certa a luta pelo avanço da justiça e da liberdade no mundo, um combate que tinha se desviado da sua rota e esquecido os seus fins, mais por deficiências internas da esquerda que pela força e a habilidade do adversário.

Revel atingia seus momentos mais sugestivos quando se entregava a uma operação que tem algo de masoquista: a autocrítica das taras e enfermidades que a esquerda deixou proliferar em seu interior até se paralisar intelectualmente; sua fascinação pela ditadura, sua cegueira para as raízes do totalitarismo, o complexo de inferioridade diante do Partido Comunista, sua inépcia para formular projetos socialistas diferentes do modelo staliniano.

Apesar de certas páginas pessimistas, o livro de Revel traz uma mensagem construtiva, o seu esforço em apresentar o reformismo como o caminho mais curto e transitável para atingir os objetivos sociais revolucionários e a sua defesa da social-democracia como sistema que provou na prática que é capaz de desenvolver simultaneamente a justiça social e econômica e a democracia política. É um livro que no Peru nos fez bem ler, nos anos 1970, porque saiu num momento em que nós sentíamos na própria carne alguns dos males cujos mecanismos ele denunciava. O regime ditatorial do general Velasco Alvarado havia estatizado a imprensa diária em 1974 e eliminado toda e qualquer tribuna crítica no país; entretanto, a esquerda tradicional o louvava como progressista e justiceiro. Nesse momento os exilados políticos peruanos — apristas e populistas — se viam impedidos de apresentar seu caso ao Tribunal Russell sobre violação de direitos humanos na América Latina, que estava reunido em Roma, porque, como os organizadores lhes comunicaram, a situação deles não podia ser comparada à das vítimas das ditaduras chilena e argentina: por acaso não era "progressista" a ditadura militar peruana?

NEM MARX NEM JESUS

Ao mesmo tempo que era um social-democrata e liberal, havia em Revel um libertário que corrigia e melhorava aquele, e isso se percebe sobretudo em *Nem Marx nem Jesus* (1970), um livro tão divertido quanto insolente. O que sustenta ali, com exemplos significativos, é que as manifestações mais importantes de rebeldia social e intelectual no mundo contemporâneo se deram à margem dos partidos políticos de esquerda e não aconteceram nos países socialistas, mas na cidadela do capitalismo, como os Estados Unidos e a Grã-Bretanha. A revolução, esclerosada nas nações e partidos "revolucionários", está viva, dizia Revel, graças a movimentos como o dos jovens que questionam de forma radical nos países industrializados instituições que se julgavam intocáveis — a família, o dinheiro, o poder, a moral — e ao despertar político das mulheres e das minorias culturais e sexuais que, lutando para que seus direitos sejam respeitados, têm que atacar os alicerces sobre os quais a vida social vem funcionando há séculos.

As análises de Revel eram sempre oportunas também sobre o problema da informação, como quando disse que "a grande batalha do final do século XX, aquela da qual depende o resultado de todas as demais, é a batalha contra a censura". Quando deixa de existir a liberdade de nos expressar livremente no seio de uma sociedade ou de uma instituição qualquer, tudo começa a se deteriorar, afirmava ele. Não desaparece só a crítica, sem a qual qualquer sistema ou organismo social se paralisa e se corrompe; mas essa deformação é interiorizada pelos indivíduos como estratégia de sobrevivência e, consequentemente, todas as atividades (menos, talvez, as estritamente técnicas) refletem a mesma deterioração. É essa, em última instância, dizia Revel, a explicação para a crise da esquerda no mundo: ela perdeu a prática da liberdade, e não só por culpa da repressão que o adversário externo lhe infligia, mas também por ter adotado a convicção suicida de que a eficácia é incompatível com ela. "Todo poder é ou se torna de direita", escreveu. "Só o faz de esquerda o controle que se exerce sobre ele. E sem liberdade não há controle."

COMO TERMINAM AS DEMOCRACIAS

O livro de Jean-François Revel que, depois de *A tentação totalitária*, lhe deu mais prestígio no mundo inteiro foi *Como terminam as democracias* (1983). Eu o li nos intervalos de um congresso de jornalistas em Cartagena, na Colômbia. Para fugir das interrupções, ia me refugiar na praia do hotel, debaixo de uns toldos que davam um aspecto meio beduíno ao lugar. Uma tarde, alguém me disse: "O senhor está lendo esta cassandra moderna?". Era um professor da Universidade Stanford que tinha lido *Como terminam as democracias* fazia pouco tempo. "Eu fiquei tão deprimido que tive pesadelos durante uma semana", contou. "Mas é verdade que não dá para largar."

Não, não dá. Tal como eu lia Verne e Salgari durante a aula de matemática na época de colegial, passei boa parte das sessões daquele congresso mergulhado nas argumentações de Revel, disfarçando o livro com cópias de discursos. Continuei lendo no interminável voo transatlântico que me levou para Londres. Terminei quando estava aterrissando. Fazia uma manhã ensolarada, e o campo inglês, entre Heathrow e a cidade, parecia mais verde e civilizado que nunca. Chegar à Inglaterra dava uma sensação (até o Brexit) de paz e de confiança, de vida aceitável, de pisar num mundo em que, apesar dos problemas e crises, um substrato de harmonia e solidariedade social permitia que as instituições funcionassem e que palavras como "respeito à lei", "liberdade individual", "direitos humanos" tivessem substância e sentido. Estaria tudo aquilo condenado a desaparecer num futuro mais ou menos próximo? Seria a Inglaterra de amanhã o reino da mentira e do horror que Orwell descreveu em *1984*?

O leitor de *Como terminam as democracias* emerge das suas páginas com a impressão de que — a menos que haja uma mudança tão radical quanto improvável nos países liberais — em breve estará fechado esse "breve parêntese", terminado esse "acidente" que a democracia terá sido na evolução da humanidade, e os poucos países que degustaram seus frutos voltarão a se confundir com os que nunca saíram da ignomínia do despotismo que acompanha os homens desde o começo da história.

Uma cassandra moderna? Revel, herdeiro da tradição de polemistas e iconoclastas que os enciclopedistas encarnaram, escrevia com elegância, raciocinava com solidez e conservava uma curiosidade alerta pelo que acontecia no resto do mundo, o que era uma característica maior da vida intelectual na França e muitos intelectuais franceses contemporâneos, infelizmente, parecem ter perdido. É surpreendente nesse ensaio a exatidão das referências à América Latina, os exemplos bem documentados de Venezuela, Peru, República Dominicana, Cuba e El Salvador. Todos os livros de Revel foram heterodoxos; mas *Como terminam as democracias* tinha, além de força persuasiva, ironia e análises agudas, uma coisa que não havia nos outros: um pessimismo assustador.

A tese do livro era que o comunismo soviético havia praticamente ganhado a guerra contra o Ocidente democrático, destruindo-o psicológica e moralmente mediante a infiltração de bactérias nocivas que, depois de paralisá-lo, precipitariam sua queda como uma fruta madura. A responsabilidade por esse processo era, segundo Revel, das próprias democracias, que, por apatia, inconsciência, frivolidade, covardia ou cegueira, tinham colaborado irresponsavelmente com o seu adversário na elaboração da própria ruína.

Revel cartografava o impressionante crescimento do domínio soviético na Europa, na Ásia, na África e na América Latina, e o que ele considerava caráter irreversível dessa progressão. Uma vez que um país cai em sua zona de influência, dizia, os países ocidentais consagram esse episódio como definitivo e intocável, sem se preocupar minimamente com a opinião dos habitantes do país em questão. Alguém se atreveria, em Washington ou em Londres no começo dos anos 1980, a falar de "libertar" a Polônia sem ser considerado um pterodátilo interessado em desencadear uma guerra nuclear por suas provocações contra a URSS? Moscou, em contrapartida, não estava tolhida por escrúpulos equivalentes. Sua política de ajudar os países a "se libertarem" do capitalismo era coerente, permanente, não estorvada por qualquer tipo de oposição interna, e adotava múltiplas táticas: a intervenção direta de suas tropas, como no Afeganistão; a intervenção indireta, mediante forças cubanas ou alemãs orientais, como em Angola e na Etiópia; a ajuda militar, econômica e publicitária, como no Vietnã e nos países onde havia processos guerrilheiros e terroristas que, não importando qual fosse sua linha ideológica, serviam à estratégia global da URSS.

Ao terminar a Segunda Guerra Mundial, a superioridade militar dos países ocidentais sobre a União Soviética era esmagadora. Na década de 1980 ocorria o contrário. A primazia soviética era enorme em quase todos os campos, incluindo o nuclear. E esse formidável armamentismo não encontrara o menor obstáculo interno para se materializar: os cidadãos da URSS não tinham sequer uma ideia adequada do que estava acontecendo. No Ocidente, em contrapartida, o movimento pacifista, contra as armas nucleares e a favor do desarmamento unilateral, havia atingido proporções consideráveis e já contaminava os grandes partidos democráticos, como o trabalhismo inglês e a social-democracia alemã.

A demonstração de Revel abrangia os campos diplomático, político, cultural e jornalístico. Suas páginas mais incisivas descreviam a eficácia da URSS na batalha da desinformação no Ocidente. Prova de que a URSS ganhou, afirmava, eram as centenas de milhares de democratas que iam protestar nas ruas das cidades norte-americanas, inglesas, francesas, escandinavas contra a "intervenção ianque" em El Salvador — onde havia cinquenta assessores norte-americanos — e que jamais cogitariam em protestar da mesma maneira contra os 130 mil soldados soviéticos no Afeganistão ou os 30 mil cubanos em Angola.

Alguém ainda acredita, no Ocidente, que a democracia serve para alguma coisa?, perguntava ele. A julgar pela maneira como seus intelectuais, dirigentes políticos, seus sindicatos e órgãos de imprensa autocriticam o sistema, mantendo-o sob um ataque contínuo e impiedoso, até parece que interiorizaram as críticas que seus inimigos lhe fazem. O que mais poderia explicar o uso trapaceiro de fórmulas como "Guerra Fria", sempre vinculada ao Ocidente — quando foi nesse período que a URSS alcançou a supremacia militar —, tal como "colonialismo" e "neocolonialismo", que só pareciam ter sentido se associadas aos países ocidentais e jamais com a URSS? Ao passo que, na subconsciência do Ocidente, as noções de "libertação", "anticolonialismo", "nacionalismo" pareciam invencivelmente ligadas ao socialismo e a tudo o que Moscou representava.

O problema que Revel aborda nesse livro parecia quase insolúvel. A única maneira de que a democracia dispunha para conjurar o perigo que ele apontava seria renunciando àquilo que a torna preferível a um sistema totalitário: o direito à crítica, a fiscalização do poder, o pluralismo, ser uma sociedade aberta. É só por haver nela liberdade de imprensa, luta política, eleições, contestação que seus inimigos podem "infiltrá-la" com facilidade, manipular sua informação, instrumentalizar seus intelectuais e políticos. Mas se, para evitar tal risco, uma democracia fortalece o poder e os sistemas de controle, seus inimigos também saem ganhando, ao impor a ela seus métodos e seus costumes.

Não havia esperanças, então? Os homens e mulheres da minha geração iriam ver o mundo inteiro uniformizado numa barbárie com mísseis e computadores? Felizmente não aconteceu assim. Por dois motivos que, creio, Revel não valorizou o suficiente. Primeiro: a superioridade econômica, científica e tecnológica das democracias ocidentais. Essa vantagem — apesar do poderio militar soviético — foi se acentuando, enquanto a censura continuava a regular a vida acadêmica da URSS e o planejamento burocrático continuava asfixiando sua agricultura e sua indústria. E o segundo: os fatores internos de desagregação do Império soviético. Quando se liam nessa mesma época os seus dissidentes, ou os manifestos dos operários poloneses, descobria-se que lá, atrás da cortina de ferro, apesar da repressão e dos riscos, pulsava, crescente, vívido, aquele amor à liberdade que parecia ter-se degradado entre os cidadãos dos países livres.

O CONHECIMENTO INÚTIL

Depois da morte de Jean-Paul Sartre e de Raymond Aron, Jean-François Revel passou a exercer na França uma liderança intelectual, duplicada em magistratura moral, que é a instituição tipicamente francesa conhecida como "mandarinato". Conhecendo seu escasso apetite publicitário e sua desconfiança de qualquer forma de ardil, imagino como deve ter se sentido incomodado em tal situação. Mas já não tinha mais como evitar: suas ideias e seus prognósticos, suas tomadas de posição e suas críticas foram fazendo dele um *maître à penser* que estabelecia os temas do debate político e cultural e em torno de quem, por aproximação ou rejeição, se definem ideológica e eticamente os seus contemporâneos. Sem o "mandarim", a vida intelectual francesa nos pareceria invertebrada e informe, um caos esperando por sua cristalização.

Cada livro novo de Revel provocava polêmicas que ultrapassavam o mundo dos especialistas, porque seus ensaios sempre iam fundo em assuntos da atualidade e apresentavam severas oposições contra os totens entronizados pelas modas e os preconceitos reinantes. O volume que publicou em 1988, *O conhecimento inútil*, foi alvo de diatribes e controvérsias devido às suas análises impiedosas, e, sobretudo, a como eram maltratados em suas páginas alguns intocáveis da cultura contemporânea. Mas, acima da bisbilhotice e do anedótico, *O conhecimento inútil* foi lido e assimilado por dezenas de milhares de leitores em todo o mundo, pois é desses livros que, pela profundidade da sua reflexão, por sua valentia moral e pela ambição de seus propósitos, constituem o revulsivo de uma época.

A tese que *O conhecimento inútil* desenvolve é a seguinte: a força que move a sociedade do nosso tempo não é a verdade, mas a mentira. Quer dizer, uma sociedade que, mais que nenhuma outra no longo caminho percorrido pela civilização, conta com uma informação riquíssima sobre os conhecimentos alcançados pela ciência e a técnica, o que poderia garantir, em todas as manifestações da vida social, decisões racionais e bem-sucedidas. Entretanto, sustentava Revel, não ocorre assim. O prodigioso desenvolvimento do conhecimento e da informação que está ao alcance de quem quiser se dar ao trabalho de aproveitá-los não impediu que aqueles que organizam a vida dos outros e orientam o caminho da sociedade continuem cometendo os mesmos erros e provocando as mesmas catástrofes, porque suas decisões continuam sendo ditadas pelo preconceito, pela paixão ou pelo instinto antes que pela razão, como nos tempos que (com uma boa dose de cinismo) ainda nos atrevemos a chamar de "bárbaros".

O discurso de Revel era dirigido, sobretudo, contra os intelectuais das sociedades desenvolvidas do Ocidente. Os piores e talvez mais nocivos adversários da sociedade liberal não são, segundo Revel, seus adversários externos — os regimes totalitários do Leste e as satrapias *progressistas* do terceiro mundo —, mas o vasto conglomerado de objetores internos que constituem a intelligentsia dos países livres e cuja motivação preponderante parecia ser o ódio à liberdade tal como esta se entende e se pratica nas sociedades democráticas.

A contribuição de Gramsci ao marxismo consistiu, acima de tudo, em dar à intelligentsia a função histórica e social que era monopólio da classe operária nos textos de Marx e de Lênin. Essa função era letra morta nas sociedades marxistas, nas quais a classe intelectual — tal como a operária, aliás — era um mero instrumento da elite ou "nomenclatura" que havia expropriado todo o poder em proveito próprio. Lendo o ensaio de Revel, chegava-se a pensar que a tese gramsciana sobre o papel do "intelectual" como modelador e orientador da cultura só obtinha uma confirmação sinistra nas sociedades que Karl Popper chamou de "abertas". Digo "sinistra" porque a consequência disso, para Revel, era que as sociedades livres haviam perdido a batalha ideológica contra o mundo totalitário e podiam, num futuro não muito remoto, perder também a outra, aquela que as privaria do seu bem mais apreciado: a liberdade.

Se, formulada assim, em uma breve síntese, a tese de Revel parecia excessiva, quando o leitor mergulhava nas águas ferventes de O *conhecimento inútil* — um livro em que o brio da prosa, o aço da inteligência, a enciclopédica documentação e as faíscas de humor sarcástico se conjugam para fazer da leitura uma experiência hipnótica — e se deparava com as demonstrações concretas em que ele se baseia, não podia deixar de estremecer. Eram *estes* os grandes expoentes da arte, da ciência, da religião, do jornalismo, da educação no mundo chamado *livre*?

Revel mostrava como a vontade de desacreditar e prejudicar os próprios governos — principalmente se estes, como era o caso de Reagan, Thatcher, Kohl ou Chirac, eram de "direita" — levava os grandes meios de comunicação ocidentais — jornais, rádios e canais de televisão — a manipular a informação, chegando às vezes até a legitimar, graças ao prestígio de que gozam, flagrantes mentiras políticas. A desinformação, dizia Revel, era particularmente sistemática no que se refere aos países do terceiro mundo catalogados como "progressistas", cuja miséria endêmica, obscurantismo político, caos institucional e brutalidade repressiva eram atribuídos, por uma questão de princípio — ato de fé anterior e impermeável ao conhecimento objetivo —, a pérfidas maquinações das potências ocidentais ou àqueles que, nesses países, defendiam o modelo democrático e lutavam contra o coletivismo, os partidos únicos e o controle da economia e da informação pelo Estado.

Os exemplos de Revel eram de arrepiar porque os meios de comunicação com que ilustrava sua argumentação pareciam os mais livres e mais bem-feitos tecnicamente do mundo: *The New York Times*, *Le Monde*, *The Guardian*, *Der Spiegel* etc., e cadeias como a CBS norte-americana ou a Télévision Française. Se nesses órgãos de imprensa, que dispõem dos recursos materiais e profissionais mais fecundos para verificar e revelar a verdade, esta muitas vezes era oculta ou distorcida em decorrência do parti pris ideológico, o que se podia esperar dos meios de comunicação abertamente comprometidos — nos países com censura, por exemplo — ou dos que enfrentam condições materiais e intelectuais de trabalho muito mais precárias? Quem vive nos países subdesenvolvidos sabe muito bem o que pode esperar: que, na prática, se evaporem as fronteiras entre informação e ficção — entre a verdade e a mentira — nos meios de comunicação, de modo que seja impossível saber com objetividade o que se passa à nossa volta.

As páginas mais alarmantes do livro de Revel apontavam de que maneira a paixão ideológica podia levar, no campo científico, a falsear a verdade com a mesma falta de escrúpulos que no jornalismo. A maneira como, em dado momento, foi desnaturalizada, por exemplo, a verdade sobre a aids, com o objetivo de enxovalhar o Pentágono — numa operação publicitária genial que, afinal, se revelaria programada pela KGB — prova que não há literalmente reduto do conhecimento — nem sequer as ciências exatas — em que a ideologia não possa chegar com seu poder de distorção entronizando mentiras úteis para a causa. Para Revel, não havia a menor dúvida: se a sociedade liberal, aquela que de fato ganhou a batalha da civilização, criando as formas mais humanas — ou as menos desumanas — de existência em toda a história, desmoronasse, e o punhado de países que haviam adotado os valores da liberdade, de racionalidade, de tolerância e de legalidade voltasse a se confundir com o abismo de despotismo político, pobreza material, brutalidade, obscurantismo e prepotência que sempre foi, e continua sendo, a sorte da maior parte da humanidade, a maior responsabilidade seria dela mesma, por ter cedido — suas vanguardas culturais e políticas, principalmente — ao canto da sereia totalitária e porque os cidadãos livres aceitaram esse suicídio sem reagir.

Nem todas as imposturas que *O conhecimento inútil* denunciava eram políticas. Algumas afetavam a atividade cultural, corrompendo-a por dentro. Não tivemos muitos leitores não especializados, nas últimas décadas, lendo certas supostas eminências intelectuais do momento, como Lacan, Althusser, Teilhard de Chardin ou Jacques Derrida, com a suspeita de uma fraude, quer dizer, de retóricas trabalhosas cujo hermetismo ocultava a banalidade e o vazio? Há disciplinas — a linguística, a filosofia, a crítica literária e artística, por exemplo — que parecem particularmente propícias para o embuste que transforma o blá-blá-blá pretensioso de certos arrivistas em ciência humana da moda. Para ir de encontro a esse tipo de enganação é preciso não só a coragem de se atrever a nadar contra a corrente; também, a credibilidade de uma cultura que abrace muitos ramos do saber. Só a genuína tradição do humanismo, que Revel representava tão bem, pode impedir ou moderar os desastres que isso provoca na vida cultural de um país, as deformações — a falta de ciência, o pseudoconhecimento, o artifício que passa por pensamento criador — que são sintomas inequívocos da sua decadência.

No capítulo intitulado significativamente "O fracasso da cultura", Revel sintetizava sua análise minuciosa deste modo:

> A grande desgraça do século XX é ter sido aquele no qual o ideal da liberdade foi posto a serviço da tirania, o ideal da igualdade a serviço dos privilégios e todas as aspirações, todas as forças sociais reunidas originalmente sob o vocábulo "esquerda" foram embridadas a serviço do empobrecimento e da servidão. Essa imensa impostura falsificou todo o século, em parte por culpa dos seus maiores intelectuais. Ela corrompeu nos mais mínimos detalhes a linguagem e a ação política, invertendo o sentido da moral e entronizando a mentira a serviço do pensamento.

Li esse livro de Revel com uma fascinação que fazia tempo não sentia por qualquer romance ou ensaio. Pelo talento intelectual e a coragem moral do autor e, além disso, porque também sentia muitos dos seus temores e suas cóleras em relação à responsabilidade de tantos intelectuais — às vezes, dos mais destacados — nos desastres políticos do nosso tempo: a violência e a penúria que sempre acompanham o assassinato da liberdade.

Se "a traição dos clérigos" atingiu, no mundo das democracias desenvolvidas, as dimensões que Revel denunciava, o que dizer do que ocorria nos países pobres e incultos, onde ainda não se acabou de decidir o modelo social? Neles se recrutam os aliados mais dispostos, os cúmplices mais covardes e os propagandistas mais abjetos dos inimigos da liberdade, a ponto de que a própria noção de "intelectual", entre nós, às vezes chega a ter uma conotação caricatural e deplorável. O pior de tudo é que, nos países subdesenvolvidos, a "traição dos clérigos" não costuma obedecer a opções ideológicas e sim, na maioria dos casos, a puro oportunismo: porque ser "progressista" é a única maneira possível de galgar posições no meio cultural — já que o establishment acadêmico ou artístico é quase sempre de esquerda — ou mesmo, simplesmente, de crescer (ganhando prêmios, recebendo convites e até bolsas da Fundação Guggenheim). Não é coincidência e nem um perverso capricho da história que, de modo geral, os nossos mais ferozes intelectuais "anti-imperialistas" latino-americanos terminem como professores em universidades norte-americanas.

Entretanto, e apesar de tudo, sou menos pessimista quanto ao futuro da sociedade aberta e da liberdade no mundo que Jean-François Revel nesse livro. Meu otimismo se baseia em uma convicção antigramsciana: não é a intelligentsia que faz a história. De modo geral, os povos — as mulheres e os homens sem rosto e sem nome, a "gente comum", como dizia Montaigne — são melhores que a maioria dos seus intelectuais: mais sensatos, mais pragmáticos, mais democráticos e mais livres na hora de decidir sobre assuntos sociais e políticos. Os reflexos do homem sem qualidades, no momento de optar pelo tipo de sociedade em que quer viver, costumam ser racionais e decentes. Se não fosse assim, não haveria na América Latina a quantidade de governos civis que há hoje nem teriam caído tantas ditaduras nas últimas décadas. Nem tampouco sobreviveriam tantas democracias apesar da crise econômica e dos crimes da violência política. A vantagem da democracia é que nela prevalece, mais cedo ou mais tarde, a maneira de sentir dessa "gente comum" sobre a das elites. E esse exemplo, pouco a pouco, pode contagiar e melhorar o seu entorno. Não era o que indicavam, ao mesmo tempo que era publicado *O conhecimento inútil*, aqueles tímidos sinais de abertura na cidadela totalitária da chamada perestroika?

De todo modo, não estava tudo perdido para as sociedades abertas quando nelas ainda havia intelectuais capazes de pensar e escrever livros como os de Jean-François Revel.

TERRORISMO E DEMOCRACIA

Em 1987 foi publicada uma compilação de artigos de Revel que cobria dez anos (de 1977 a 1987), com o título *Le terrorisme contre la démocratie* [O terrorismo contra a democracia]. Todos eles, de fato, se referiam a atentados, sequestros, assassinatos, tomadas de reféns que aconteciam em diversos países europeus, obra de grupos de extremistas que pareciam desconectados uns dos outros e que, apesar das vítimas e da aflição que causavam, julgava-se, eram um fenômeno marginal da vida política europeia. É interessante ler nos dias de hoje a virulenta crítica de Revel, nesses textos jornalísticos, a essa visão ingênua, superficial e, em última instância, covarde, de uma ameaça que iria crescendo até, alguns anos depois, tumultuar toda a vida política ocidental e transformar o terrorista no protagonista central da vida política do nosso tempo.

Quase todos os artigos sustentam que, contrariamente ao que se dava como um fato irrefutável, a desconexão e a marginalidade das ações terroristas na Itália, na Alemanha, na França e na Bélgica, em todas elas havia uma orientação inequívoca — atacar e enfraquecer as democracias — e uma recôndita coordenação dos diferentes grupos e células terroristas, ajudados ou teleguiados pelo Iraque, pelo Irã e pela Síria e, também, pela União Soviética, por intermédio de seus países satélites como Bulgária, Alemanha Oriental e Tchecoslováquia.

Revel critica duramente os governos ocidentais por não verem no terrorismo uma estratégia planejada por Estados dispostos a submeter as democracias e, graças ao terror, obter delas ajudas, concessões e privilégios, e também por se negarem a colaborar e coordenar sua luta contra esse inimigo sinuoso com a tola crença de que, mostrando-se dóceis e inoperantes frente às ações terroristas, iriam desviá-las para outros países, protegendo o próprio. Revel mostra muitos casos flagrantes dessa falta de solidariedade entre os países ocidentais, destacando, por exemplo, a tempestade de críticas com que os países europeus receberam os bombardeios contra Kadafi ordenados pelo presidente Reagan, farto das ações terroristas que a Líbia realizava contra cidadãos e instituições americanos no Oriente Médio. A melhor demonstração de que não se aplaca o terrorismo fazendo-lhe concessões, insiste Revel nesses textos, é que, apesar de ter se negado a entregar terroristas capturados em seu solo aos países que os reclamavam, a França sofreu repetidas vezes com atentados e assassinatos. Tudo isso adquire, com a perspectiva que temos agora da questão e os horrores que o terrorismo infligiu à França nos dias de hoje, um valor profético. Revel foi um dos poucos analistas políticos que intuiu, desde os primeiros atentados cometidos na Europa pelo bando de Baader, as Brigadas Vermelhas, a Ação Direta ou o ETA, uma ofensiva antidemocrática e totalitária contra as sociedades livres que, devido à inércia e à falta de reflexos ou de convicções que atenuaram ou anularam a resposta das vítimas, nas décadas seguintes iria crescendo até provocar nos países europeus o rebrotamento do nacionalismo mais antidemocrático e um desassossego e uma confusão de graves consequências para a sobrevivência das sociedades livres.

O LADRÃO NA CASA VAZIA

Todos os livros que Revel escreveu foram interessantes e polêmicos, mas suas memórias, que saíram em 1997, com o enigmático título de *Le voleur dans la maison vide* [O ladrão na casa vazia], eram, além do mais, engraçadas, uma confissão descontraída de pequenos pecados, paixões, ambições e frustrações, escrita num tom ligeiro e às vezes hilariante por um marselhês que as travessuras da vida afastaram da carreira universitária com que sonhou na juventude e transformaram em ensaísta e jornalista político.

Essa mudança de rumo parecia lhe provocar certa tristeza retrospectiva. Entretanto, do ponto de vista dos seus leitores não foi uma desgraça, foi antes uma sorte que, por culpa de Sartre e de uma bela jornalista que ele engravidou quando era muito jovem, tivesse que abandonar seus projetos acadêmicos e partir para o México e depois para a Itália e lá ensinar a língua e a cultura francesas. Dezenas de professores de filosofia da sua geração definharam nas salas de aula das universidades lecionando uma disciplina que, com raríssimas exceções (uma delas, Raymond Aron, de quem Revel traça nesse livro um perfil carinhosamente perverso), se especializou de tal modo que já parece ter pouco a ver com a vida das pessoas. Em seus livros e artigos, escritos nas redações ou em sua casa, instigado pela história em gestação, Revel nunca deixou de fazer filosofia, mas à maneira de Diderot ou de Voltaire, a partir de uma problemática da atualidade, e sua contribuição ao debate de ideias do nosso tempo, lúcida e valorosa, demonstrou, como fez no âmbito da nossa língua um José Ortega y Gasset, que o jornalismo podia ser altamente criativo, um gênero compatível com a originalidade intelectual e a elegância estilística.

Le voleur dans la maison vide, através de episódios e personagens-chaves, evoca uma vida intensa e transumante, na qual convivem o relevante — a resistência ao nazismo durante a Segunda Guerra Mundial, os avatares do jornalismo francês no último meio século — e o excêntrico, como a regozijante descrição que Revel faz de um célebre guru, Gurdjieff, cujo círculo de devotos frequentou em seus anos de mocidade. Esboçado em pinceladas de hábil caricaturista, o célebre iluminado que deslumbrou muitos incautos e esnobes no seu exílio parisiense aparece nessas páginas como uma irresistível sanguessuga bêbada, esvaziando os bolsos e as almas dos seus seguidores, entre os quais, por mais surpreendente que pareça, ao lado de gente inculta e despreparada fácil de ludibriar, havia intelectuais e pessoas instruídas que tomaram a verborreia confusionista de Gurdjieff por uma doutrina que possibilitava o conhecimento racional e a paz do espírito.

O retrato é devastador, mas, como em alguns outros da galeria de personagens do livro, a severidade se amortece com uma atitude jovial e pormenorizada do narrador, cujo sorriso benevolente salva no último instante aquele que está prestes a se desintegrar sob o peso da sua própria esperteza, baixeza, cinismo ou imbecilidade. Alguns dos perfis desses amigos, professores, adversários ou simples colegas de geração e ofício são afetuosos e inesperados, como o de Louis Althusser, professor de Revel na École Normale, que aparece como uma figura bastante mais humana e atraente do que podia se esperar do talmúdico e asfixiante comentador estruturalista de *O capital*, ou o de Raymond Aron, que, apesar de ocasionais discussões e mal-entendidos com o autor quando ambos eram os colaboradores mais destacados da *L'Express*, é tratado sempre com respeito, apesar de deixar Revel exasperado com sua incapacidade para tomar uma posição retilínea nos conflitos que, frequentemente, ele mesmo suscitava.

Outras vezes, os retratos são ferozes e o humor não consegue moderar a tinta vitriólica que os delineia. É o caso da furtiva aparição do ministro socialista francês durante a Guerra do Golfo, Jean-Pierre Chevénement ("Lênin provinciano e beato, pertencente à categoria de imbecis com cara de homens inteligentes, mais traiçoeiros e perigosos que os inteligentes com cara de imbecis") ou a do próprio François Mitterrand, de quem Revel foi muito próximo antes daquele ascender ao poder, que disputa com Jimmy Goldsmith o título de bípede mais inusitado e lamentável dentre os que desfilam no grande corso dessas memórias.

Revel define Mitterrand como um homem mortalmente desinteressado por política (e também pela moral e pelas ideias) que se resignou a ela porque era um requisito inevitável para a única coisa que lhe interessava: chegar ao poder e se atarraxar nele o máximo possível. A biografia é memorável, algo assim como um *identikit* de certa espécie de político bem-sucedido: envoltório simpático, técnica de encantador profissional, uma cultura superficial baseada em gestos e citações bem decoradas, uma mente glacial próxima à genialidade, e mais uma aptidão fora do comum para manipular seres humanos, valores, palavras, teorias e programas em função da conjuntura. Não são apenas os notáveis da esquerda que são maltratados com jocosa irreverência nas memórias; muitos dignitários da direita, começando por Valéry Giscard d'Estaing, também aparecem como modelos de demagogia e irresponsabilidade, capazes de pôr em perigo as instituições democráticas ou o futuro do país por vaidades miseráveis e por uma visão mesquinha, de curto prazo, da política.

O mais delicioso (e também o mais cruel) dos retratos, uma pequena obra-prima dentro do livro, é o do bilionário anglo-francês Jimmy Goldsmith, dono do *L'Express* durante os anos em que Revel dirigiu o semanário, nos quais, diga-se de passagem, a publicação atingiu uma qualidade informativa e intelectual que não teve antes nem teria depois. Scott Fitzgerald achava que "os ricos eram diferentes", e o brilhante, atraente e bem-sucedido Jimmy (que chegou ao extremo, em 1997, de matar seu tédio dilapidando 20 milhões de libras esterlinas num Partido do Referendo para defender, nas eleições daquele ano no Reino Unido, a soberania britânica contra os esforços colonialistas de Bruxelas e o chanceler Kohl) parecia lhe dar razão. Mas talvez seja difícil nesse caso partilhar a admiração pelos milionários do autor de *O grande Gatsby*. Um ser humano pode ter um talento excepcional para as finanças e ao mesmo tempo, como o personagem em questão, ser um megalômano patético, autodestrutivo e desastrado para todo o resto. A lista dos delirantes projetos políticos, jornalísticos e sociais que Goldsmith concebia e esquecia quase ao mesmo tempo, e das intrigas que urdia contra si mesmo, numa sabotagem permanente a uma empresa que, apesar disso, continuava lhe dando rendimentos e prestígio, é divertidíssima, com cenas e episódios que parecem ter saído de um romance balzaquiano e que provocam gargalhadas no leitor.

De todos os ofícios, vocações e aventuras de Revel — professor, crítico de arte, filósofo, antologista, gastrônomo, analista político, escritor e jornalista — estes dois últimos são os que ele preferia e nos quais deixou seu rastro mais durável. Todos os jornalistas deveriam ler o seu depoimento sobre as grandezas e misérias do ofício, para se inteirarem de como pode chegar a ser apaixonante e, também, das distorções e danos que pode causar. Revel relata alguns episódios destacados da contribuição do jornalismo francês para o esclarecimento de uma verdade até então oculta pela "bruma falaciosa do conformismo e da cumplicidade". Por exemplo, o incrível achado, por um jornalista rabdomante, numas lixeiras empilhadas no lado de fora de um banco durante uma greve de garis em Paris, da estrutura financeira montada na França pela URSS para subvencionar o Partido Comunista.

Não menos notável foi a descoberta das misteriosas aventuras de Georges Marchais, secretário-geral daquele partido, durante a Segunda Guerra Mundial: foi trabalhador voluntário nas fábricas da Alemanha nazista. Essa segunda notícia, porém, não teve a repercussão que era de esperar porque, devido ao momento político, não foi só a esquerda que mostrou interesse em silenciá-la. A imprensa de direita também a ocultou, temerosa de que a candidatura presidencial de Marchais ficasse abalada com a revelação das fraquezas pró-nazistas do líder comunista na juventude e seus potenciais eleitores optassem por Mitterrand, o que prejudicaria o candidato Giscard. Assim, recusada pela direita e pela esquerda, a verdade sobre o passado de Marchais, minimizada e negada, terminou se eclipsando, e ele pôde prosseguir sua carreira política sem sombras, até a aprazível aposentadoria.

Essas memórias retratam um Revel em plena forma: fogoso, provocador e vital, apaixonado pelas ideias e pelos prazeres, insaciavelmente curioso e condenado, por sua doentia integridade intelectual e sua vocação polêmica, a viver em perpétuo conflito com quase tudo o que o rodeava. Sua lucidez para detectar os truques e as autojustificações de seus colegas, e sua coragem para denunciar o oportunismo e a covardia dos intelectuais que se colocam a serviço dos poderosos por fanatismo ou apetite sinecurista, fizeram dele um "maldito" moderno, um herdeiro da grande tradição dos inconformistas franceses, aquela que provocava revoluções e incitava os espíritos livres a questionarem tudo, de leis, sistemas, instituições, princípios éticos e estéticos até a roupa e as receitas culinárias. Essa tradição está agonizando nos nossos dias, e eu, pelo menos, por mais que esquadrinhe o horizonte, não diviso continuadores nas novas fornadas de escribas, com exceção talvez de um André Glucksmann, infelizmente já falecido. Receio profundamente, por isso, que ela se extinga junto com Revel. Isso sim, com as máximas honras.

A morte de Jean-François Revel em 2006, após uma dolorosa agonia, deixou um vazio intelectual na França que, de imediato, ninguém preencheu. Ela privou a cultura liberal de um dos seus mais talentosos e aguerridos combatentes e deixou seus admiradores e amigos com uma apavorante sensação de orfandade.

Agradecimentos

Agradeço a Gloria Gutiérrez, Jorge Manzanilla, Carlos Granés e Álvaro Vargas Llosa, que leram uma primeira versão deste livro, por suas inteligentes e generosas observações e sugestões, que me permitiram melhorá-lo. Os erros que subsistem são só meus.

MVLL
Madri, outubro de 2017

Notas

O CHAMADO DA TRIBO [pp. 9-22]

1. Mario Vargas Llosa, *Entre Sartre y Camus*. San Juan de Puerto Rico: Huracán, 1981. Coleção La Nave y el Puerto.

ADAM SMITH (1723-90) [pp. 23-47]

1. Nicholas Phillipson, *Adam Smith: An Enlightened Life*. Londres: Yale University Press, 2010, p. 40.

2. Arthur Herman, *The Scottish Enlightenment: The Scots' Invention of the Modern World*. Londres: Forth State, 2001, p. 158.

3. Adam Smith, *La teoría de los sentimientos morales*. Ed. e trad. de Carlos Rodríguez Braun. Madri: Alianza, 1997. Todas as citações são dessa edição. [Ed. bras.: *Teoria dos sentimentos morais*. 2. ed. São Paulo: WMF Martins Fontes, 2015.]

4. D. D. Raphael, *Adam Smith*. Oxford: Oxford University Press, 1985, p. 6.

5. Ian Simpson Ross, *The Life of Adam Smith*. Oxford: Clarendon Press; Oxford University Press, 1955, p. 251.

6. Nicholas Phillipson, op. cit., pp. 210-1.

7. Adam Smith, *Investigación sobre la naturaleza y causas de la riqueza de las naciones*. Barcelona: Oikos-Tau, 1988. Todas as citações são dessa edição. 2 v. [Ed. bras.: *A riqueza das nações*. São Paulo: WMF Martins Fontes, 2016.]

8. Ian Simpson Ross, op. cit., p. 432.

9. Adam Smith, op. cit., v. I, p. 96.

10. Ibid., p. 503.

11. Ibid., p. 161.

12. Ibid., p. 177.

13. Ibid., p. 203.

14. Ibid., v. II, pp. 111-2.

15. Essa ideia, que foi adotada por Marx, é alvo de críticas dos economistas liberais da chamada Escola Austríaca, como Mises e Hayek. Estes sustentam que o "valor" não é algo objetivo, como pensam Smith e Marx, ou seja, não é um valor "real" determinado pela quantidade de trabalho que há por trás do produto, mas algo subjetivo, criado pelas preferências das pessoas no mercado. Entre os economistas liberais, esse é um motivo de debates intensos.

16. Adam Smith, op. cit, v. II, pp. 209-10.

17. Ibid., p. 652.

18. Ibid., p. 888.

19. Carta ao seu editor, mencionada por Nicholas Phillipson, op. cit., p. 262.

JOSÉ ORTEGA Y GASSET (1883-1955) [pp. 48-67]

1. José Ortega y Gasset, *España invertebrada y otros ensayos*. Madri: Alianza Editorial, 2014, p. 153. Todas as citações são dessa edição.

2. Id., *La desumanización del arte y otros ensayos de estética*. Barcelona: Austral, 2016. Todas as citações são dessa edição. [Ed. bras.: *A desumanização da arte*. São Paulo: Cortez, 2012.]

3. Id., *La rebelión de las masas*. Intro. de Julián Marías. Madri: Espasa Calpe, 2005. Todas as citações são dessa edição. [Ed. bras.: *A rebelião das massas*. Campinas: Vide, 2016.]

4. Shlomo Ben Ami, *Origin of the Second Republic in Spain*. Oxford: Oxford University Press, 1978, p. 44.

5. Rockwell Gray, *José Ortega y Gasset: El imperativo de la modernidad*. Madri: Espasa Calpe, 1994, p. 250.

6. Gregorio Morán, *El maestro en el erial: Ortega y Gasset y la cultura del franquismo*. Barcelona: Tusquets Editores, 1998.

FRIEDRICH AUGUST VON HAYEK (1899-1992) [pp. 68-94]

1. Friedrich August von Hayek, *The Sensory Order*. Chicago: The University of Chicago Press, 1952.

2. Em Stephen Kresge e Leif Wenar (org.), *Hayek on Hayek: An Autobiographical Dialogue*. Chicago: The University of Chicago Press, 1994, p. 68.

3. Robert Skidelsky, "Hayek Versus Keynes". Em Edward Feser (org.), *The Cambridge companion to Hayek*. Cambridge: Cambridge University Press, 2006, pp. 82-111. Sobre este tema há também outro livro mais recente de Thomas Hoerber, *Hayek VS Keynes: A Battle of Ideas*. Londres: Reaktion Books, 2017.

4. Alan Ebenstein, *Friedrich Hayek: A Biography*. Nova York: Palgrave, 2001, p. 344.

5. Margaret Thatcher, *The Downing Street Years*. Londres: Harper Collins, 1993, p. 715.

6. Afirmou isso no *Times*, de Londres, em 3 ago. 1978: "Recentemente eu não consegui encontrar uma única pessoa, nem mesmo no maligno Chile, que não concordasse que a liberdade

individual era muito maior no governo de Pinochet do que havia sido no de Allende". E repetiu no *El Mercurio*, de Santiago do Chile, em 12 abr. 1981.

7. Friedrich August von Hayek, *The Counter-Revolution of Science: Studies on the Abuse of Reason*. 2. ed. Indianápolis: Liberty Fund, 1979.

8. Id., op. cit., pp. 367-400.

9. Id., *Homenaje a Leonard Read* (1989). Em *Obras completas*, v. IV: *Las vicisitudes del liberalismo: Ensayos sobre economía austríaca y el ideal de libertad*. Madri: Unión Editorial, 1996, p. 285.

10. Id., "Discurso na primeira reunião da Sociedade Mont Pèlerin em 1º de abril de 1947", Mont Pèlerin, Vevey, Suíça.

11. Em Alan Ebenstein, op. cit., p. 42.

12. Ibid., p. 81.

13. Friedrich August von Hayek, *The Constitution of Liberty*. Chicago: University of Chicago Press, 1960, p. 338.

14. Stephen Kresge e Leif Wenar, op. cit., p. 41.

SIR KARL POPPER (1902-94) [pp. 95-136]

1. Karl Popper, "Against Big Words". Em *In Search of a Better World: Lectures and Essays from Thirty Years*. Nova York; Londres: Routledge, 1992, pp. 82-3.

2. Bryan Magee, *Popper*. Londres: Fontana Books, 1973. Coleção Fontana Modern Masters.

3. Jeremy Shearmur, *The Political Thought of Karl Popper*. Londres; Nova York: Routledge, 1996.

4. Karl Popper, *The Open Society and its Enemies*. 5. ed. Londres: Routledge, 1990. v. II, pp. 124-6. Cito sempre essa edição. [Ed. bras.: *A sociedade aberta e seus inimigos*. Belo Horizonte: Itatiaia, 1998.]

5. Id., *Un Univers de propensions: Deux Études sur la causalité et l'evolution*. Trad. do inglês e apresentação por Alain Boyer. Paris: Édition de l'Éclat, 1992.

6. Id., *The Open Society and its Enemies*, op. cit., v. II, n. 50, p. 296.

7. Id., *La lógica de la investigación científica*. Trad. de Víctor Sánchez de Zavala. Barcelona: Círculo de Lectores, 1995, pp. 172-3. Todas as citações são dessa edição. [Ed. bras.: *A lógica da pesquisa científica*. 2. ed. São Paulo: Cultrix, 2013.]

8. Karl Popper e Konrad Lorenz, *El porvenir está abierto*. Barcelona: Tusquets, 1995, pp. 58-9.

9. Karl Popper, *In Search of a Better World: Lectures and Essays from Thirty Years*, op. cit., p. 223.

10. Id., *La lógica de la investigación científica*, op. cit., p. 393, n. 2.

11. Id., *La miseria del historicismo*. Trad. de Pedro Schwartz. Madri: Taurus; Alianza, 1973. Todas as citações são dessa edição. [Ed. bras.: *A miséria do historicismo*. São Paulo: Cultrix; Edusp, 1980.]

12. Id., *The Open Society and its Enemies*, op. cit., v. II, p. 269.

13. Ensaio incluído em id., *In Search of a Better World*, op. cit., pp. 137-50.

14. Id., *The Open Society and its Enemies*, op. cit., v. II, pp. 270 e 278.

15. Id., *La miseria del historicismo*, op. cit., p. 176.

16. Id., *Conyecturas y refutaciones: El desarrollo del conocimiento científico*. Buenos Aires: Paidós, 1983. [Ed. bras.: *Conjeturas e refutações: O progresso do conhecimento científico*. Brasília: Editora da UnB, 1994.]

17. Ensaio publicado em id., *Objective Knowledge: An Evolutionary Approach*, Oxford, Clarendon Press, 1972. [Ed. bras.: *Conhecimento objetivo: Uma abordagem evolucionária*. Belo Horizonte: Itatiaia, 1975.] Essa frase repete literalmente o que Popper escreveu em *The Open Society and its Enemies*, op. cit., v. II, p. 296.

18. Id., *The Open Society and its Enemies*, op. cit., v. II, p. 296. Grifo meu.

19. Karl Popper e Konrad Lorenz, *El porvenir está abierto*, op. cit., pp. 58 ss.

20. Ibid., p. 141.

21. Karl Popper, *El mito del marco común: En defensa de la ciencia y la racionalidad*. Barcelona: Paidós, 1997, pp. 84-6.

22. Id., "Toleration and Intelectual Responsability", em *In Search of a Better World*, op. cit., p. 189.

23. Roland Barthes, *Leçon*. Paris: Éditions du Seuil, 1978, p. 21. [Ed. port.: *Lição*. Lisboa: Edições 70, 1988.]

24. Ibid., p. 14.

25. Ver Mario Vargas Llosa, *La civilización del espectáculo*. Madri: Alfaguara, 2013. [Ed. bras.: *A civilização do espetáculo*. Rio de Janeiro: Objetiva, 2013.]

26. Karl Popper e John Condry, *Televisão: Um perigo para a democracia*. 3. ed. Lisboa: Gradiva, 2012. Todas as referências deste capítulo são desse ensaio de Popper.

RAYMOND ARON (1905-83) [pp. 137-55]

1. Raymond Aron, *Histoire et politique: Textes et témoignage*. Paris: Julliard, 1985, p. 230.

2. Id., *La revolución estudiantil*. Bilbao: Desclée de Brouwer, 1970, p. 35. Versão de José María Llanos e Enrique Villar.

3. Michel Winock, "La Tragédie algérienne". Em Raymond Aron, *Histoire et politique: Textes et témoignage*. op. cit., pp. 269-73.

4. Raymond Aron, *Polémiques*. Paris: Gallimard, 1955.

5. Id., *D'Une Sainte Famille à l'autre*. Paris: Gallimard, 1969.

6. Id., *L'Opium des intellectuels*. Paris: Calman-Lévy Éditeurs, 1955, p. 334. [Ed. bras.: *O ópio dos intelectuais*. São Paulo: Três Estrelas, 2016.]

7. Id., *La revolución estudiantil*, op. cit., p. 87.

8. Id., "De Quoi Disputent les Nations", em *Polémiques*, op. cit., p. 245.

9. Id., "Neutralité ou Engagement", em *Polémiques*, op. cit., p. 212.

SIR ISAIAH BERLIN (1909-97) [pp. 156-86]

1. Michael Ignatieff, *A Life: Isaiah Berlin*. Londres: Chatto & Windus, 1998. [Ed. bras.: *Isaiah Berlin: Uma vida*. Rio de Janeiro: Record, 2000.]

2. Uma seleção desses notáveis relatórios, muitos deles verdadeiros ensaios políticos, foi publicada em 1981: *Washington Despatches, 1941-1945: Weekly Political Reports from the British Embassy*. H. G. Nicholas (org.), introd. de Isaiah Berlin. Londres, 1981.

1ª EDIÇÃO [2019] 4 reimpressões

ESTA OBRA FOI COMPOSTA PELA ABREU'S SYSTEM EM INES LIGHT E IMPRESSA EM OFSETE PELA GEOGRÁFICA SOBRE PAPEL PÓLEN DA SUZANO S.A. PARA A EDITORA SCHWARCZ EM SETEMBRO DE 2025

FSC
www.fsc.org
MISTO
Papel | Apoiando o manejo florestal responsável
FSC® C019498

A marca FSC® é a garantia de que a madeira utilizada na fabricação do papel deste livro provém de florestas que foram gerenciadas de maneira ambientalmente correta, socialmente justa e economicamente viável, além de outras fontes de origem controlada.